成交量中的秘密

成交量战法：从入门到精通

曹明成 谭文◎著

图书在版编目（CIP）数据

成交量中的秘密 / 曹明成, 谭文著. -- 上海：立信会计出版社, 2017.12（2020.11重印）
（擒住大牛）
ISBN 978-7-5429-5655-2

Ⅰ.①成… Ⅱ.①曹… ②谭… Ⅲ.①股票投资—基本知识 Ⅳ.①F830.91

中国版本图书馆CIP数据核字（2017）第318756号

责任编辑　蔡伟莉
封面设计　久品轩

成交量中的秘密
CHENGJIAOLIANGZHONGDEMIMI

出版发行	立信会计出版社		
地　　址	上海市中山西路2230号	邮政编码	200235
电　　话	（021）64411389	传　　真	（021）64411325
网　　址	www.lixinaph.com	电子邮箱	lxaph@sh163.net
网上书店	www.shlx.net	电　　话	（021）64411071
经　　销	各地新华书店		
印　　刷	北京柯蓝博泰印务有限公司		
开　　本	787毫米×1092毫米　　1/16		
印　　张	15		
字　　数	218千字		
版　　次	2017年12月第1版		
印　　次	2020年11月第4次		
书　　号	ISBN 978-7-5429-5655-2/F		
定　　价	45.00元		

如有印订差错，请与本社联系调换

序一　我为什么不讲价值投资[1]

《理财一周报》记者/林奇

"对于中国的资本市场，我从来不讲价值投资。所谓的价值，不过是给庄家炒作的理由而已。我选股思路是跟庄，操作理论讲究趋势为先。"

——曹明成

私募大鳄曹明成是私募圈内资深的操盘手，曾在多家咨询公司及投资机构任职，直接参与过多次大资金的操盘。

1999年"5·19"行情中，曹明成因成功狙击网络科技股而一战成名。

在互联网行情中，曹明成亲身领教了亿安科技的庄家李彪、海虹控股的庄家蔡明等人的狠辣操盘手法。

在股海中摸爬滚打十年的老曹，博客名为"十年股灰"，在东方财富网的财经博客中排名第十四位。

从湘财证券的一名普通经纪人做起，再到操盘手、主操盘手、私募基金经理，曹明成经过十多年的实战，总结出"曹氏八线"，并著有《吃定庄家》《擒庄实战技法》《庄家内幕揭秘》《K线实战技术精要》和《庄股经典出货模式》等书。

"11月还有两本书出版，今年可能还有两本书稿，有出版社约稿了，但还没写完。"曹明成如是介绍。

2009年10月26日，曹明成接受《理财一周报》专访，揭露了许多不为人知的坐庄、跟庄内幕。

---

[1] 2009年11月7日，《东方早报》旗下《理财一周报》对曹明成先生的人物专访，刊登在"资本大亨"版面。原文标题为《私募大鳄曹明成：坐庄岁月里的那些往事》。

狙击网络股一战成名

《理财一周报》：像许多私募基金经理一样，您也是从经纪人做起的？

曹明成：差不多，早年和李华（第二代操盘手）是一批，最早是在湘财证券，离开湘财证券后，跟老板做操盘手，后来干脆出来单干了。

《理财一周报》：是不是因为操盘手的待遇都不太高？

曹明成：操盘手要看是什么样级别的，资深的主操盘手负责决策，与老板有分成，待遇还可以。

《理财一周报》：当时您做操盘手都经历过哪些比较大的战役？

曹明成：最早是狙击网络科技股的那一年了，狙击网络科技股不是自己坐庄，是跟庄。当时发现有大批私募资金成堆地扎入了网络科技概念类的股票，不少同类题材的股票都在底部放量，大资金入驻明显，就开始关注这个题材。

《理财一周报》：发现此类股票后，您是直接跟进吗？还是后来跟进的？

曹明成：先是试探性跟进。后来网络科技概念股开始成为当时的热点。与以往的概念炒作不同，这次很意外的是：炒作之后，入驻的庄家资金不见撤退，这在以往的概念炒作中是很少见的。当时经过考虑之后，就把所有的资金全线投入该类题材股。

《理财一周报》：您这样追题材股会不会很冒险？

曹明成：这是很大胆的做法，当时受到其他辅助操盘手的非议。因为这样做风险大，概念股炒作成热点后，一般都开始进入高位，这个时候介入，弄不好就成了庄家出货的牺牲品。

《理财一周报》：那为什么您还决定满仓追进，当时是怎么考虑的？

曹明成：当时我是依据庄家的操盘手法判断的。大量的庄家资金入注了该类题材股，而在第一轮炒作之后，还在高位加仓。显而易见，目标不在短期。

《理财一周报》：当时网络科技股您跟的是哪只？

曹明成：做了很多只，蔡明的海虹控股就是其中的一只。

《理财一周报》：这波互联网炒作海虹控股也是龙头，您觉得这波互联网会

不会像当初的互联网一样爆炒起来？

曹明成：这波互联网入驻的庄家资金还远远不够，暂时没有那种可能。但庄家的炒作计划可能会因为行情的变化而变化。就像当年的网络科技股，开始并不是大家都看好的，后来"5·19"井喷，人气被完全带动，大量的私募资金也进入了。因此，就出现了炒作一波后新资金大量入驻的情况，造就了一轮两年的行情。

亲身领教李彪跌停板洗盘法

《理财一周报》：当时最有名的应该是罗成操控下的亿安科技，您跟的是这只吗？

曹明成：网络科技股的行情从1999年5月开始，直到2001年，经历了1年多时间，这轮题材股的炒作，只要与网络科技挂边的都被炒作起来了。其中的龙头亿安科技、海虹控股、四川湖山都被炒作到了非理性的高度。亿安科技是第一个百元股，由罗成坐庄，主要由郑伟和李彪负责操盘。海虹控股是蔡明坐庄。去年李彪去世的时候我知道消息的。

《理财一周报》：李彪总感觉对不起自己的弟弟，您知道具体是为什么吗？

曹明成：他弟弟是李彬，当时坐庄亿安科技的是金易投资公司，郑伟是控制人，法人代表写的是李彬的名字，但李彬是圈外人，后来被牵扯进去了，被搞得很惨。据说李彪没有办法救无辜的弟弟，导致了李彬的破产，并且差点入狱。

《理财一周报》：李彪是什么样的人？

曹明成：现实中的李彪长得比较斯文，光头戴眼镜，但行事泼辣，脾气有些暴躁。郭庆、李彪、蔡明，这些都算是第一代操盘手，他们比我早一代，我那时候是小字辈。李彪操盘非常凶悍，他当时发明了跌停板洗盘法，鬼神莫测。

《理财一周报》：连续跌停，只要是看盘操作的无一幸免，当时亿安科技启动前就是连续3个跌停板。

曹明成：这种手法在当时很难判断。

《理财一周报》：为什么很多早年的庄家都不得善终？

曹明成：早年的操盘手生活都不太好，心理压力大，真正功成名就的极少。一部分人是被查了或逃亡了，另一部分人在后来的4年熊市（2001年至2005年）中又赔进去了。

《理财一周报》：那4年熊市够惨的，2008年也很惨。

曹明成：2008年的大熊市也是套了很多的庄家。

《理财一周报》：当时为什么没有跟进亿安科技？

曹明成：亿安科技不敢跟。开始完全是逼空。强势股就是这样，一开始逼空，散户不跟进，继续逼空，开始震荡，散户眼红了，进去了，再拔高，出货了。亿安科技当年也是被逼上去的，前期的计划肯定没想要炒那么高。股价拉到40元的时候，没有人敢买了，怎么办，接着拉。亿安科技控盘最后达到90%以上。其实玩到那个时候已经算失败了，最后出货比较艰难。

《理财一周报》：有个庄家跟我讲过，说很多筹码是在跌破100元后卖给了抢反弹的人。

曹明成：平均没有那么高。出货的平均价格，我们那时候判断应该在40元左右。60元左右制造假反弹，结果还是很少有人买。市场信心没有了，下跌趋势形成了。最大的抢反弹成交价在27元左右。平均出货价位在40元至50元。

《理财一周报》：庄家要出货一般都要先跌很多吧？

曹明成：一般庄家拉到离谱的位置，出货的价位定在下跌一半的位置，通过做假反弹出货。

信奉自己的操盘理念

《理财一周报》：您信奉价值投资吗？

曹明成：在中国的资本市场，我从来不讲价值投资。所谓的价值，不过是给庄家炒作的理由而已。我选股的思路是跟庄，操作理论讲究趋势为先。

《理财一周报》：看来您是趋势派。

曹明成：我自己有一套操盘理念，即在趋势形成、形势明朗之后才操作。但

这又不等同于右侧交易，我的买入点在次低点或次次低点，卖出位在次高点或次次高点。

《理财一周报》：那您的这些东西是跟谁学的呢，还是自己悟的？

曹明成：自己悟出来的。早年是受一位老股民的启发，一位比较执著的老股民。他完全依据10日线买卖，获利很稳定。

《理财一周报》：线上持股，线下持币？

曹明成：是的。简单地说，可以用这八个字来概括。

《理财一周报》：这方法最厉害，化繁为简了，但很多人不经过多年的实战可能永远不理解。可是只看一个10日线会不会有点片面？

曹明成：我当时研究这个10日线很长时间，也发现很多弊端。首先，如果不判断趋势，依据10日线买卖会在平衡市里不知所措。其次，10日线经常被庄家当作洗盘的工具。实战中操作纪律最重要，比如下降通道就是线下持币，需要放弃所有的诱惑和机会。

《理财一周报》：您现在主要看些什么指标？

曹明成：都是一些我自己的指标。帮我写指标的有一个工作室，我提供我的思路，他们帮我完成。我有个学生叫谭文，他是这方面的高手。现在计算机信息技术太发达了，把传统技术分析与计算机分析相结合，真的是事半功倍。我们原来为了总结一个形态，要自己画图，花大量的时间统计，再分析和总结，现在计算机可以在很短的时间内全部做完。

序二 我认识的"小曹"与"老曹"

李 华[①]

近年来,市场上的股票类书籍渐有泛滥之势,且良莠不齐,多有鱼目混珠之作,真正能指导投资者实战应用的作品可谓少之又少。然最近读曹明成先生主笔的"擒住大牛"系列丛书,感觉甚好。细读之下,书中不乏作者多年实战的经验心得与"不传之密",实为"用心之作",相信读者阅后当有所裨益。

我与曹明成先生相识已久。初识其人,还是1997年在湘财证券的营业部。当时因本人虚长几岁,故称他为"小曹"。其时的"小曹"瘦瘦小小,貌不惊人,书生气十足,亦没有什么名气。后常有散户打听"曹明成",又逐渐发展到不断有大户托我的关系来约"曹先生"吃饭,这才让我刮目相看。再到其1999年的狙击网络科技股一战成名,早年的"小曹"已经成为当时湘楚一带赫赫有名的"老曹"。

几年后,我们也相继开始了单干,都有了自己的事业,与曹明成先生联系渐少。偶闻他的消息也只是在报纸杂志上见到他的跟庄理论文章。这次,接到他的电话让我为丛书写序,颇感意外。在我的印象中,他身体并不太好,甚至可用"体弱多病"四个字来形容,又常沉溺于股票实战之中,写书这种耗时耗力之事,以他一人之力怎能办到?

见面后我才知道,原来他这几年收了一个得意门生——谭文。谈论间他的得意之色溢于言表:"已得我九成功力。"

小谭属于新时代的复合型人才,精通计算机编程,自行钻研了传统技术分析与计算机海量数据模拟测试相结合的分析方式,丛书在写作过程中就曾大量使用计算机模拟测试,纠正了许多人力所无法发现的错误,使书中的理论更趋于完美,大有"青出于蓝,更胜于蓝"之势,真是后生可畏!"曹氏八线理论"是曹

---

① 作者原为湘财证券高层管理人员,现为广东某私募基金总裁。

明成与谭文师徒两人多年实战理论研究的结晶,曾被股民朋友冠以"零风险操作理论"的美誉。该理论我个人觉得至少有两点值得推崇:一是最大限度地回避了风险,二是几乎不会错过任何一波有价值的行情。炒股不是纸上谈兵,能在实战中真正做到稳定获利的理论才是好理论。我了解曹明成先生的实力,更了解曹明成先生的为人。他不会忽悠人,他主笔的丛书更不会忽悠人!

鉴于此,我愿为此丛书作序,并向全国的广大股民朋友们推荐。

前　言

每当我走进证券营业部，看到人们盯着电脑屏幕上跳动的股价时，或者每当我走进各大书店，看到摆放整齐、一字排开的股票书籍时，内心深处总会泛起一种既开心又担忧的复杂情感。让我开心的是，日益庞大的股民群体的投资意识被时代唤醒了；而让我担忧的是，由于缺乏足够的心理准备和知识储备，股民表现出来的更多的是盲目，很多人在股市挣扎多年，伤痕累累，依旧无法实现稳定获利。股民的投资过程演绎着人生的悲悲喜喜，起起伏伏。经过几轮的牛熊，我看到更多的是股市悲剧，一些股民或有苦难言，或妻离子散，或倾家荡产，或亡命天涯，这些现实对我自己亦形成了很强的心理冲击。

这是我写书的原因之一，希望能将自己多年的投资心得和个人经验汇集成册，供有缘人参考，尽可能地解决无数股民想通过炒股增加财产性收入，却苦于技术和经验不足的困扰，尽量让投资者能够学到更多的知识，走更少的弯路，避免在股票市场中受到伤害，尽快地打开股票市场的正确之门，更多地体会到交易带来的乐趣。如果此书能帮助股民少走一点弯路，则是本人最大的荣幸。

经过多年的深入了解和研究，我发现很多投资者缺乏基础的盘口知识。凡是涉及交易领域的，无论是买入还是卖出，无论是大盘还是个股，最终还是要落实在盘口上。盘口是基本功，如果基本功不扎实，战术和方法在实际运用当中就会走形，有时候甚至会导致重大的错误。

比如说，开盘为什么会低开？为什么会高开？如何看盘呢？如何读懂盘口的各种信息呢？

又如，股价为何突然异动放量？是建仓，还是抛货？为什么要在这个时间放量？

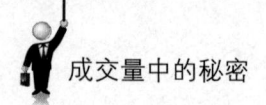

再如，分时图出货有哪几种走势？各代表了什么市场含义？

本书正是基于这样一个思路和出发点，通过对即时盘口语言的分析和理解，快速判断主力的操盘意图，准确分析股价的未来趋势，及时做出正确的操盘策略，从而指导读者正确地分析、解读盘口语言信息的真正含义，用最简单、最直白的表达方式，解读复杂的盘口技术特征。

本书从实战的角度出发，书中没有烦琐的理论文字，更多的是大量的案例分析，用图解的方式娓娓道来，读者无须花费多少心思便能轻松读懂案例中所表达的含义和操盘意图。读完本书后，你会突然发现，股票的行情在你眼里变得明明白白，买卖股票成为一件轻松的事。本书深入浅出，为读者拨开了交易的层层面纱，让读者能快速掌握短线交易的方法，在实战中准确地把握买卖点，从而实现利润最大化。

最后我想说的是，股市永远不缺乏机会，缺乏的是把握机会的能力。希望读者朋友们能将本书所学到的知识运用于实战之中，攫取股市所带来的利润，从此登上财富的直通车。

目 录

第一章 瓮中捉鳖——成交量上的秘密

  一、"瓮中捉鳖"形态 4

  二、实战案例 4

  三、实战操作要点 6

  四、股票运行流程 7

第二章 计算公式——由量及价的转换方程

  一、成交量 15

  二、换手率计"量" 16

  三、吸货期计"量" 21

第三章 量价关系——九大法则决定走势

  一、葛兰碧九大法则 28

二、量价关系 29
　　三、量价关系指示的方向 41

第四章　量价位置——知晓市场进退的法度
　　一、各阶段量价关系 46
　　二、形成原因分析 47

第五章　量能态势——识别市场的庄家动作
　　一、成交量态势 64
　　二、成交量的约束条件 70
　　三、庄家设置的成交量圈套 71

第六章　天量天价——打开股价的通天之路
　　一、天量天价分析 80
　　二、天量天价的形成 84
　　三、天量天价的判断方法 86
　　四、天量天价的形态特征 89
　　五、放量长阳买卖法则 90

第七章　地量地价——云泥之后天地有别
　　一、正确区分地量地价 96
　　二、地量地价的应用 100
　　三、底部地量出牛股 104
　　四、地量分析辅助条件 106

第八章　无量空涨——股价登天的青云梯
　　一、无量空涨情形 112

二、无量空涨的操作思路 120
　　三、注意事项 120

第九章　无量空跌——滑向深渊的绝壁悬崖
　　一、无量空跌成因分析 122
　　二、无量空跌操作思路 131
　　三、注意事项 131

第十章　底部巨量——撑起长阳的底层塔基
　　一、底部放量的标准 137
　　二、底部放量个股特点 140
　　三、底部放量后走势 142
　　四、警惕底部放量形态 144

第十一章　量价背离——渐行渐近的转折点
　　一、量价背离的成因 152
　　二、日K线卖出技巧 164

第十二章　坐底量价——发现坐底量价模型
　　一、典型坐底量能表现 170
　　二、典型底部形态量能表现 175

第十三章　洗盘量价——量价区分洗盘与出货
　　一、庄家洗盘的征兆 182
　　二、庄家洗盘手法 183
　　三、洗盘阶段量价分析 187
　　四、量价关系判断洗盘出货 188

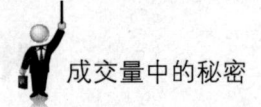

第十四章 出货量价——量变与时间与幅度

- 一、庄家出货的征兆 194
- 二、出货的技术面特征 197
- 三、庄家出货的市场特征 200
- 四、庄家出货手法 200
- 五、量变与时间与幅度 206

第十五章 建仓拉升——识别主力资金强弱

- 一、如何判断主力建仓 212
- 二、拉升方式 213
- 三、判断主力强弱的技巧 218
- 四、拉升量价关系 220

第一章

瓮中捉鳖——成交量上的秘密

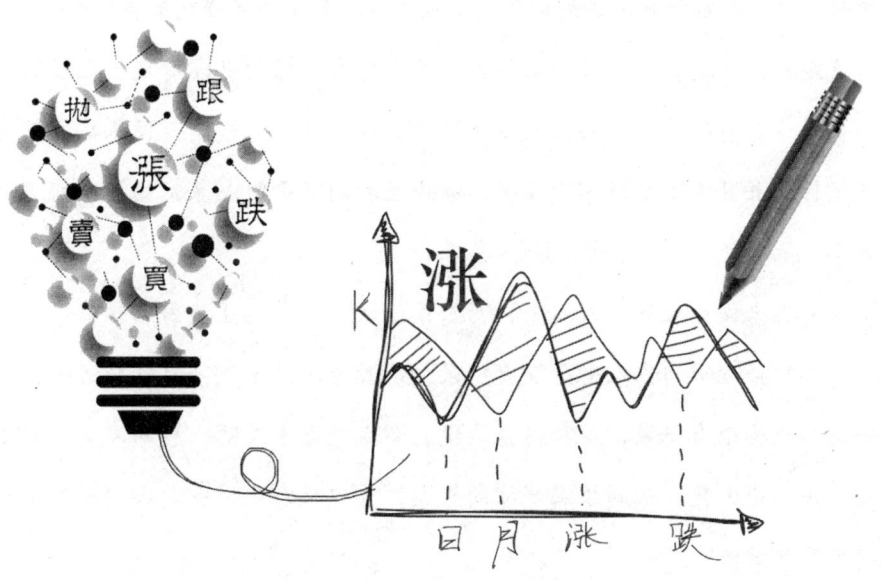

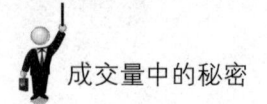

成交量中的秘密

苏州有一个城门叫作盘门，城门均水陆并列，既能从陆门走车又能从水门行船，是苏州仅存的古城门遗迹。只要诱敌进入，城门就会关闭，站在城楼上的士兵既可以从高处往下放箭，也可以打开水闸放水，此时敌人无路可逃，这就是成语"瓮中捉鳖"的由来。

瓮中捉鳖的故事（一）

唐朝的武则天，是中国历史上唯一的一位女皇帝。她为了维持自己的统治，采用严刑峻法，消除异己。因此，她手下的一些酷吏，便借机想方设法诬陷自己的政敌，并绞尽脑汁制造酷刑逼供。朝廷上下，笼罩着高压的恐怖气氛。

武则天的两名大臣周兴和来俊臣，是当时有名的酷吏，有成千上万的人冤死在他们手下。有一次，周兴被人密告伙同丘神勣谋反。武则天便派来俊臣去审理这宗案件，并且定下期限审出结果。来俊臣和周兴平时关系不错，感到这个案子很棘手。他苦思冥想，生出一计。

一天，来俊臣故意请来周兴，两人饮酒聊天。来俊臣装出满脸愁容，对周兴说："唉！最近审问犯人老是没有结果，请教老兄，不知可有什么新绝招？"周兴一向对刑具很有研究，便很得意地说："我最近才发明一种新方法，不怕犯人不招。用一个大瓮，四周堆满烧红的炭火，再把犯人放进去。再顽固不化的人，也受不了这滋味。"

来俊臣听了，便吩咐手下人抬来一个大瓮，照着刚才周兴所说的方法，用炭火把大瓮烧得通红。来俊臣突然站起来，把脸一沉，对周兴说："有人告你谋反，太后命我来审问你，如果你不老老实实供认，那我只好请你进这个大瓮了！"周兴听了惊恐失色，知道自己在劫难逃，只好俯首认罪。

第一章 瓮中捉鳖——成交量上的秘密

瓮中捉鳖比喻要捕捉的对象无处逃遁，下手即可捉到，很有把握，就像从大瓮里捉鳖一样。

瓮中捉鳖的故事（二）

北宋末年，梁山泊好汉在山东起义，拥戴宋江为起义首领。起义军纪律严明，杀富济贫，镇压土豪劣绅，屡屡挫败朝廷讨伐的军队，声威大震，老百姓拍手叫好。

在梁山泊大寨不远的山下，有个杏花庄。庄上有个小酒店，酒店的老汉家中别无他人，只有一个18岁的女儿，名叫满堂娇。满堂娇长得美貌动人，与老汉相依为命。父女俩虽不富裕，日子倒也还过得平静。

有一天，两个地痞流氓来酒店吃饭，酒足饭饱后，不但不付酒钱，还对年轻美貌的姑娘起了歹念，强行将她抢走。老汉刚要阻拦，就被一脚踢翻在地。两个流氓说："俺们是梁山好汉宋江和鲁智深，你敢不从？这小娘子陪我们两天就回来，你若声张出去，小心老命！"说罢扬长而去。

正当老汉悲愤欲绝的时候，梁山好汉李逵路过酒店。听说宋江和鲁智深干下这等伤天害理的事，生性耿直的他怒火中烧，决心上山找宋江和鲁智深算账。李逵急匆匆赶回山寨，大闹忠义堂。当他知道错怪了宋江后，羞愧万分，命人将自己捆绑起来，向宋江赔罪。

这时，老汉来报告，说那两个恶汉又来了，被他灌醉后正在店里酣睡。李逵兴奋地说："来得正好，看老子来个瓮中捉鳖，收拾这两个坏蛋！"

李逵手提板斧，火速下山，终于除掉了这两个冒充梁山好汉、败坏梁山名声的流氓。

瓮中捉鳖比喻想要捕捉的对象已在掌握之中，形容手到擒来，轻易而又有把握。在股市里也有一些机会，形态中的秘密，其形成就如故事中的瓮。在形态形成后其瓮已成，获取后期的收益则如瓮中捉鳖一般简单。

一、"瓮中捉鳖"形态

在股市中,庄股处于调整或横盘阶段,量能萎缩,短期内无上攻迹象,但短暂调整后,开始放量拉升,此时的成交量和股价走势都出现非常明显的两边高、中间低的形态,如同一个瓮。我们把这种形态叫作"瓮中捉鳖"。

"瓮中捉鳖"形态多发生在慢牛趋势初期或中期,此时量价关系表现为量升价涨,所以量能会出现放大的态势。又因为价格的上涨带来抛盘的出现,和主力资金借机洗盘造成股价盘整。然而,这种盘整不会维持很久,在一至两天或一周左右的时间,股价便又重拾升势,再一次回到跳水前原有的上升趋势中,在图形上形成"瓮"的形状。而量能方面因为只是散户的收益兑现,会出现缩量的情况。随着洗盘的结束,量价关系重回量升价涨的关系。因此,在成交量的图形上同样出现了"瓮中捉鳖"形态。

股票出现此形态是难得的介入时机,主力资金进场,抛盘已弱,拉升动力充足,在短时间内可获得巨大收益。

二、实战案例

现在我们和大家一起看看"瓮中捉鳖"形态。

图1-1是中信银行(601998)在一段时间的K线走势。在中信银行的走势中我们能清楚地看到股价走势和成交量上的"瓮中捉鳖"形态。个股在前期走出一波较小的上升走势,对应的量能也出现一定程度的放大,这在形态上形成"瓮"的左壁。在一波上升走势后股价出现短时间的回调,伴随的量能也出现一定程度的萎缩,这在形态上又形成"瓮"的底部。随着回调的进行,短线的抛压被释放,个股重新走出上升走势,量能上也出现明显的放大,这在形态上形成"瓮"的右壁。至此"瓮中捉鳖"的"瓮"已成型。投资者希望获取的"鳖"已是尽在"瓮"中了。

第一章 瓮中捉鳖——成交量上的秘密

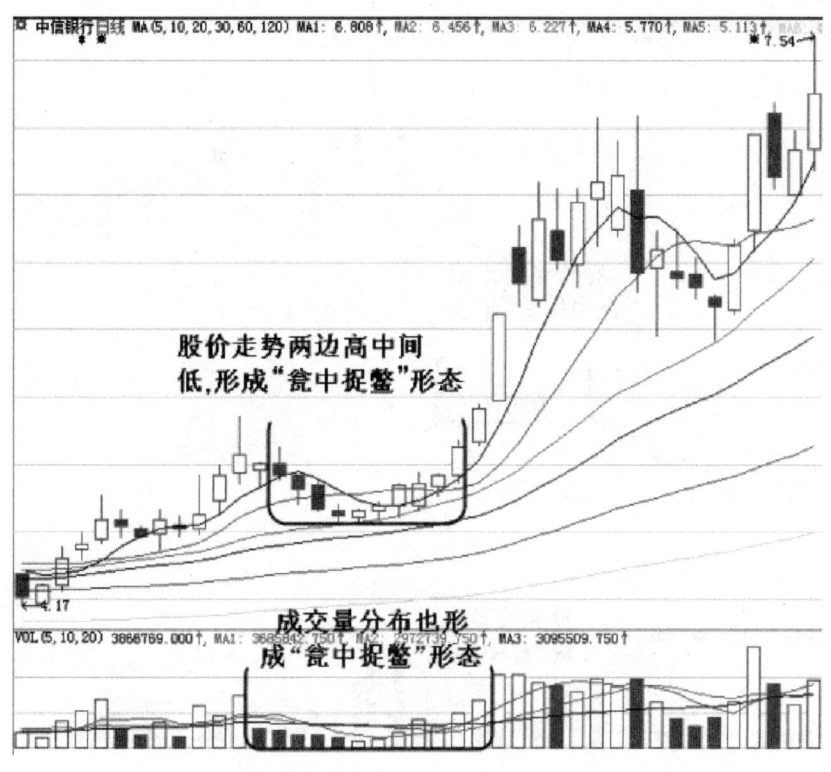

图1-1 中信银行（601998）日K线图

在以上的走势中，股价的运行形态一目了然，量能的分布也是尽在眼中。观察两者的分布能在两者之间建立一定的联系，而这一联系又能反过来帮助投资者判断形态的成立与否。在这一案例中它反映的是两种和谐的量价关系，量增价涨和量缩价跌。涨势放量，跌势缩量，主力资金吸筹明显，抛压减少。当主力资金完成吸筹，拉升就变成自然而然的事情了。"瓮"中的"鳖"尽在眼前，如果投资者在此时积极介入的话，涨停板也会手到擒来。从介入的低点算起，升幅也高达60%以上，投资者将获利不菲。

下面我们再看一个"瓮中捉鳖"形态。

图1-2是皖维高新（600063）在一段时间的K线走势。图中走势也形成一个典型的"瓮中捉鳖"的形态。股价经过初始的上升走势和中间的调整以及调整之后的重新上升，构成一个完整的"瓮中捉鳖"形态。在量能上也由拉升时构成的高量柱和回调时组成的低量柱，构成"瓮中捉鳖"形态。

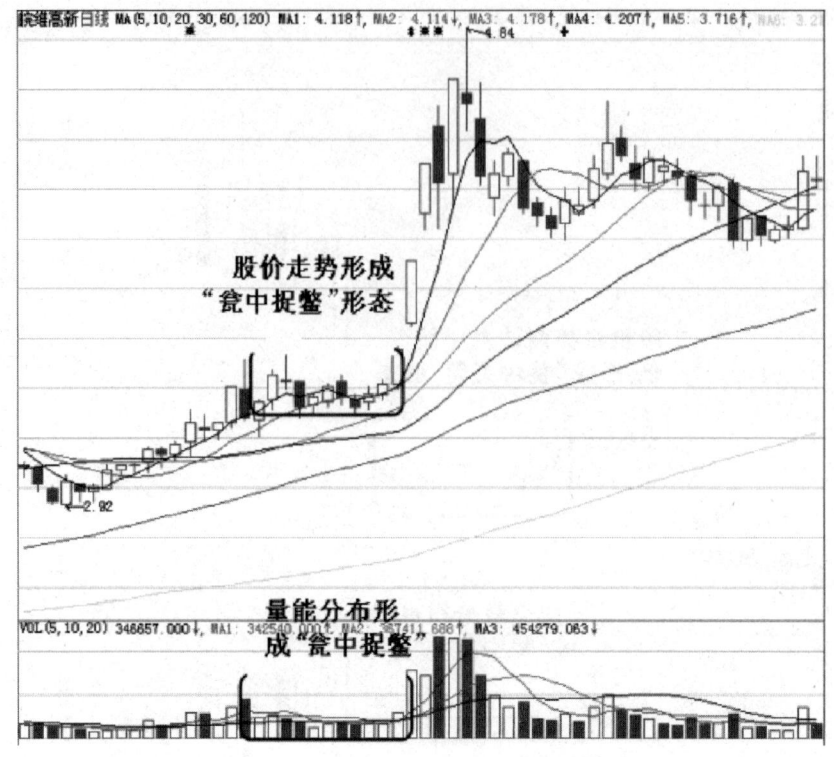

图1-2 皖维高新（600063）日K线图

对于"瓮中捉鳖"形态的介入点，投资者可在股价回调后的逐步放量时介入。中阳线或者大阳线的出现是形态确立的标志，投资者最好在此时介入。对这一案例来说，投资者在中阳线处介入，短短五个交易日就可收获近40%的收益。"瓮中捉鳖"形态是量价的最完美配合，而此时也是投资者介入的最佳时机，实现时间与收益的最优配合。

投资者在实战中可重点关注出现此形态的个股，及时介入可获得不菲收益。

三、实战操作要点

（1）买点判断。买点的把握非常重要，如果投资者过早介入，形态未成，存在被套的可能。买入时机可参考的点位是突破前期高点。

（2）股价处于慢牛趋势初期或中期时，最好已有10%以上的涨幅，说明上涨趋势已初步确立。趋势的判断可参考拙作《八线理论中关于趋势形成》的有关方法。

（3）股价突然无量下挫，止跌位置相对于股价的绝对涨幅不能超过50%，最好在0.382黄金分割回吐位之内，如比例过高，向上的爆发力往往会减弱。

（4）股价在短时间内又有能力恢复到原有的上升趋势中，最好在一周内完成，否则时间过长，后期的爆发力往往会减弱。

（5）在股价回升时，成交量应该有所放大，快速回升往往预示着爆发力强大。

"瓮中捉鳖"形态一方面形象地说明了该形态的特征，另一方面捕捉涨停股的成功率也较高。投资者一旦看准时机及时介入，就犹如瓮中捉鳖，往往能获得不小的收益。

四、股票运行流程

一个完整、标准的股票运行流程分为：进场前的准备、建仓、试盘、调整、初升、洗盘、拉升、出货、反弹、砸盘。整个过程流程清晰，可认为是完整的八浪循环，如图1-3所示。

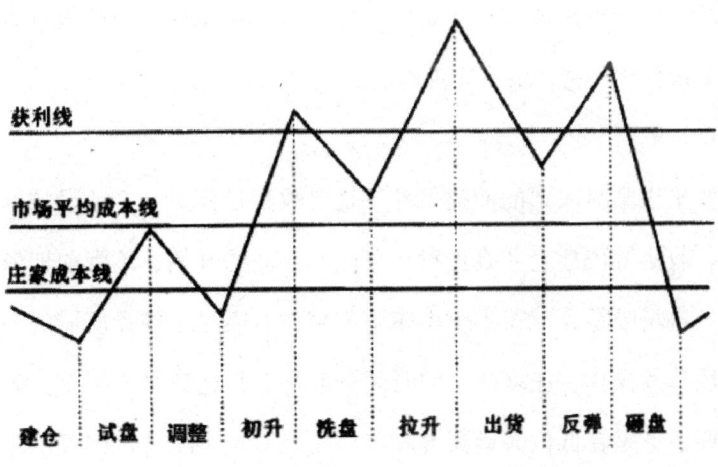

图1-3 一个完整、标准的股票运行流程

途中走势就是股价运行的每一个阶段，这也是庄家操盘的每一个阶段，对应的每个阶段各有其侧重。

准备阶段——讲究充分调研。

建仓阶段——讲究耐心温和，并伴随着利空传闻，以便进货。

试盘阶段——讲究控盘程度。

调整阶段——讲究底部构筑情况，强调股市有风险，入市须谨慎。

初升阶段——讲究股价脱离成本区的种种现象。

洗盘阶段——讲究盘中技巧，瞬间巨幅震荡，并保持消息的真空。股价大起大落，让人不明不白。

拉升阶段——讲究高举猛打，强调高风险、高收益，并以此维持市场人气。

出货阶段——强调真做假时假亦真、假做真时真亦假，引诱公众投资者进场接货，最终实现低吸高抛的目的。

反弹阶段——讲究以高度和减仓为主。

砸盘阶段——讲究庄家如何不计成本地压价，寻找孕育新一轮行情。

其中有三个步骤必不可少，即建仓阶段、拉升阶段、出货阶段。这三步就是庄家的坐庄"三部曲"。在本章的最后我们将就步骤中常见的四个部分：建仓阶段、洗盘阶段、拉升阶段和出货阶段，分别作简单阐述，以便投资者站在更高的高度上了解量变化秘密，最终实现价的突破。

1. 建仓阶段

庄家要坐庄某只股票的前提条件，是要收集目标股一定数量的筹码，即完成建仓工作。收集筹码建仓才真正意味着庄家坐庄的开始，不管前期做没做准备工作，只要不进场吸筹，就谈不上坐庄。庄家只有吸足了控盘所需的筹码，才便于日后其他环节的操作。庄家建仓的时间一般都会长达数月，甚至更久。庄家建仓阶段的主要任务是在低位大量买进股票，而吸筹是否充分，则表示庄家持仓量的多少，这对其日后的做盘有着极为重要的意义。

第一，持仓量决定了其利润量，筹码越多，利润实现量越大。

第二，持仓量决定了其控盘程度。吸收筹码越多，市场筹码越少，庄家对股票的控制能力越强。同时，在吸筹阶段也常伴随着洗盘过程，迫使上一轮行情高位套牢者不断地割肉出局，庄家才能在低位获取更多的廉价筹码。

庄家建仓的过程就是一个筹码换手的过程。在这个过程中，庄家为买方，散户为卖方。只有在低位充分完成了筹码换手，吸筹阶段才会结束，发动上攻行情的条件才趋于成熟。庄家的吸筹区域就是其持有股票的成本区域。庄家的成本计算在下面的章节我们会有详细的讲解。

2. 洗盘阶段

洗盘一般是指庄家在把股价拉升了一段空间后，由于有大量投机跟风，资金介入，股票的浮筹会大幅度提高，所以这时候需要进行震仓洗盘，从而甩掉低成本跟风者，减轻上升压力；并且通过新老跟风盘的换手，使得除庄家自身以外的市场平均持筹成本不断抬高，以利于后期拉升筹码的稳固性。庄家洗盘的目的在于使在低位买进该股的股民在其洗盘时扔掉该股。

3. 拉升阶段

庄家通过吸筹、洗盘，将筹码锁定之后，股票价格一旦盘实了底部，就意味着庄家吸完了筹码，他所面临的下一个任务便是进入拉升阶段。庄家拉升股价能远离其成本区域，获取较大的利润空间，以便将来能够顺利出货，把账面盈利转换成实际利润。拉升阶段是庄家获胜的关键阶段。作为散户，了解庄家拉升的过程及其特征，便可进一步做到在实战中跟庄、擒庄。

庄家拉升阶段操作的好坏关系到其出货阶段的难易。一般来说，庄家会选择合适的时机开始拉升。如果庄家选择的时机合适，技巧得法，就可以事半功倍，不用花费太大资金将股价拉抬上去。如果时机选择不当，可能费了九牛二虎之力，也未必能将股价拉上去。明智的庄家善于借势而为，往往能收到四两拨千斤的效果。庄家的拉升，也是讲究"天时、地利、人和"的。因此，选择合适的拉升时机十分重要。而对于散户来说，手中持有的个股进入拉升阶段，就如庄家每天给自己发个红包一样，当真是妙不可言。

庄家拉升的基本原则如下：

第一，拉升速度要快。有时整个升幅只有几根大阳线就告完成，因为快速拉升可以产生"暴利"效应，能更好地吸引场外资金的介入，同时又使股价迅速脱离庄家成本区域。

第二，拉升要准备好理由。庄家拉高股价的目的，是为了让市场接受其股价的变化，最终说服散户在拉高后的价位上接走庄家的筹码。所以，庄家通常都喜欢借助某些利好消息来拉高，甚至编造出某些消息来说服市场，从而使自己的拉升行为变得更加容易。

拉升让庄家获得了大量的账面盈利，如何兑现？出货便成为庄家此次坐庄的成败之举。

4. 出货阶段

庄家进行吸筹、洗盘、拉升的最终目的是为了能顺利进行派发。在拉升阶段，庄家不少筹码已在拉升中进行了派发，但大多数庄家仍必须选择合适的机会进行派发；否则，账面的盈利无法实现。在出货阶段会出现种种之前洗盘阶段的手法、方法。只是反其道而行，互为阴阳。

若是投资者对应庄家操盘的四个流程来看"瓮中捉鳖"形态，就会发现"瓮中捉鳖"形态的形成正是建仓、洗盘、拉升三个流程的集合体。首先是建仓，庄家的建仓是资金不断介入的过程，这一过程一定会发生量能逐渐放大迹象，而这一点表现在股价上就是股价缓慢抬升。这一形态就形成了"瓮中捉鳖"形态中"瓮"的左壁，而这一最初的动力就是来源于庄家建仓。

庄家的建仓带来股价的抬升，也会带来大量的获利筹码，洗盘在这时便应运而生。庄家的洗盘使得股价出现回落是不可避免的，这在股价运行上构成"瓮"的底部。在量能表现上因为这只是庄家的洗盘并不是出货，不会造成大量的筹码流出，所以在量能上也就会呈现出萎缩的形态，量能方面的"瓮"底形成。

经过上面的两个流程，庄家已经深度介入个股，余下的问题就是拉升股价。拉升股价带动股价上涨形成"瓮"的右壁。在量能形态上拉升股价也不可避免地形成量能的放大。何况此时正处于拉升初期，资金抢筹相当激烈，也会在成交量上形成较大的成交量柱，这在量能上形成"瓮"的右壁。至此，"瓮中捉鳖"形态成立。

"瓮中捉鳖"形态成立，对应的正是股价的拉升阶段，股价的后期升幅可期。此时，"鳖"在"瓮"中，硕大肥美，投资者无理由错过此番盛宴。对应的投资者只需买入即可参与其中分享收益，何乐而不为？"瓮中捉鳖"有"瓮"有"鳖"，这就是成交量告诉我们的秘密。

第二章

计算公式——由量及价的转换方程

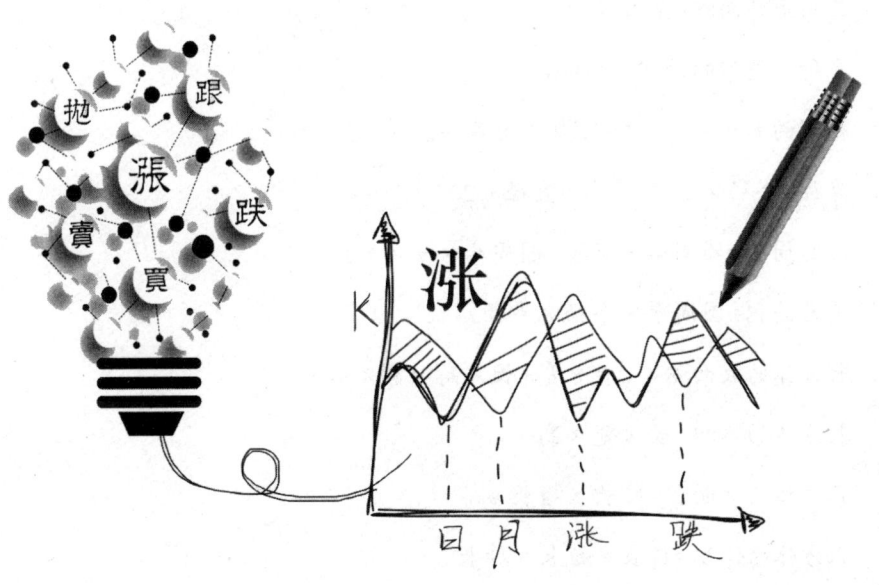

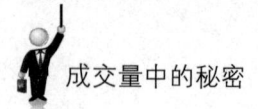

成交量中的秘密

计算公式一般是指应用于数学、物理、化学等学科中普遍意义上的运算方法。数学计算公式包含多面体的体积和表面积计算公式，常见的有立方体计算公式、圆柱体计算公式、圆锥体计算公式等。

下面是我们常见的一些数学计算公式：

长方形的周长=（长+宽）×2

正方形的周长=边长×4

长方形的面积=长×宽

正方形的面积=边长×边长

三角形的面积=底×高÷2

平行四边形的面积=底×高

梯形的面积=（上底+下底）×高÷2

直径=半径×2   半径=直径÷2

圆的周长=圆周率×直径=圆周率×半径×2

圆的面积=圆周率×半径×半径

长方体的表面积=（长×宽+长×高+宽×高）×2

长方体的体积=长×宽×高

正方体的表面积=棱长×棱长×6

正方体的体积=棱长×棱长×棱长

圆柱体的侧面积=底面圆的周长×高

圆柱体的表面积=上、下底面面积+侧面积

圆柱体的体积=底面积×高

圆锥体的体积=底面积×高÷3

长方体（正方体、圆柱体）的体积=底面积×高

从以上的数学计算公式中可知，只要知道一些已知的条件就能得出结果。而这一点也可以同样运用在股市中，最典型的就是量与价的关系。在市场中只要我们知道市场中量的多少，就能通过量来测量股价的升幅。这就是股市中量与价的计算公式。当然这也需要一些已知条件，这便是量的因素。

一、成交量

所谓成交量，是指单位时间内股票交易市场或个股买卖的交易总量。它表现的是市场或个股的交易活跃程度，反映了多空双方对当前价格的认同程度，成交量大表明多空双方分歧大，成交量小表明多空双方分歧小。

成交量是股票市场的原动力，没有成交量的配合，股价如同无本之木、无源之水。投资者可通过成交量的大小变化来判断主力的动向，从而做出自己的买卖决策。这是投资者必须掌握的技能之一。

成交量在图形上表现为"量柱""量堆"，反映的方面主要有以下三个，同时我们通过这三个方面也就有了判断庄家或主力资金持仓量多少的依据。

1.成交股数

成交股数（VOL）就是我们通常讲的成交量（手），它可以很直观地看出个股的放量和缩量情况。在盘面上经常以"外盘""内盘"的形式出现。委托以卖方成交的纳入"外盘"，委托以买方成交的纳入"内盘"。"外盘"和"内盘"相加为成交量。简单一点就是："买进"为"外盘"由外向内；"卖出"为"内盘"由内向外。

由于以卖方成交的委托纳入外盘，如果外盘很大，则意味着多数卖的价位都有人接，显示买势强劲；而以买方成交的纳入内盘，如果内盘很大，则意味着大多数的买入价都有人愿卖，显示卖方力量较大。如内盘和外盘大体相近，则买卖力量相当。

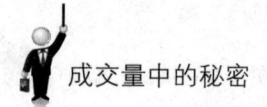
成交量中的秘密

2．成交金额

成交金额（AMO）直接反映参与市场资金量的多少，也常用于大盘的分析。股市里每天复盘的时候我们会看到今天大盘成交量3000亿，与昨天相比，看它变化了多少，若成交量放大则反映交投活跃，成交量减少则反映交投惨淡，行情也就由盛转衰。

3．换手率

换手率（HSS）就是每日的成交总量除以流通股本。一般是以流通股本的总数来进行计算。它可以反映个股的活跃程度。一般日换手率低于3%为交易清淡，3%~7%为交易比较活跃，大于7%为很活跃。

换手率的一般分类及操作对应关系如下：

换手率股票状态盘口观察介入程度操作策略走势趋向表示2-1所示。

表2-1　换手率的一般分类及操作对应关系

换手率	股票状态	盘口观察	介入程度	操作策略	走势趋向
1%~3%	冷清	不关注	散户资金	观望	无方向
3%~7%	相对活跃	适当关注	试探介入	观望	小幅上升或回落
7%~10%	高度活跃	高度关注	大举介入	考虑买入或卖出	稳步上升或回落
10%~15%	非常活跃	重点关注	深度介入	大举买入或卖出	大幅上升或回落
15%~25%	极度活跃	极度关注	全线介入	短线进入或中线清仓	有可能暴跌
25%以上	走势异常。强势上涨的高点不远；不能强势上涨的，大跌在即				

看完了量能的表现形式，我们再向大家介绍一下通过表现形式如何计算庄家或主力资金的持仓量问题。

二、换手率计"量"

用换手率来计算是一种最直接有效的方法。在低位成交活跃、换手率高，而股价涨幅不大的个股，通常为庄家或主力资金吸货。此间换手率越大，主力吸筹越充分。

换手率的计算公式为：换手率=成交量÷流通盘×100%。投资者在计算庄家或主力资金从开始建仓到开始拉升时这段时间的换手率时，怎样确认庄家或主力

第二章 计算公式——由量及价的转换方程

资金开始建仓呢？参考周K线图的K线均线系统由空头转为多头排列，证明有庄家或主力资金介入，周MACD指标金叉可认为是庄家或主力资金开始建仓的标志，这是计算换手率的起点。

一般股价在上涨时，庄家或主力资金所占的成交量比率大约是30%，而在股价下跌时庄家或主力资金所占的比率大约是20%。但股价上涨时放量，下跌时缩量，假设放量∶缩量＝2∶1，可得出一个推论：前提为上涨时换手200%，则下跌时的换手应是100%，这段时间总换手率为300%，则可得出庄家或主力资金在这段时间内的持仓量为40%（200%×30%－100%×20%），即庄家或主力资金在换手率达到300%时，其持仓量才达到40%，每换手100%，其持仓量为13.3%（40%÷300%×100%）。从MACD指标出现金叉的那一周开始，到投资者所计算的那一周为止，把所有各周的成交量加起来再除以流通盘，即可得出这段时间的换手率，然后再把这个换手率乘以13.3%，得出的数字即为庄家或主力资金的控盘度。一个中线庄家或主力资金的换手率应在300%~450%，只有足够的换手，庄家或主力资金才能吸足筹码。

一般而言，当换手总率达到200%时，庄家或主力资金会加快吸筹，拉高建仓，因为低价筹码已没有了，这是短线介入的良机；而当换手总率达到300%时，庄家或主力资金基本都已吸足筹码，接下来庄家或主力资金会急速拉升或强行洗盘，投资者应从盘口去把握主力的意图和动向，切忌盲目冒进而被动地从短线变为中线。

至于成本，投资者可采用在所计算的那段时间内的最低价加上最高价，然后除以2，即为庄家或主力资金的成本区。

在平时的看盘中，投资者可跟踪分析那些在低位换手率超过300%的个股，然后综合其日K线、成交量和结合一些技术指标来把握介入的最佳时机，必有厚报。我们给出的庄家或主力资金的第一目标为：成本×（1+50%）。

现在我们来看一个案例。

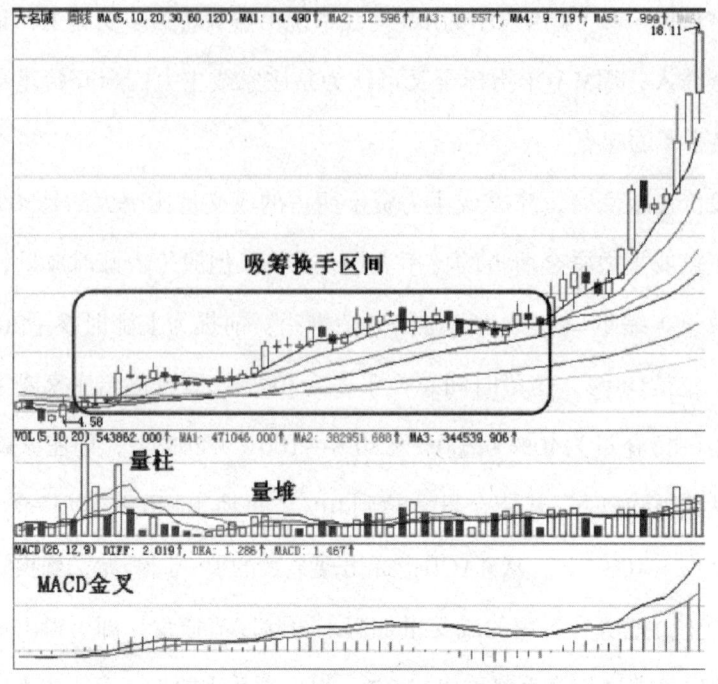

图2-1 大名城（600094）周K线图

图2-1是大名城（600094）在一段时间的周K线走势。在选取个股时，首先我们对股票的选取做了限定。第一，周K线图走势；第二，均线系统由空转多；第三，MACD金叉向上。当然在图2-1中我们也能看到量能的出现量柱、量堆，这就是明显的资金进场的痕迹。

图2-2 大名城（600094）的区间统计图

我们对图2-1中的区间换手率做统计,统计结果如下:

从图2-2中我们可以看到,区间换手率高达459.9%,其结果是远大于我们给出的300%的数量。而从图2-1的K线走势上我们也看出股价的上涨幅度也是远远大于我们给出的预估目标价。当然,我们的目标价也只是第一目标价,针对股价的走势做出调整是可能的并且是必要的。

换手率的计算可以告诉我们庄家或主力资金的出没。庄家和主力资金早已入驻,那么后期的股价拉升势在必行;同理,若是此时大资金还处于一个尝试性建仓阶段,并未出现大规模的资金介入,庄家也自然不会花费大把的时间精力来拉升股价。量在价前,若是大资金早已深度介入,他们更不容许自己轻易地赔钱出场,那么在后期拉升股价将是唯一的方向。这就是投资者的操作机会,这也是量能告诉我们的机会。

我们再来看一个案例。

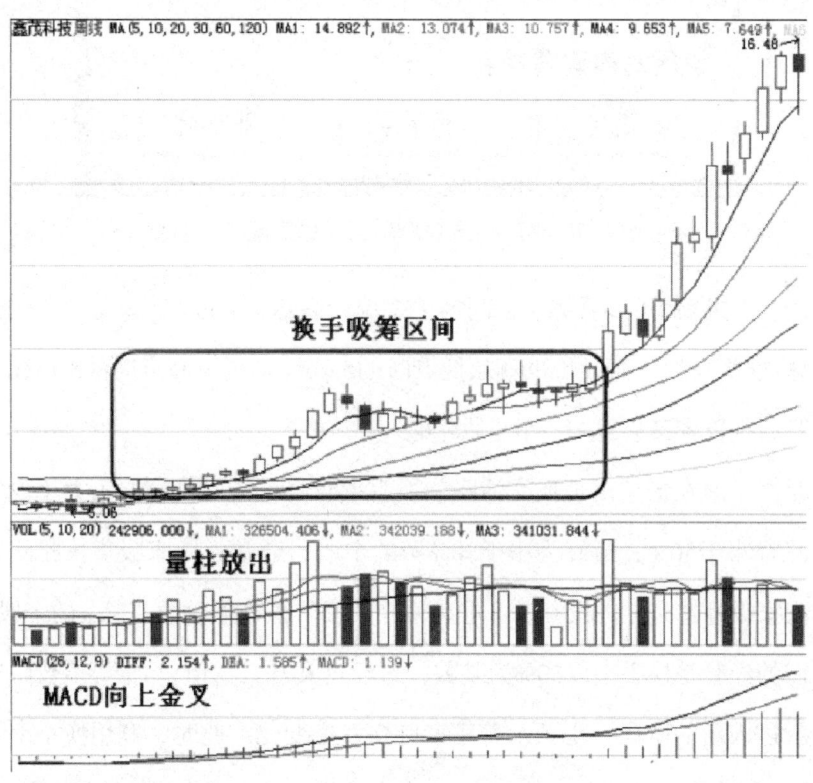

图2-3　鑫茂科技(000836)周K线图

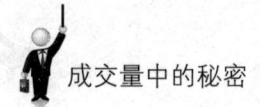
成交量中的秘密

图2-3是鑫茂科技（000836）在一段时间的K线走势。就选股条件来说，图2-3中的MACD金叉依然要有，均线系统由空转多，还有一点需要大家注意的是K线系统使用的是周K线。满足以上三个条件后，我们再来看区间换手率的统计数据。

图2-4　鑫茂科技（000836）的区间统计图

从图2-4中我们可以看到，区间换手率统计高达314.39%，也是比我们给出的300%的标准要高的，而股价也就从低点时的5.06元走到了高点时的8.75元。相信买入此股的投资者又会迎来一个丰收年啊。

有时当个股在低位出现成交活跃、换手率较高，而股价涨幅不大（设定标准为阶段涨幅小于50%，最好为小于30%）的个股，通常为庄家吸货。此间换手率越大，庄家吸筹越充分，投资者可重点关注"价"暂时落后于"量"的个股。

我们的经验是换手率以50%为基数，每经过其2倍、3倍、4倍等倍数阶段，股价走势就进入新的阶段，也预示着庄家持仓发生变化。此时，利用换手率计算庄家持仓的公式如下：

庄家持仓量=个股流通盘×（个股某段时期换手率-同期大盘换手率）

此公式的实战意义是庄家资金以超越大盘换手率的买入量（即平均买入量）的数额通常为先知先觉资金的介入，一般适用于长期下跌的冷门股。因此，庄家一旦对冷门股持续吸纳，我们就能相对容易地测算出庄家手中的持仓量。

三、吸货期计"量"

对吸货期很明显的个股，简单算法是将吸货期内每天的成交量乘以吸货期，即可大致估算出庄家的持仓量。其计算公式如下：

庄家持仓量=吸货期×每天成交量（忽略散户的买入量）

吸货期越长，庄家持仓量越大；每天成交量越大，庄家吸货越多。因此，若投资者看到上市后长期横盘整理的个股，通常为黑马在默默吃草。有些新股不经过充分的吸货期，其行情难以持续。

另外，对底部周期明显的个股，我们的经验是将底部周期内每天的成交量乘以底部运行时间，即可大致估算出庄家的持仓量。其计算公式如下：

庄家持仓量=底部周期×主动性买入量（忽略散户的买入量）

底部周期越长，庄家持仓量越大；主动性买入量越大，庄家吸货越多。因此，若投资者观察到底部长期横盘整理的个股，此时通常为资金默默吸纳，庄家为了降低进货成本，高抛低吸并且不断清洗短线客，但仍有一小部分长线资金介入。因此，这段时期庄家吸到的货，至多也只达到总成交量的1/3~1/4。所以忽略散户买入量的主动性能大致估算出庄家的买入量。其计算公式如下：

买入量=总成交量×1/3或总成交量×1/4

为谨慎起见可以确认较低量。

现在看一个吸货期计量的案例。

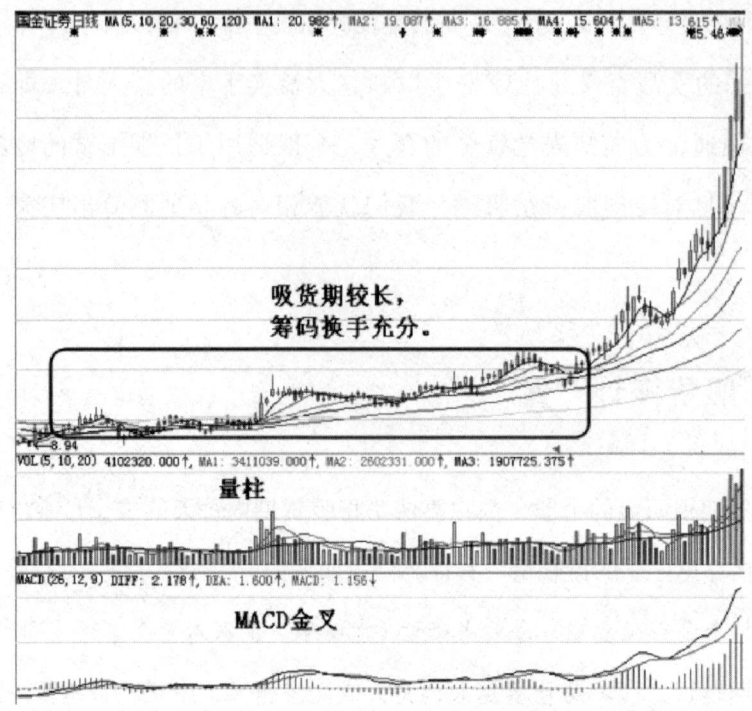

图2-5 国金证券（600109）日K线图

图2-5是国金证券（600109）在一段时间的K线走势。这只个股在拉升前经过了长达5个月的吸货期。

经过这5个月的吸筹，筹码迅速集中，个股集聚了大量的上升动能。在完成吸筹后，个股开始走出上升走势。

股价也从最初的9元涨到了高点时的25元。现在我们看主力资金在吸货期完成的换手。统计如下：

从图2-6中我们看到在周期内的总手高达3549.18万手，其所对应的股票总股本为28.37亿股。现在我们运用上面的公式计算的话，此时的主力资金的持仓在本时间段内也就高达三成。从图中的换手率来看也可以印证这一点。那么，以后股票走出翻倍的行情也就不难预料了。

主力资金和散户的对比有无数的优势，包括（资金）成交量方面的优势，但也会因此造成了船大难调头的问题，这便是散户相对主力资金的唯一相对优势了。希望投资者可以好好利用。

图2-6 国金证券（600109）的区间统计图

下面我们再看一个长吸货期的案例。

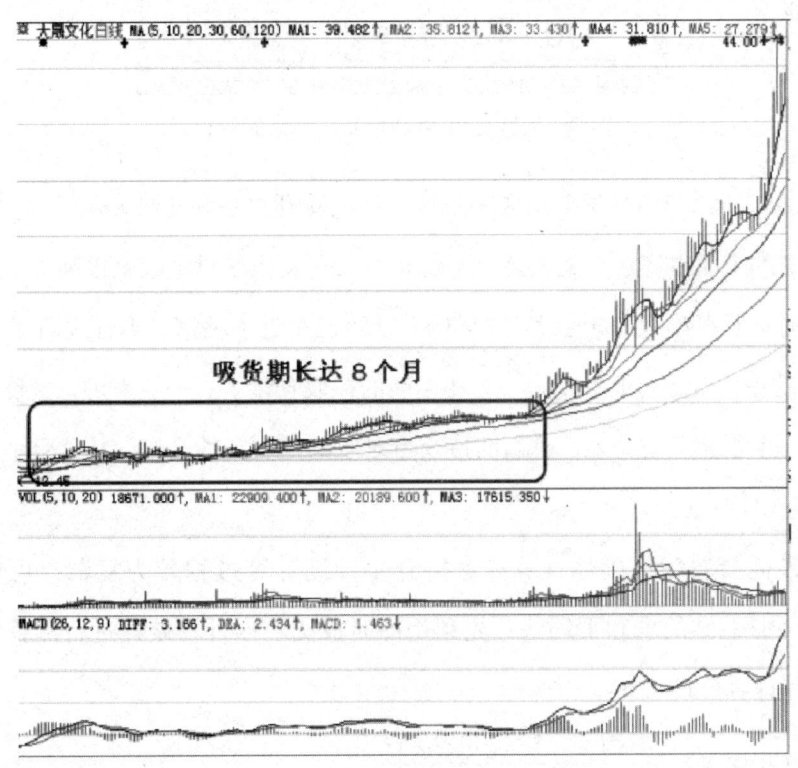

图2-7 大晟文化（600892）日K线图

图2-7是大晟文化（600892）在一段时间的K线走势。我们在图中也可以看到

一个漫长的吸货期。伴随着吸货期的结束，其股价也一飞冲天。从最低的12.45元走到最高点44元，股价上涨了四倍不止。早期介入的投资者会收获颇丰。

我们看看主力资金在吸货期的吸筹情况。

图2-8 大晟文化（600892）的区间统计图

图2-8是图2-7中吸货期的区间统计，我们看到总手高达119.81万手。这个总手相对别的个股也许还不是太高，不过相对大晟文化这只个股就很高了。大晟文化对应的总股本数为0.63亿股，这样的总换手已是近乎翻倍。不管我们赋予它1/3还是1/4的主力资金持股，都是一个相当高的持股仓量了。一般来讲，量价关系反映的是一个正相关的关系，越高的持仓量对应的是更高的升幅。从这只个股中我们也能看出这一点。

如果需要较为准确地计算庄家持仓量，则计算过程较为复杂，可使用我们多年经验总结的求和平均法，先利用即时成交的内外盘统计进行测算，误差较小。其计算公式如下：

$$当日庄家买入量 = \frac{外盘 \times 1/2 + 内盘 \times 1/10}{2}$$

然后将若干天进行累加，至少换手达到100%以上才可以。所取时间一般以

60～120个交易日为宜。因为一个波段庄家的建仓周期通常在55天左右。该公式需要投资者每日对目标个股不厌其烦地进行统计分析，经过长时间统计，准确率极高，误差率通常小于10%。

为了确保计算的准确性，将以上多个公式结果进行求和平均，最后得出的就是庄家持仓量。

一般来说，随着股价上涨，成交量会同步放大，某些庄家控盘的个股随着股价上涨，成交量反而缩小，股价往往能一涨再涨，对这些个股可重势不重价。庄家持有大量筹码，在未放大量之前可一路持有。

"量"与"价"似乎为一对互不示弱的兄弟，只要"量"先走一步，"价"必会紧紧跟上。正因为量的先行性关系，造成"量""价"之间可能出现的时间差，这就为投资者的操作赢得时间因素。投资者可重点关注"价"暂时落后于"量"的个股。

第三章

量价关系——九大法则决定走势

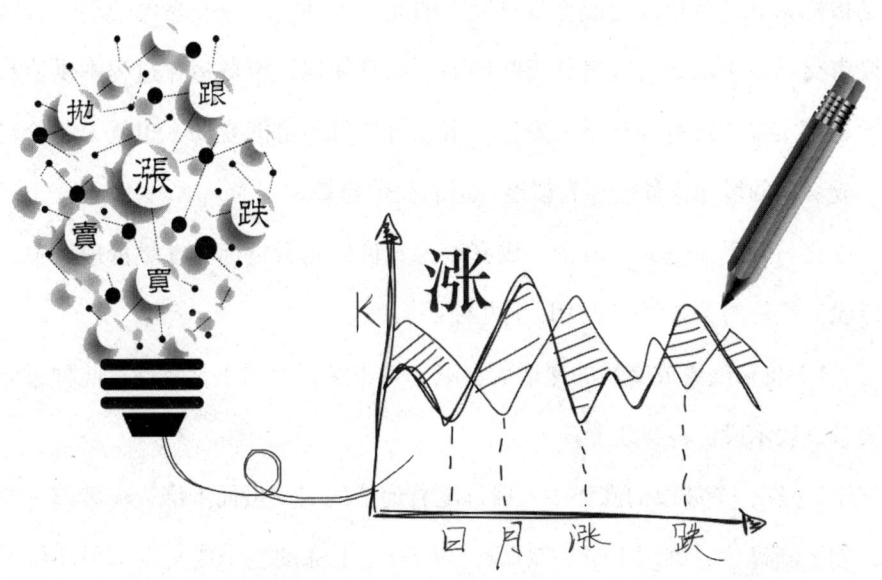

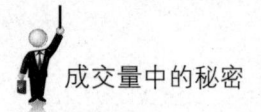
成交量中的秘密

在技术分析中，研究量与价的关系占据了极重要的地位。在量价关系中，成交量是推动股价上涨的原动力，市场价格的有效变动必须有成交量的配合。量是价的先行指标，是测量市场行情变化的温度计。通过量的增加或减少的速度，投资者可以推断多空之争的规模大小和股价涨跌的幅度大小。

一、葛兰碧九大法则

最早的量价关系理论见于美国股市分析家葛兰碧（Granville）所著的《股票市场指标》。葛兰碧认为成交量是股市的元气与动力。成交量的变动，直接表现在股市交易是否活跃、人气是否旺盛上，而且体现了市场运作过程中供给与需求间的动态实况。没有成交量的发生，市场价格就不可能变动，也就无股价趋势可言，成交量的增加或萎缩都表现出一定的股价趋势。

成交量几乎总是先于股价，成交量为股价的先行指标。在量价理论中，成交量与股价趋势的关系可归纳为以下九种：

（1）价格随着成交量的递增而上涨，为市场行情的正常特性，此种量增价升的关系，表示股价将继续上升。

（2）在一个波段的涨势中，股价随着递增的成交量而上涨，突破前一波的高峰，创下新高价，继续上扬。然而此波段股价上涨的整个成交量水平却低于前一个波段上涨的成交量水平。此时股价创出新高，但量却没有突破，则此波段股价涨势令人怀疑，同时也是股价趋势潜在反转的信号。

（3）股价随着成交量的递减而回升，股价上涨，成交量却逐渐萎缩。成交量是股价上升的原动力，原动力不足显示出股价趋势潜在的反转信号。

（4）有时股价随着缓慢递增的成交量而逐渐上升，渐稳的走势突然成为垂直上升的喷发行情，成交量急剧增加，股价跃升暴涨。紧随着此波走势的，是成交量的大幅萎缩和股价的急速下跌，此现象表明股价涨势已到末期，上升乏力，显示出趋势有反转的迹象。反转所具有的意义，将视前一波股价上涨幅度的大小及成交量增加的程度而言。

（5）股价走势因成交量的递增而上升，是十分正常的现象，并无特别暗示趋势反转的信号。

（6）在一波段的长期下跌形成谷底后，股价回升，成交量并没有因股价上升而递增，股价上涨，欲振乏力，然后再度跌落至原先谷底附近，或高于谷底。当第二谷底的成交量低于第一谷底时，是股价将要上升的信号。

（7）股价往下跌落一段相当长的时间，市场出现恐慌性抛售，此时随着日益放大的成交量，股价大幅度下跌，继恐慌卖出之后，预期股价可能上涨，同时恐慌卖出所创的低价，将不可能在极短的时间内突破。随着恐慌大量卖出之后，往往是（但并非一定是）空头市场的结束。

（8）股价下跌，向下突破股价形态、趋势线或移动平均线，同时出现大成交量，是股价下跌的信号，明确表示出下跌的趋势。

（9）当市场行情持续上涨数月之后，出现急剧增加的成交量，而股价却上涨无力，在高位整理，无法再次向上大幅上升，显示了股价在高位大幅振荡，抛压沉重，上涨遇到强阻力，此为股价下跌的先兆，但此时股价并不一定下跌。股价连续下跌之后，在低位区域出现大成交量，股价却没有进一步下跌，仅出现小幅波动，此即表示进货，通常是上涨的前兆。

二、量价关系

股市里的量价关系按所处阶段不同，发出的信号亦不同。现共有以下九种量价关系。

1. 量增价涨

量增价涨主要是指个股的成交量和个股股价同步上涨的一种量价配合现象。量增价涨多出现在多头的阶段和空头末期的盘底阶段。

当量增价涨的现象出现在多头的初升阶段，意味着底部的完成，成交量放大，股价缓慢抬升。当量增价涨的现象出现在多头的末期时，需要这一主力的拉高出货。此时，放量的特点通常为巨量，这和底部初升时期的温和放量有着明显的区分。当量增价涨的现象出现在空头末期阶段意味着股价进入盘底期，当筑底完成，趋势将由空转多。多头的初升阶段由此而生。

下面我们通过案例来看看不同阶段的量增价涨。

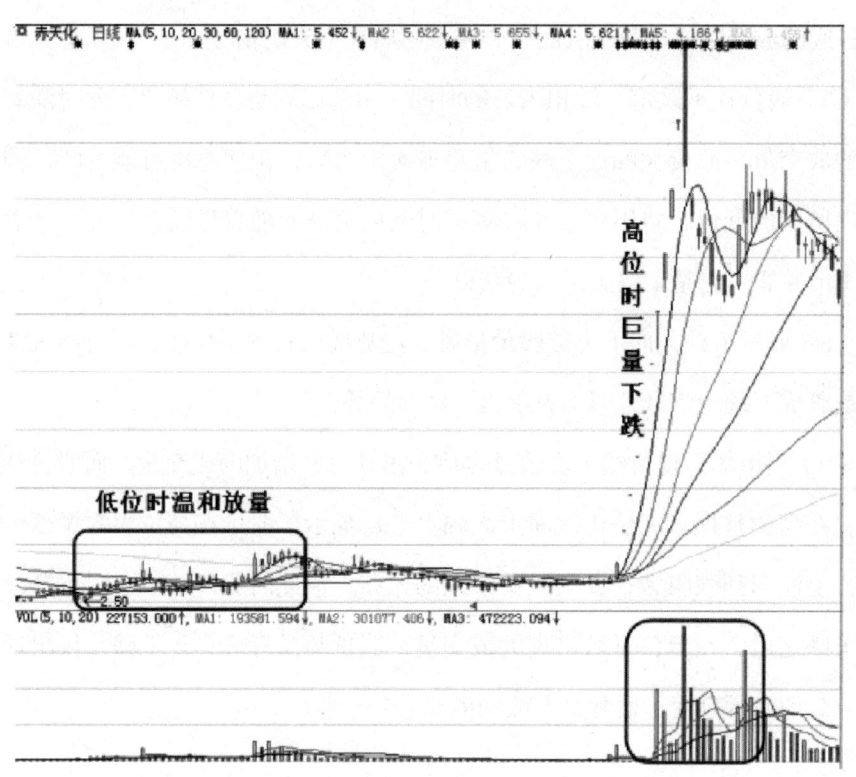

图3-1 赤天化（600227）日K线图

图3-1是赤天化（600227）在一段时间的K线走势。在图中我们看到了两个不同阶段的量增价涨，在低位时量能的释放相对温和，但在高位时量能呈急剧放大形态，这也是我们在前面和大家讨论的温和放量和放巨量的区别。

低位的量能温和是股价长期吸筹所带来的量能表现，这时大资金也不愿拉升股价，所以在低位用更长的时间来完成筹码的收集，收集筹码的行为也更为隐蔽，量能表现也相对有序。

但当股价运行到高位后，尤其是经过连续的涨停，大量的获利筹码都有兑现收益的需求，这时最好的方式就是快人一步兑现离场，最终造成筹码蜂拥而出的现象，这表现在量能上就是筹码的高度累积，巨量放出。

大家需要注意的是，量能表现对应的阶段不同，其后的个股走势也各不相同，对应的投资者的操作也必须客观分析，不可简单盲从。

2. 量增价平

量增价平是指股票在成交量放大的情况下，股价维持在一定的价位水平上下波动的现象。

量增价平主要出现在空头的谷底期、多头的初升期和多头末期。

当量增价平的现象出现在空头的谷底期，意味着主力资金的介入，股价进入止跌打底阶段，即股民常说的左侧交易法中的左侧。对一般投资者来说可暂时观望，不宜介入。

当量增价平的现象出现在多头初升段，则意味着主力介入吸筹。此时，主力不想在还没有完成吸筹时就过早引起人们的注意，所以在K线上体现的多为小阴小阳，即为暗中吸筹。

同时，保持股价平稳，没有太大的升幅，也可以降低主力吸筹的成本，此时散户也可以逐步介入。

量增价平的现象也会发生在多头行情的洗盘阶段，体现在K线形态上则是平台洗盘，有时主力资金会利用此办法做出多个平台。

当量增价平的现象出现在多头末升段时，则暗示主力积极出货，投资者应注意股价出现多空反转的信号。

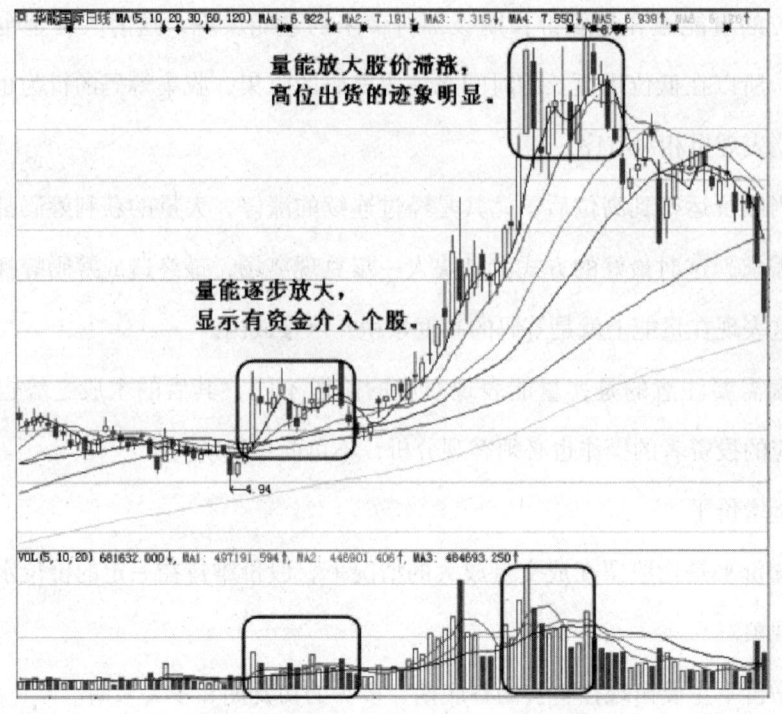

图3-2 华能国际（600011）日K线图

图3-2是华能国际（600011）在一段时间的K线走势。图中出现了两个量增价平的形态特征。对比之下我们也能看出一些不同：一是所处的阶段不同。我们常说的操盘股票三部曲——"洗盘""拉升""出货"，必不可少。洗盘所处的阶段、拉升所处的阶段和出货所处的阶段都是需要投资者在股市中感悟。二是量能，仍然是我们前面和大家讲的温和放量，而不是放巨量。这些都需要投资者慢慢体会和揣摩。

看完了量增价涨和量增价平，下面我们想和大家讲的，想必大家早已猜到，即量增价跌。

3. 量增价跌

量增价跌主要是指个股在股价下跌的情况下，成交量反而增加的一种量价配合现象。量增价跌是一种典型的短线量价背离现象。

量增价跌现象多发生在空头末跌段、多头盘整洗盘阶段和多头末升段。

当量增价跌现象发生在空头末跌段，说明主力资金开始进场接盘，此时与量增价涨发生在空头末跌段的情形一致，只是形态更为弱势。在此时可选择的操作办法仍然是观望、不宜进场。

当量增价跌现象发生在多头的洗盘整理阶段，则变成了量增价平在整理阶段的弱化版。此外，当量增价跌发生在多头末升段，反映的是高位卖压严重，股价难以为继，走势即将反转。

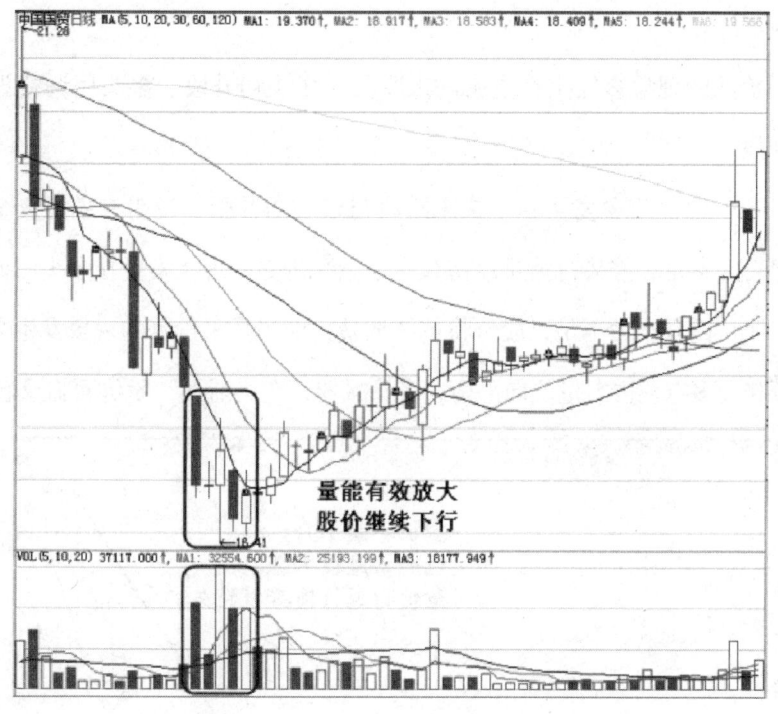

图3-3　中国国贸（600007）日K线图

图3-3是中国国贸（600007）在一段时间的K线走势。在图中我们可以找出一个典型的在洗盘过程中反映价跌量升的形态。这也是主力资金在操盘过程中常用的洗盘方法，其通过连续打压股价让投资者交出手中的筹码，而大资金则在暗中不断增持，最终为股价的后期上涨打下基础。

量能的出现是由成交来实现的。若是市场中没有成交或是交易惨淡，那么在量能上则是留下缩量的形态，量能不可能放大。量能的放大对应的成交无非就是主动卖出或者主动买进。这时，再对应个股阶段来看，个股正处于下跌走势的低位，大资金不会卖出所收集的筹码，这样在低位形成的量能则更多是吸筹所致，这自然会为以后的股价上涨打下基础。

量增的形态在这里就到此结束了,下面我们就进入量平价涨阶段。

4.量平价涨

量平价涨指的是个股的股价上涨而成交量并没有逐步放大的一种量价现象,是一种短期的量价背离。正因此时股价的上涨没有成交量的配合,所以行情随时有翻转的可能。

量平价涨的现象多发生在空头的末跌段、多头初升段、多头回调整理阶段和多头末升段。

当量平价涨的现象发生在空头末跌段与多头初升段,说明有主力资金尝试性建仓,但力度不足,涨势行情难以持久;当量平价涨的现象发生在多头回调整理阶段,说明股价回升动力不足,股价将持续调整;而当量平价涨的现象发生多头末升段,则意味着多空双方力量趋向平衡,多头减弱,空头渐强,股价面临反转。

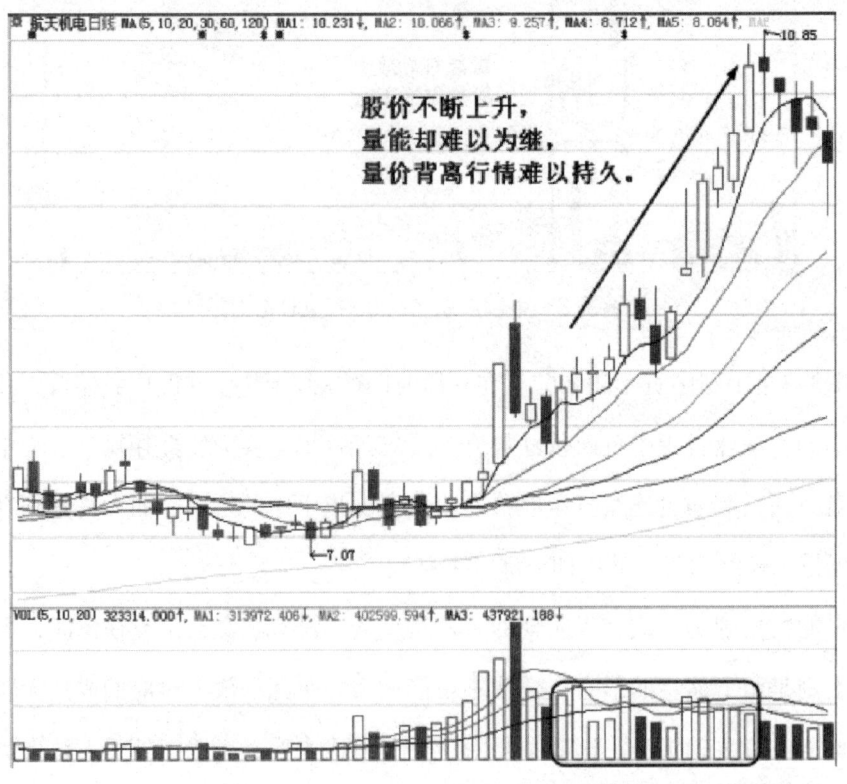

图3-4　航天机电(600151)日K线图

图3-4是航天机电（600151）在一段时间的K线走势。我们从图中可看到，在股价快速上涨的时候，成交量并没有放大，而是维持着一种相对平稳的状态，在形态上也就形成量平价涨的形态。这个形态的出现也就意味着量与价的背离，股价的上涨难以得到量能的支撑，行情将难以持久。图中的走势也印证了量价背离下行情的难以为继。

5.量平价平

量平价平的现象多出现在股价运行弱势的情况下，此时多空双方力量不明，投资者宜保持观望，待股价做出方向选择后择机介入。一般而言，量平价平时，股价将延续之前的趋势运行。

量平价平多发生在空头末期谷底区、空头盘整反弹区和多头回调整理区。

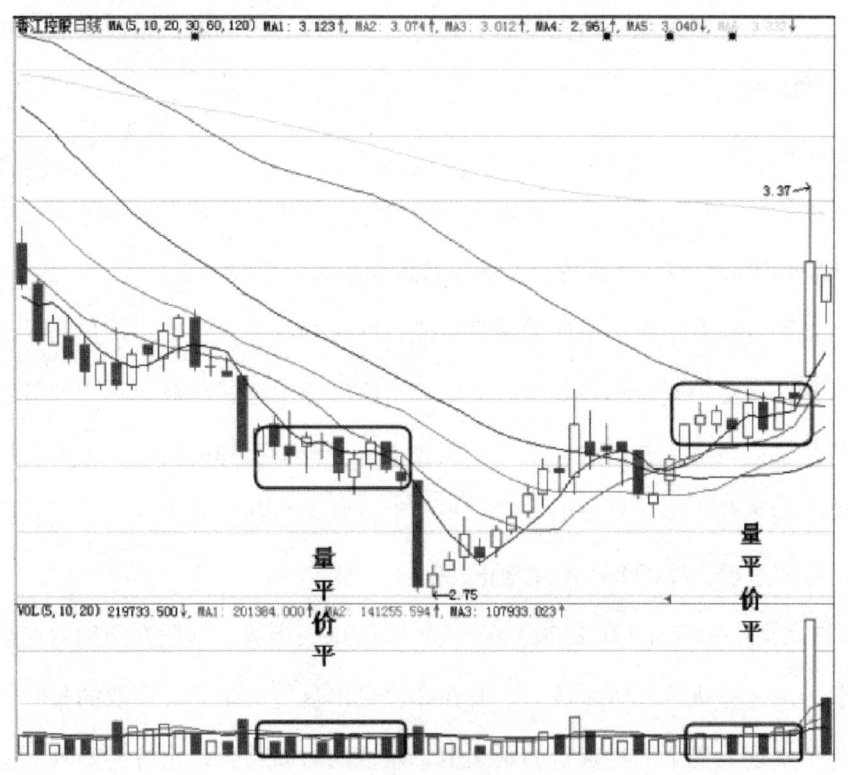

图3-5　香江控股（600162）日K线图

当量平价平现象发生在谷底区时，说明股价运行弱势，正在进入盘底阶段，此时市场多空双方力量不明，可暂时观望；当量平价平现象出现在空头盘整反弹

区时，说明反弹无力，行情有随时终结的可能；当量平价平发生在多头回调整理区时，股价正逐步企稳，投资者在后市可积极关注。

图3-5是香江控股（600162）在一段时间的K线走势。在K线图中出现两个不同阶段的量平价平。一是盘底阶段；二是多头的回调阶段。在盘底阶段，股价经过量平价平的盘底后依然不改趋势，由一根大阴线继续下探。而在多头回调阶段，行情随时都存在夭折的可能，直到后期的一根放量大阳线宣告方向确立，此时可择机介入。

当然在这根大阳线上我们又看到巨量的形态，若是此时的量能是温和释放，则行情无疑；但此时是巨量的释放，这一点又需要投资者注意。巨量的释放一方面是资金的介入，而另一方面则是市场抛盘的巨大，这会造成市场的压力，个股需要进一步地洗盘才能获得充足的上升动力，所以行情的波折难以避免，投资者必须沉着应对。

6.量平价跌

量平价跌是相对量平价平表现更为弱势的一种形态，其发生的阶段主要在多头回调整理阶段、空头初跌段、空头主跌段和空头末跌段。

当量平价跌发生在多头回调整理阶段，此时的成交量多是由散户的卖盘引起的，这是由于主力资金仍在等待积极的攻击信号，不会轻易放出手中的筹码；当量平价跌发生在空头初跌段，说明卖压较小，股价有反弹的机会，但需要指出的是，股价的下跌不需要量能的支撑；当量平价跌发生在空头末跌段，说明股价正在经历探底过程，投资者还需注意止跌信号。

图3-6是仁智股份（002629）在一段时间的K线走势。个股在前期的连续涨停后，股价的运行进入出货阶段，个股在高位走出盘整的走势。个股的长时间盘整即是为了实现大资金的出货目的。又由于盘整的时间够长，出货的筹码不需要在短时间内离场，也就不会在量能上表现出太大的量柱，但因为是处于出货阶段股价相对受压，所以在形态上走出回调的走势。这样在整体上就形成了量平价跌的量价关系。

图3-6　仁智股份（002629）日K线图

个股处于出货阶段股价的回调不可避免，K线走势从2014年9月26日起连续量平下跌，股价从11.20元跌到了低点时的9元，没有及时出逃的散户损失严重。若是我们结合其他指标也能发现一些离场的信号。前期高点的压制作用表现强烈，均线形态早已出现死叉，这些都构成离场信号，投资者要注意分析。

7. 量缩价涨

量缩价涨主要是指个股（或大盘）在成交量减少的情况下，个股股价反而上涨的一种量价配合现象。

量缩价涨现象出现在多头末升段和空头反弹整理阶段。

当量缩价涨现象发生在多头末升段，这说明涨势减弱，股价或出现反转；当量缩价涨现象发生在空头反弹整理阶段，则多是主力的拉高出货行为。

量缩价涨是一种背离现象，预示着现有趋势难以长期维持，在实战中有较高的指示意义，投资者可多加关注。

但在持续的上升行情中，适度的量缩价涨表明主力控盘程度较高，大量流通筹码被主力锁定。而当此种情况出现时，读者可以回想一下我们在前一章和大家论述的"计量"办法。

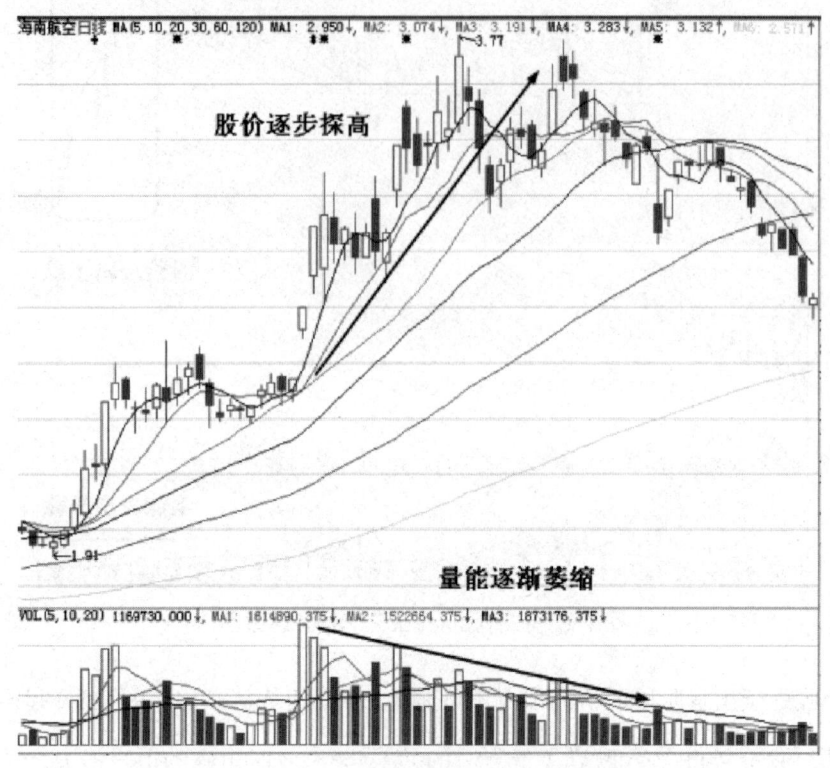

图3-7　海南航空（600221）日K线图

图3-7是海南航空（600221）在一段时间的K线走势。图中的量缩价涨的量价关系出现在多头的末期，股价在逐步探高的过程中，量能却出现逐渐萎缩的迹象。而股价因为得不到量能的支撑，行情也难以继续发展，最终股价的运行出现反转。

股价的上升是由资金的推动来实现的，大资金在低位时不管是获取筹码或拉升股价，这些都需要量能的实现，这样就造成股价在低位时放出的巨量。但当个股逐步运行到高位后，大资金的操作方向发生转变，不是拉升股价更不是获取筹码，而是为了神不知鬼不觉地离场走人。为了实现离场的隐蔽性就只能在股价的运行中逐渐离场，这样也就不会在量能上有太大的显现。拉升量能不再，离场量能尚未显现，最终致使量能方面呈现逐步递减的趋势。

8. 量缩价平

量缩价平是指股价变动幅度较小,但成交量却逐步递减的情形。

量缩价平的现象多发生在空头的盘底时期、多头盘整段和多头末升段。

当量缩价平的现象发生空头的盘底时期,说明交投不活跃,行情趋于冷清,股价有待企稳回升。对散户朋友来说此时不宜过早介入,以观望为主;当量缩价平的现象发生在多头盘整段,说明追买意愿降低,股价进一步盘整,有待做出方向选择;当量缩价平的现象发生在多头末升段,意味着股价即将进入盘整走势,不容易再创新高,股价有随时反转的可能。

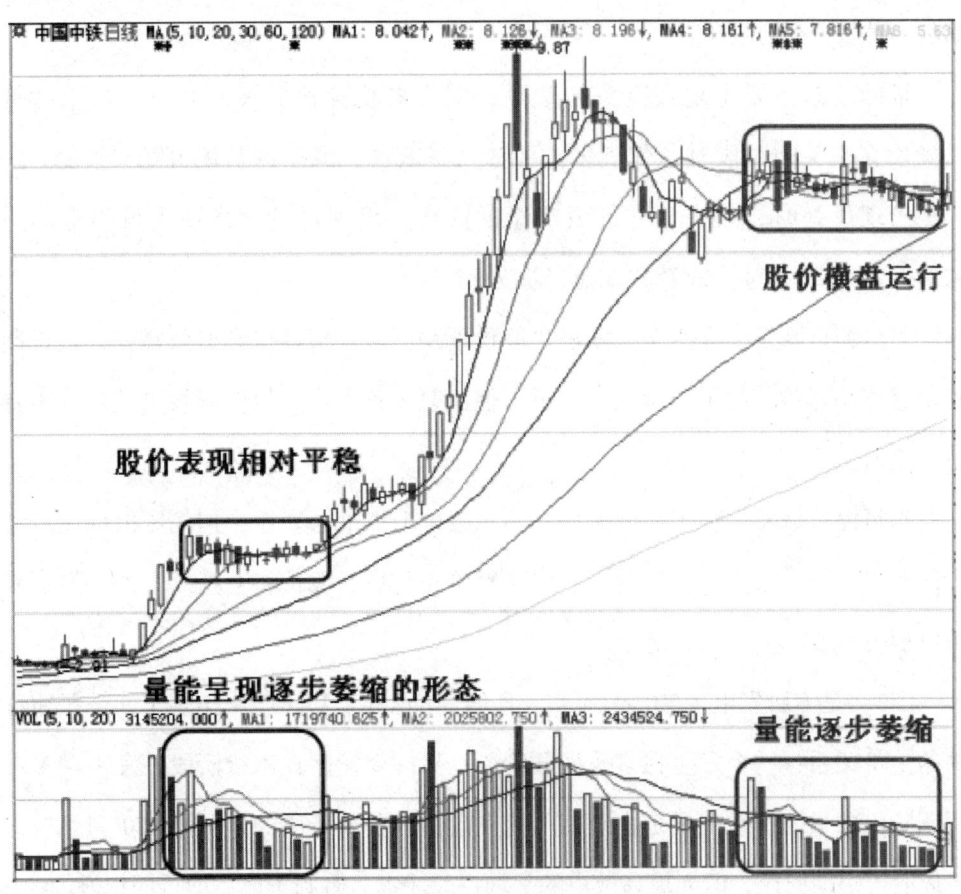

图3-8 中国中铁(601390)日K线图

图3-8是中国中铁(601390)在一段时间的K线走势。图中的前一个量缩价平是发生在多头的整理阶段,股价成交量不足以向下寻求支撑,在10日均

线处获得支撑,重获上升动力。此时就可以作为散户们的介入时机。另一个量缩价平则发生在多头的末升段,量能萎缩,股价因缺少量能的配合,无力突破前高。

量能萎缩说明追涨意愿不足,买盘不足,回看前期的量能释放,股价所处的位置,主力资金有借高位横盘出货的痕迹。此时投资者对应的操作也应当是尽早离场。

9. 量缩价跌

量缩价跌主要是指个股(或大盘)在成交量减少的同时,个股股价也同步下跌的一种量价配合现象。

量缩价跌主要出现在空头初跌段、空头末跌段和多头回调段。当量缩价跌发生在空头初跌段时,代表多方买盘力量减弱,属于跌势的开始。

出现反弹时,投资者注意成交量的配合;出现量价背离或大量不涨的迹象时,都应该引起投资者的注意,并及时离场。

当量缩价跌发生在空头末跌段,股价下跌已多,买盘得到有效释放,且近期跌幅有缩小趋势,暗示股价底部已近。但此时买盘不足,投资者暂可观望,不宜过早介入。

当量缩价跌发生在多头回调段,暗示股价上涨遭遇卖压,但卖压出现逐步减少的趋势,不是主力出货行为。所以当量价止稳后,股价将会持续上涨,投资者可以积极做多。

图3-9是大唐发电(601991)在一段时间的K线走势。图中出现了两个量缩价跌的量价关系:一个发生在多头回调阶段;另一个发生在出货阶段。发生在多头回调阶段的量缩价跌主要是由短期的获利盘兑现获利造成的。此时的获利兑现会造成股价短期抛压,但会提高散户的平均持股成本,有利于以后股价的拉升。

而发生在空头初跌段的量缩价涨则是股价刚刚下跌的开始,在此,我们仍要强调的是,股价的下跌不需要量能的支撑。关于头部的判断读者可参考笔者其他拙著。

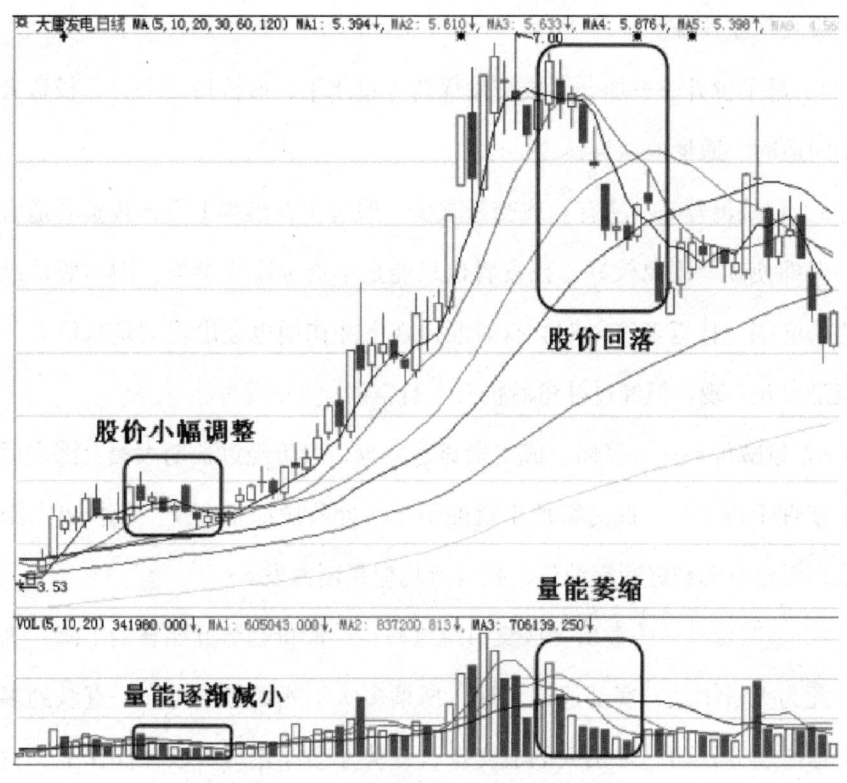

图3-9　大唐发电（601991）日K线图

三、量价关系指示的方向

九种价量表现关系按照指示方向归纳如下：

（1）量平价平——观望。

（2）量增价平——转阳。股价经过持续下跌的低位区，出现成交量增加、股价企稳现象，此时一般成交量的阳柱线明显多于阴柱线，凸凹量差比较明显，说明底部在积聚上涨动力，有主力在进货，为中线转阳信号，投资者可以适量买进持股待涨。有时股价也会在上升趋势中途也出现"量增价平"，这说明股价上行暂时受挫，只要上升趋势未破，一般整理后仍会有行情。

（3）量增价升——买入。成交量持续增加，股价趋势也转为上升，这是短、中线最佳的买入信号。"量增价升"是最常见的多头主动进攻模式，投资者应积

极进场买入与庄共舞。

（4）量平价升——加仓。成交量保持等量水平，股价持续上升，投资者可以在此期间适时、适量地参与。

（5）量减价升——持有。成交量减少，股价仍在继续上升，投资者适宜继续持股。但即使锁筹现象较好，投资者也只能是小资金短线参与，因为股价已经有了相当的涨幅，接近上涨末期。有时股份在上涨初期也会出现"量减价升"，这很可能是昙花一现，但经过补量后仍有上行空间。

（6）量减价平——警惕。成交量显著减少，股价经过长期大幅上涨之后，进行横向整理不再上升，此为警戒出货的信号。此阶段如果突发巨量拉出大阳线或大阴线，无论有无利好利空消息，投资者均应果断派发。

（7）量减价跌——卖出。成交量继续减少，股价趋势开始转为下降，为卖出信号。此为无量阴跌，底部遥遥无期，所谓多头不死跌势不止，一直跌到多头彻底丧失信心斩仓认赔，暴出大的成交量，跌势才会停止。所以在操作上，只要趋势逆转，投资者应及时止损出局。

（8）量平价跌——出局。成交量停止减少，股价急速滑落，此阶段投资者应继续坚持及早卖出的方针，不要买入，当心"飞刀断手"。

（9）量增价跌——持币。股价经过长期大幅下跌之后，出现成交量增加的现象，即使股价仍在下落，投资者也要慎重对待极度恐慌的"杀跌"，所以此阶段的操作原则是放弃卖出、空仓观望。低价区的增量说明有资金接盘，后期有望形成底部或反弹的产生，投资者应适当关注。有时在趋势逆转跌势的初期出现"量增价跌"，那么投资者更应果断地清仓出局。

第四章

量价位置——知晓市场进退的法度

如果按庄家吸筹、拉升、派发、回落的一个完整的循环，各个阶段的量价表现可以分为九种关系。它们分别是：①量平价平（横盘震荡）。②量增价平（庄家进场）。③量减价平（庄家洗盘）。④量增价升（庄家拉升）。⑤量平价升（高度控盘拉升）。⑥量减价升（拉高末期）。⑦量减价跌（下跌初期）。⑧量平价跌（下跌中期）。⑨量增价跌（下跌末期）。

我们可以用如下一案例来表示。

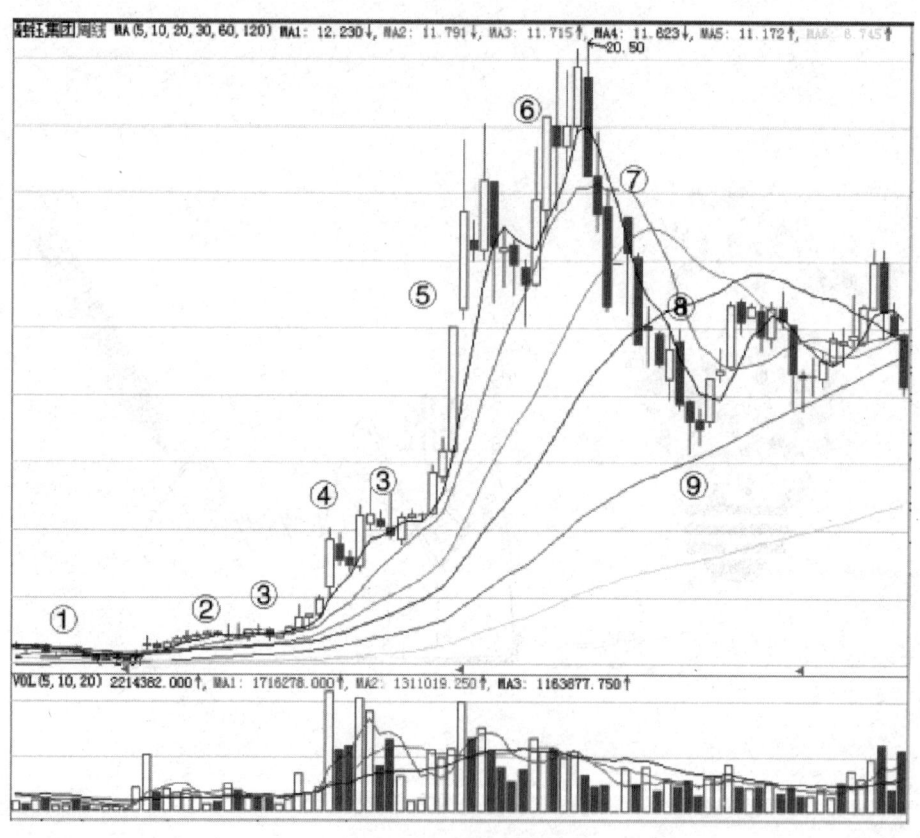

图4-1 融钰集团（002622）日K线图

图4-1是融钰集团（002622）在一段时间的K线走势。该走势完整地体现了从

庄家吸筹、拉升、派发，到最终回落的一个完整的过程，同时该过程也伴随着量能的完美配合。在阶段①，行情承接上一波的回调，新的行情还没有开始，个股处于横盘的震荡行情中，量能也表现得相对弱势。

等个股运行到阶段②时，在量能上出现一定的放大，股价也出现走红的迹象，但总体还是相对平稳，这是资金逐步介入的迹象。

到阶段③时，股价的运行仍是维持平稳的状态，量能方面出现一定的萎缩，这是大资金的横盘洗盘所致。在阶段③的洗盘结束后，股价再次走高，资金的介入程度进一步加大，在量价关系上形成量升价升的形态。它所对应的股价运行阶段则是吸筹拉升阶段。

在阶段④之后，股价再次洗盘。个股的洗盘幅度不大，量能也出现一定的萎缩，阶段③的形态再次出现。量价关系的形式有九种，但个股的运行却是循环往复。一种形态的多次出现是理所当然。这也是我们要在不同股价运行阶段中讨论量价关系的原因。

个股在洗盘之后，行情再次进入拉升走势中阶段⑤的形态。在这一波拉升中，股价大幅上涨，但量能维持相对稳定。这说明大资金不需要花费太多的资金就能拉动股价，也说明这时市场中的浮筹较少，大资金的控盘实力较强，个股股价的支撑性较好，个股的行情也就相对乐观。

个股股价在两次拉升后逐渐站上高位，表现为阶段⑥的形态，这时拉升股价不再是最重要的，而如何在维持股价上升的过程中悄悄完成出货变得尤为重要。这时大资金的中心任务是出货，它不会花费大量的资金拉升股价，但为了保证个股的形态，不至于让一般投资者也加入抛盘的队伍中，兑现筹码的步骤也会有所控制。这样表现在形态上就是股价继续上升，而量能出现萎缩的迹象。因为大资金的持续流出，最终走势反映到股价上，个股的运行出现翻转的迹象，个股在高位出现一段时间的震荡后股价开始下行，它在高位出现的一定程度的放量也是兑现筹码的迹象。

大资金的连续兑现筹码，致使其手中筹码迅速减少，股价也受此影响快速下

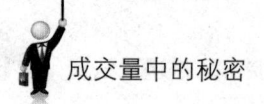

跌，形成⑦的形态。

个股在连续的下行中股价出现大幅回落，对应的市场上兑现筹码的需求也迅速减弱。个股的下行方向也正式确立，走势进入稳步下行的运行中，形成阶段⑧的形态。

个股股价经过多番的回落后大打折扣，这时一部分资金慢慢看好股价的投资价值，开始逐步介入个股，但又不愿引起市场的注意，所以操作行为相对隐蔽，不会强行拉出大阳线，股价的运行仍会是弱势下跌。但又因为资金介入的关系在量能上会出现一定程度的放量，形成阶段⑨的形态。

以上是整个运行阶段的量价关系流程及其形成原因。在以上流程中我们也做出一些交代，在股价运行的过程中，一些量价形态会出现一些重复。在一些阶段也会出现不同的量价关系，以下我们就此展开谈论，分析各阶段可能出现的量价关系及其后续影响。

一、各阶段量价关系

1. 筑底阶段

（1）量平价平（横盘震荡）。

（2）量平价平（庄家进场，吸筹筑底），底部成交量放大，通过来回震荡吸筹，小幅上涨后又回落，总体保持股价平稳。

2. 拉升阶段

（1）量增价升（吸筹拉升，拉升初期），庄家建立底仓完成，稳步推升股价，成交量逐步放大。

（2）量平价升（等量拉升，拉升中期），大资金在拉升中再度洗盘吸筹，但是卖盘已不多，成交量趋向平稳。

（3）量减价升（锁仓拉升，拉高末期），庄家高度控盘，市场浮动筹码较少，拉升不需要再放大量，同时也会进行边拉边派发的动作。

3. 筑头阶段

量减价平（高位筑头，高位派发），庄家在此期间来回震荡，高位派发。

4. 出货阶段

（1）量减价跌（缩量阴跌，下跌初期），庄家不再护盘和买进，股价自然发生缓慢的小幅回落。

（2）量平价跌（等量下跌，下跌中期），股价回落幅度加大，但恐慌盘不多，其市场早已麻木，很少会割肉离场，量能保持相对平稳。

（3）量增价跌（放量暴跌，下跌末期），在末期庄家会参与打压股价，其目的是为了打压洗盘，以便获取低位的廉价筹码。这时小资金夺路而逃，大资金乘机吸筹，成交量放大。

二、形成原因分析

1. 上升阶段量价分析

个股在下跌周期结束后，就开始进入一个新的上升周期。通常个股的上升过程会以五浪运行，包括三个上升浪和两个调整浪。下面我们就结合波浪理论来分析不同量价关系的形成原因。

先来分析第一上升浪和第三上升浪中成交量的表现。

（1）多头开始阶段。当个股股价从一个长期的底部开始向上运行时，由于很多持股者依然不看好后市，股票供应量往往会比前期底部的时候要多，导致买入者能买到较多的股票。这时，市场常表现出"量增价平"或"量增价升"的温和状态。

图4-2是白云机场（600004）在一段时间的K线走势图，该股在前期的调整中和后期的一浪抬升中，量价关系分别呈现量增价平和量增价升的形态。对比两波走势，前一波走势相对更加弱势，后一波走势更加强势，这也正是两者之间的前因后果的关系。正是因为前一波的无声吸筹才有了后一波的放量拉升，也因为有了前

期的筹码收集，该股的拉升才有了必要。

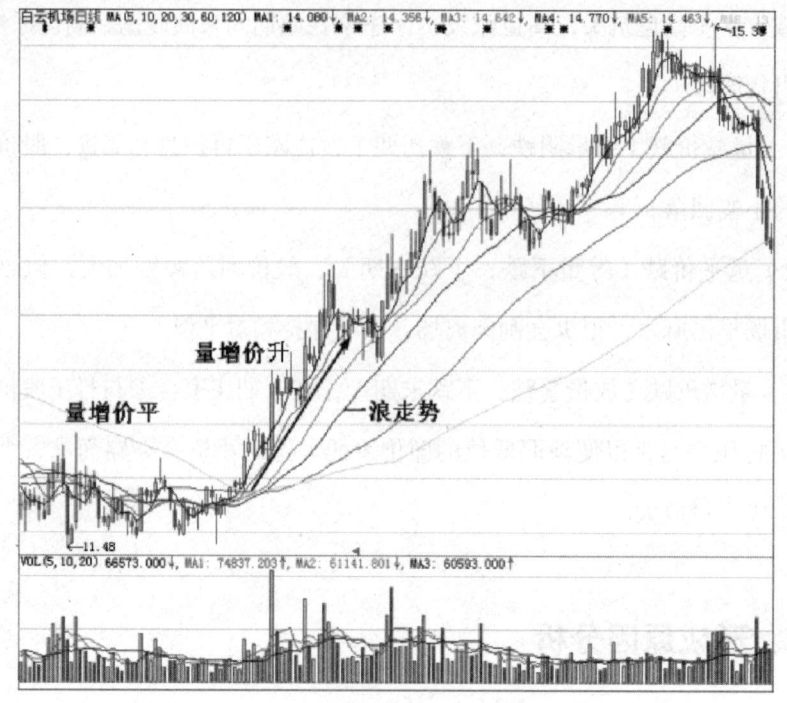

图4-2　白云机场（600004）日K线图

此阶段个股的成交量会较构筑底部时的成交量温和放大，说明市场主力正式开始积极运作，推升股价向上。此时，投资者可积极大胆介入。有时，一些个股构筑历史性底部完成后，股价启动时会放一根标志性的巨量阳线，此后股价一路缩量上涨，表明机构已经高度控盘，筹码锁定情况良好。遇到这种情况，投资者应该在股价启动第一时间积极介入。

（2）多头持续阶段。当个股股价从启动阶段进入明显的上升趋势后，成交量随着股价的上扬下挫出现对应的增减变化。但总体来说，股价大幅上升会导致成交量大幅增加，即第三上升浪是股价上升过程中的主升浪，这一浪是股价涨幅最大、运行时间最长、人气最旺的一浪，在这一阶段成交量很活跃，但也有一些个股在第三浪启动时，成交量温和放大，而随后量能会随着股价的一路上升而萎缩，这表明主力控盘程度已经相当高。在这一阶段投资者在股价没有出现急速拉升及成交量未出现异常变化的情况下，可寻找适当机会介入。这时，市场呈现出

"量增价升""量缩价升"的强势状态。"量缩价升"形态在涨停式的加速上涨中表现得尤为突出。

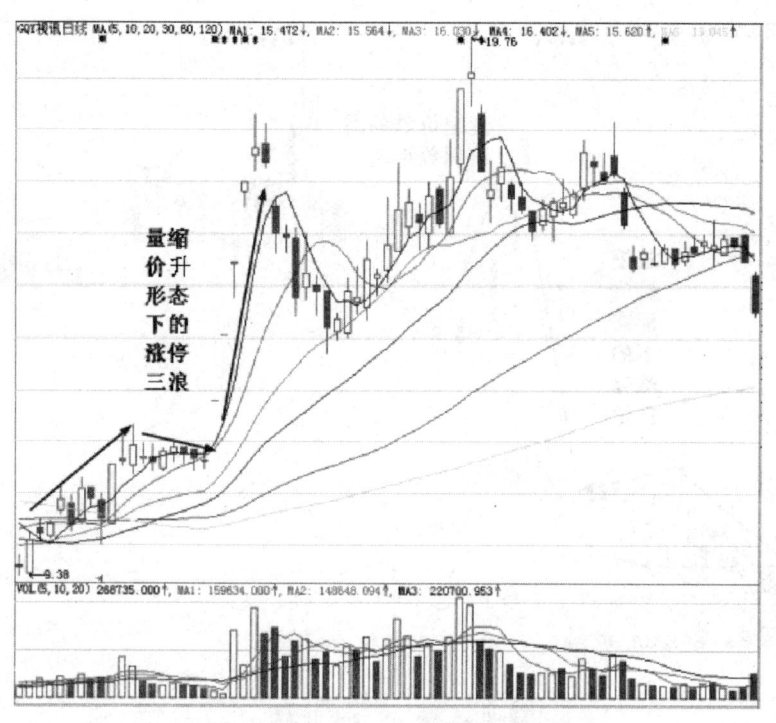

图4-3 GQY视讯（300076）日K线图

图4-3是GQY视讯（300076）在一段时间的K线走势。该股在上升的过程中走出完整的上升五浪，个股在一浪走势中量价关系呈现为量升价升型，这是资金在逐渐介入的信号。在这一波上升走势中量能的积累程度将决定后期个股的拉升走势，若是筹码经过换手高度集中后，该股即不需要花费太多的时间吸筹，在量价形态上也就体现为量缩价升形态。而若是这一波未完成吸筹任务，个股也就必须在以后的运行中完成吸筹，而实现的方式无非就是延长二浪的洗盘或者在三浪早期大举进货。这时在三浪上就会走出量升价升的形态。

在量缩价升形态下，股价在第三浪结束的高点处，往往会出现阶段性放量的特征，这是因为股价经过一段时间的上升后，获利盘和解套盘开始兑现，抛压不断加重，阻止了股价的进一步上升，从而使股价出现四浪的调整。在这个调整阶段，成交量又会表现为由高峰处开始逐步萎缩的特点形成"量缩价跌"的形态。

当股价萎缩到地量水平时，表明市场浮筹已经被清洗，股价有望在新增买盘的推动下重新上涨。

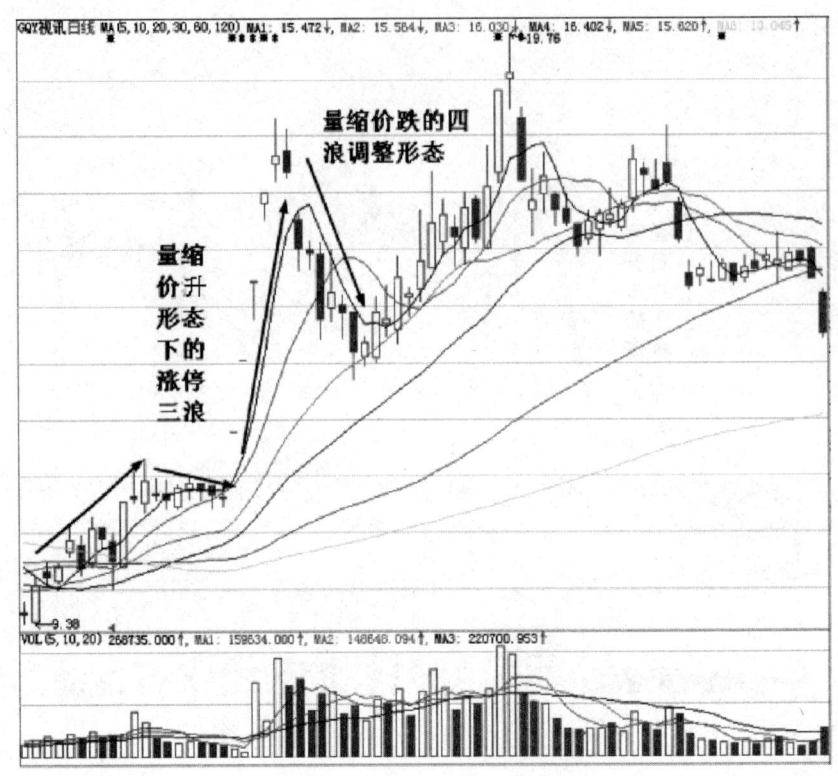

图4-4　GQY视讯（300076）日K线图

图4-4是GQY视讯（300076）在一段时间的K线走势。该股经过三浪的大举拉升，股价在短时间涨幅近50%，巨大涨幅带来大量的获利盘，这些筹码的高位兑现在三浪的高位形成大量的筹码堆积，形成量能的急剧放大；同时，这些获利盘的兑现需求形成股价上升的压力。该股有进行回调的必要，在形态上走出回调的走势。随着回调的深入，其抛压力度逐渐减少，在量能上呈现逐渐萎缩的迹象最终形成量缩价跌的形态。

当兑现的筹码不在，新的买盘资金介入，个股将迎来新的上升趋势，形成波浪理论中的五浪上升。因为个股在高位的兑现需求一直存在，所以这一波的拉升幅度会相对较小，行情有随时夭折的可能，投资者需要注意风险。

（3）多头疯狂阶段。个股股价经过一段时间的上涨进入高价位区间后，股价上升周期中的最后一个阶段为第五浪,这一阶段股价会继续创出新高,在股价达到高点后会出现宽幅剧烈震荡,由于买卖双方的意见分歧越来越大,导致成交量也会较前两个上升阶段明显放大;同时,股价上下起伏跌宕,直至后期买入者减少,成交量无法继续放大。这时,市场往往会呈现出"量缩价升"的势头。此时,主力通过剧烈震荡达到出货目的的意愿已经越来越明显,投资者在此阶段则不应再留恋市场,尽早择机出局为宜。

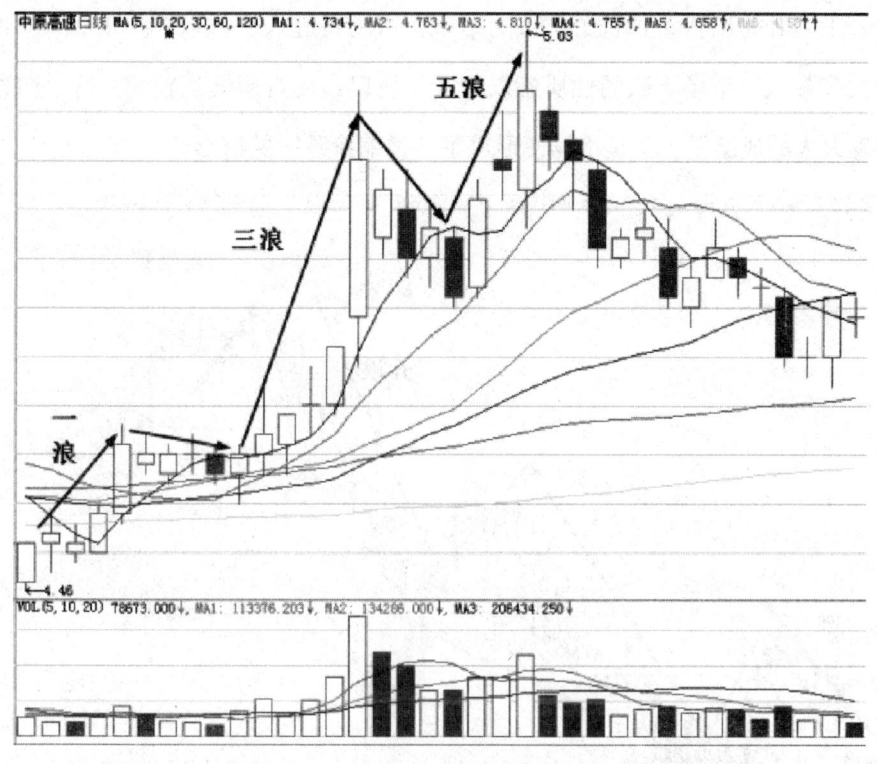

图4-5 中原高速(600020)日K线图

图4-5是中原高速(600020)在一段时间的K线走势。因为该股股价受到一浪和三浪的影响,此时已处于相对的高位。大资金在此时的首要任务是兑现筹码,但因为其控制的筹码较多,无法在短时间内清算离场,所以大资金必须在高位继续维持股价,一方面是通过股价的横盘出货,另一方面就是利用少量的资金拉升股价吸引买盘的跟风以达到出货的目的。

此时的大资金不会动用太大的资金,这样在成交上也就不会有太大的成交量堆积，最终形成量缩价升的形态。当然在一些案例中我们也能看到拉升量能的适度放大，这不排除有庄家对敲做大成交量的行为。但投资者必须明白的是当股价运行到高位时，兑现筹码是市场所有力量的共同需求，其后只是各显神通、先人一步而已。

2. 下跌阶段量价分析

（1）空头开始阶段。当个股股价达到高价位区间，市场或个股的五浪上升结束后，主力开始出货，宣告了牛市的结束，市场将进入下跌趋势。在下跌初期，由于大多数人对市场下跌的性质难以判断，所以市场观望气氛较浓，这一阶段不会出现太大的成交量。于是市场便形成了"量缩价跌"的情形。

图4-6　鱼跃医疗（002223）日K线图

图4-6是鱼跃医疗（002223）在一段时间的K线走势。该股股价经过五浪运行站上高位区间，五浪的上升走势也走到尽头。该股的大幅上涨让主力资金获利

丰厚，于是主力便开始大力出货，其在最高位出现的宽幅震荡即是出货留下的痕迹，相对应的量也能有较大的表现，而股价由于受制于抛压的影响，开始出现回落的走势，形成价跌的形态。随着股价的下行抛盘得到释放，加之此时股份刚处于下跌初期，盘面上整体维持多头的态势，所以并未引发大规模的恐慌性抛盘，在量能上也就出现越来越小的现象，最终形成量缩的形态。于是，市场便形成了"量缩价跌"的量价关系。

（2）空头持续阶段。随着市场的继续调整，个股股价进入持续的下跌阶段后，明显的熊市信号出现，诸多有经验的交易者开始持币观望，即使持股者急于降价成交，也往往找不到买主，于是市场往往呈现出"量平价跌"的情形。这是空头能量未能得到释放的时期，交易者不可轻易抢反弹。当一些止损资金出逃后，市场将进一步下跌，进入中期下跌阶段。

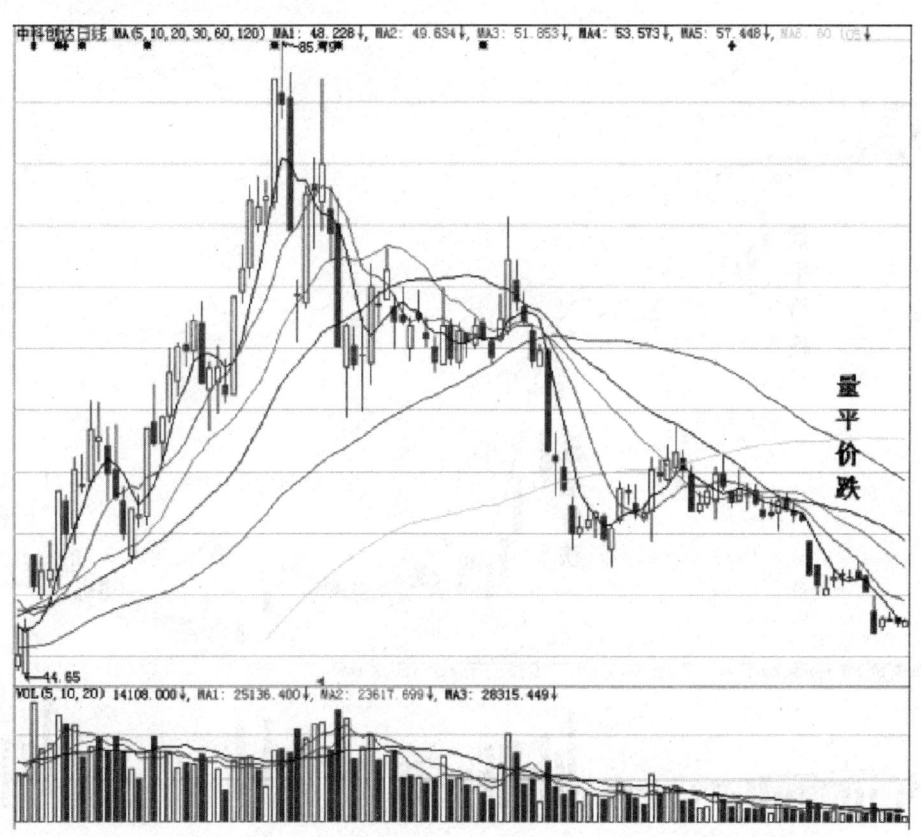

图4-7 中科创达（300496）日K线图

图4-7是中科创达（300496）在一段时间的K线走势。个股量平价跌一般发生在下跌走势的持续阶段。这时市场已对个股的运行有着清楚的判断，所以其跌势仍将继续，这就造成市场上的买盘资金迟迟不敢进入，市场成交清淡。这时形成的量平形态事实上是通过量能萎缩到极致实现的，互为因果，又因为个股得不到量能的支撑，个股的跌势也将继续。

（3）空头衰竭阶段。当个股股价经过较长时间和较大幅度的下跌后，将步入一个相对低价的区间。于是激进的交易者开始买入，急迫的持股者终于找到了买主，成交量开始递增，直至空头下跌的能量完全释放完毕后，股价才能站稳并出现反转的苗头。此时市场往往呈现出"量增价跌"的势头，表明股价将接近底部区域，交易者可以做好入场的准备。

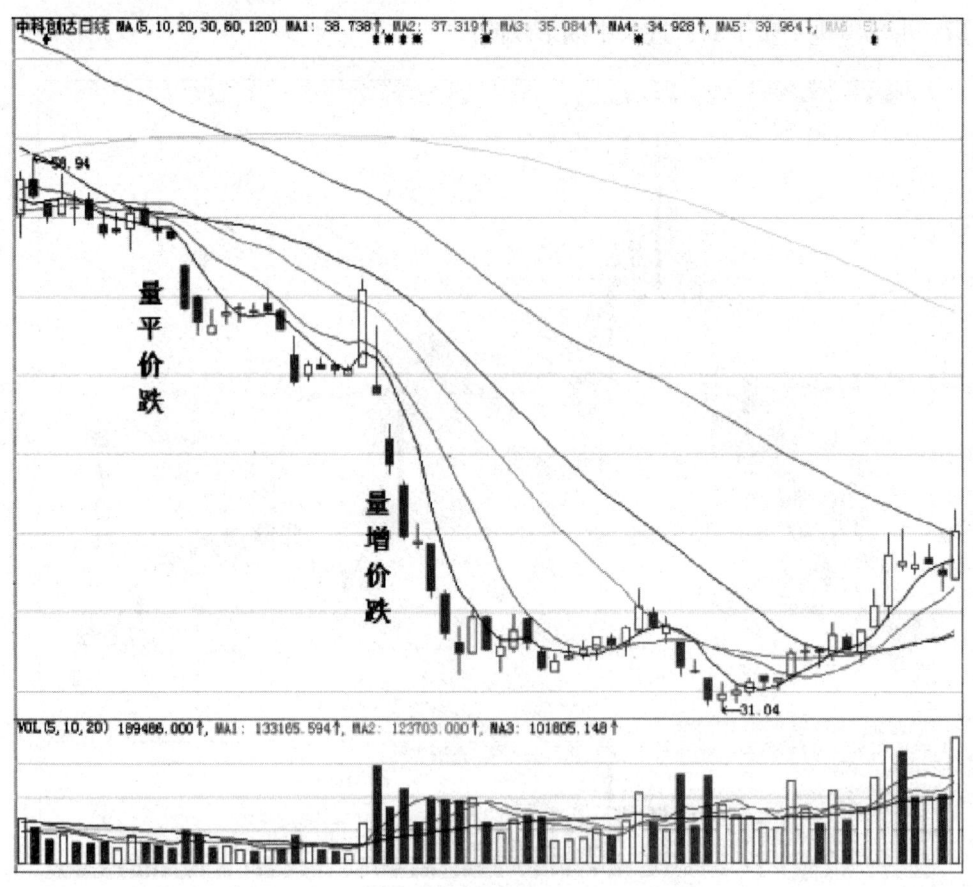

图4-8　中科创达（300496）日K线图

图4-8是中科创达（300496）在一段时间的K线走势。个股的走势在量平价跌之后继续下探，但随着股价的大幅度下跌后，个股的估值趋于相对合理。股价也进入一个相对低价的区间。

这时市场中一些认同企业价值的投资者或是一些急于抄底的投资者开始进场买入，个股的成交量也开始逐渐递增。

但因为资金的吸筹需要一定的时间，同时主力也不愿意大举拉升股价，相反仍是希望能在低位获取大量筹码。所以股价并不会立刻止跌，仍将维持一段时间的跌势。

随着换手的持续，下跌的能量逐步得到充分释放，个股也将逐渐走出探底回升的走势。因为此时早已有大量筹码高度集中，个股在震荡换手后也将迎来新的升势。这时投资者可以注意个股机会，做好入场的准备。

市场处于这一阶段，仍会受到各种利空传闻的影响，也会对一直坚守的套牢盘造成影响。

这些资金由于害怕市场继续深跌就会不停割肉，而一些先知先觉的资金提前逢低吸纳部分筹码，形成阶段性放量。最后，机构也可能会利用收集到的筹码刻意进行打压，使股价再创新低，这时就会形成一个真正中长期底部区域。主力资金将在这一区域逢低吸纳筹码。

这个阶段的成交量与前期下跌过程中的成交量相比有明显放大迹象，市场的活跃程度开始提高。当主力建仓完毕后，市场将重新步入上升趋势，从而完成股价从上升到下跌再到上升的循环过程。

（4）下跌阶段，离场机会。当股价形成头部后开始缓慢下跌，如跌破60日均线则可认为大势已去，跌势难免。主力为了加快出货，有时会拉出长阳线，然后在高位开始连续地派发。这根长阳线是反弹逃命的机会。

有时股价已上升一段时间，但跟风的接盘并不大，使主力很难出货。于是有的主力会采用巨量对倒的方式拉出长阳线，在第二天股价冲高的过程中迅速派发，拉出巨量长阴线，这种拉高的长阳线也是逃命的机会。

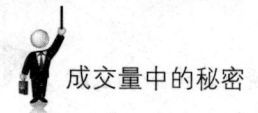

成交量中的秘密

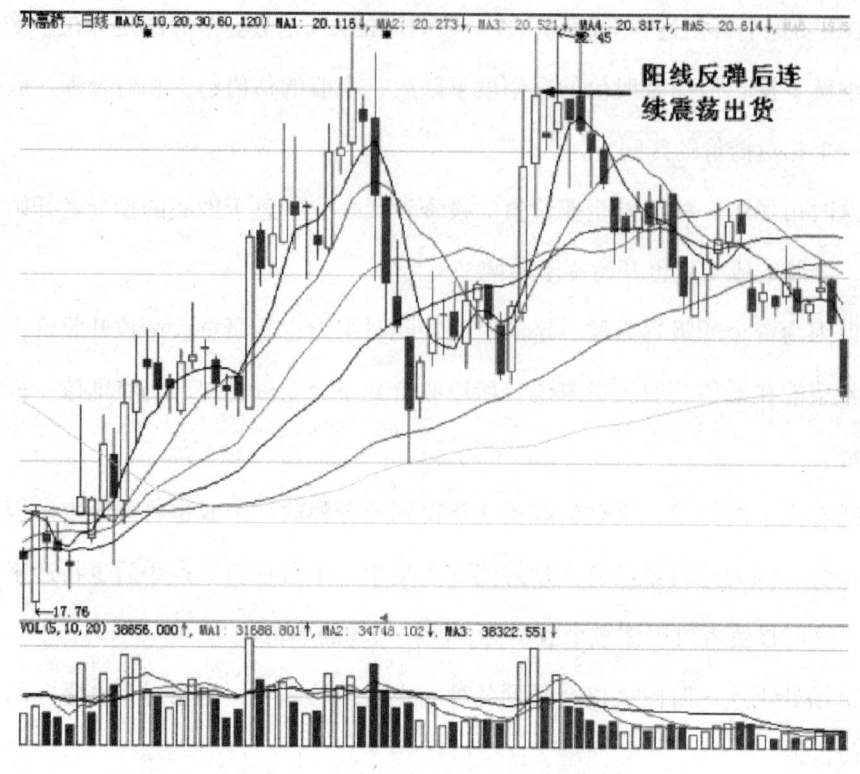

图4-9 外高桥（600648）日K线图

图4-9是外高桥（600648）在一段时间的K线走势。个股在上升走势结束后，行情发生转折，走出连跌态势，并在短时间内跌破均线。

个股的深度跌破均线系统也是股价翻转的信号。其后的个股走势仍将继续向下，但又因为个股的连续下跌造成大资金的出货机会较少，所以在股价回落到相对低位后，抬升资金开始进场，个股在走势上又连续走出大阳线，股价也出现不错的升幅。但投资者必须清楚，这一波拉升只是为了大资金的出货，股价在大阳线之后于高位盘整出货。对应的这一根大阳线则成为投资者离场的信号和最后的机会。

图4-10是北部湾港（000582）在一段时间的K线走势。这又是一波上升行情后的反弹走势，个股在反弹中走出较小的上升波段，在连续两个上升波段后个股股价也出现相对可观的回升，这时资金的出货机会再次来临。

个股利用前一交易日的阳线来吸引跟风盘的接手，并于第二天走出走高的走势，继续让投资者误以为行情转好，但就在不少散户纷纷介入时，大资金大举出货，股价承压走势瞬时翻转并在高位留下一根大阴线。其后的连续阴线更显大资金的连续砸盘，资金坚决离场。

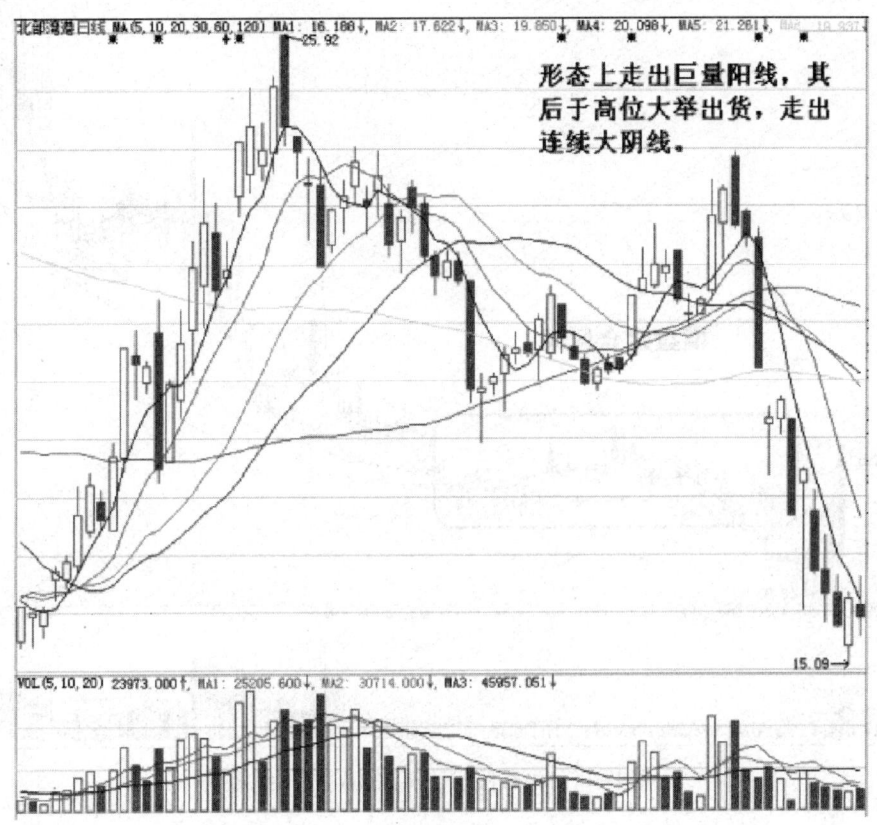

图4-10　北部湾港（000582）日K线图

3.底部建仓量价分析

（1）横盘式建仓。股价在经过漫长的下跌后，主力开始入驻建仓，这使得股价逐渐止跌企稳，形成横向盘整格局。由于主力在这一区域调动资金进行收集，强大的买盘使股价表现得十分抗跌，在图形上形成一个明显的平台或箱形底的形态，股价方向不够明确。在量价形态上形成"量增价平"的形态。

这种方式往往时间较长，一两个月、半年甚至更长，其间股价起伏极度疲软，又没有明显的放量过程。由于没有大阳线、大阴线，不容易引起短线投资者的注意，主力在横盘中吸货的意图得到极好的隐蔽。在低位长期横盘的股票一旦启动，其涨幅往往十分惊人，"横有多长，竖有多高"说的就是这种形态。对于中长期投资者而言，这是一种很好的选择。

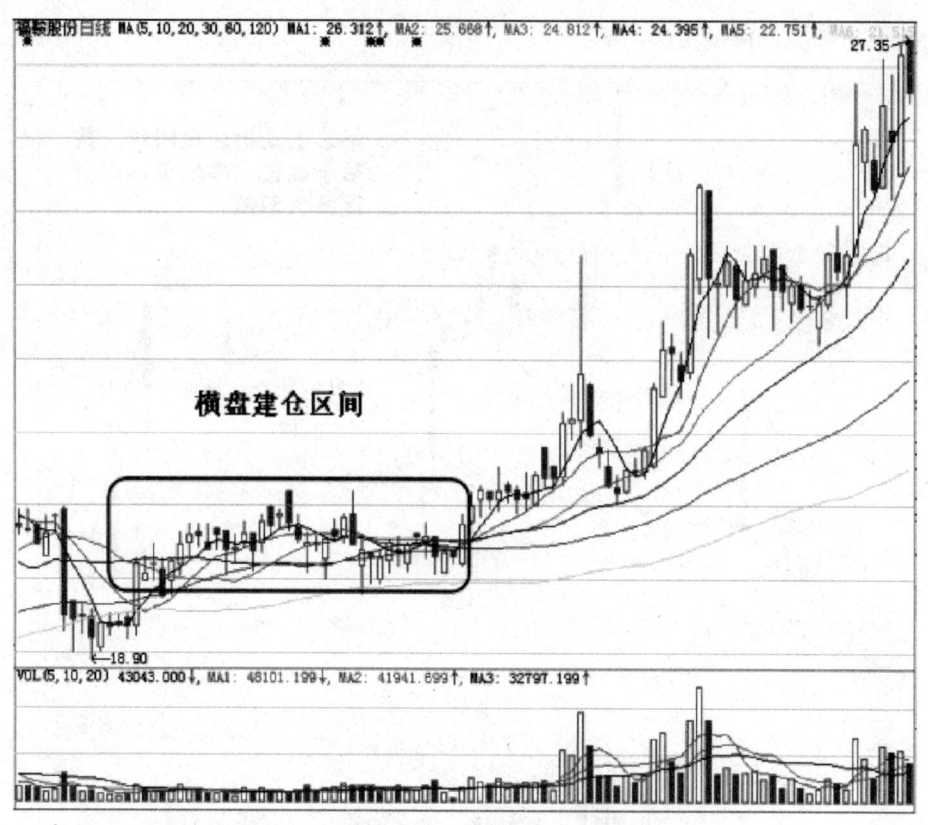

图4-11　福鞍股份（603315）日K线图

图4-11是福鞍股份（603315）在一段时间的K线走势。横盘建仓多发生在初生行情之前，此时个股股价已不再像之前一样保持下跌走势。因为有资金的不断低位吸筹，股价开始逐渐止跌企稳，并形成横向盘整格局。横向走势的目的就在于隐蔽吸筹，利用股价较小的波段，让一些短线客离场，并因为股价的波动较少，也不会引起市场的注意。当这一环节结束后，也就意味着筹码吸收的完成，行情也会随之开始。支撑行情的高度则是横盘用时的长度（时间的长短意味着筹码的多少）。

其价量主要特征如下：

第一，股价处于相对低位。所谓低位，就是说这只股票已经经过了长期的下跌，跌到了前期高点的50%以下，有时候甚至于跌到原价位的30%左右。在下跌的初期，曾经放量，但在低位开始横盘之后，成交量较为清淡。

第二，盘整时间相对较长。一般横盘时间要在三个月以上，有的股票则长达半年，甚至更长。通常，大家都会割肉去追随强势股，以期获取短线利润，主力则恰恰希望这种情况出现，悄悄地接纳廉价筹码。

第三，整理期间相对无量。主力横盘吸货时基本没有明显的放量过程，如果在某一时段主力吸筹过快，就很容易导致股价上升较快，而成交量的放大，容易引起其他投资者的关注。主力在没有完成吸筹任务之前，并不希望其他投资者看好这只股票。所以，主力总是少量地吃进，尽量避开其他投资者的关注。当然，偶尔会出现脉冲放量的情况，隔一段时间，出现一两根小幅放量的中阳线。但事后股价不涨反跌，大大出乎人们的意料，过几天其他投资者自然又将它忘记了。

第四，震荡幅度相对较窄。通常来讲，横盘总是发生在一个较小的箱体中，这个箱体上下幅度不大，一般在20%以内。但上下的差价也是很长时间才能见到，短期内根本无利可图，不会吸引短线跟风盘。主力连续吸筹一段时间后，股价上升了一点，为了降低成本，一般会在三五天内，把股价打回原处，然后重新再来。不过，有的主力很狡猾，做出的箱体十分不规则，震荡的周期来回变，振幅也不固定，有时根本触不到箱体的上下沿。这时候，我们只要把握"总的箱体未被破坏"就可，中间有许多的细节不必去管，免得受捉弄。

（2）缓升式建仓。缓升式建仓也称推高式建仓或边拉边吸式建仓。主力采用这种方式，多是由于股价已被市场慢慢推高脱离底部，市场前景看好，投资者出现惜售心理，只能逐步推高进行收集。在图表上就会形成"量增价升"的形态。采用此方式建仓的前提，通常是在大势中短期已见底，并开始出现转跌为升的迹象时进场，成交量缓慢温和放大。

图4-12是银河磁体（300127）在一段时间的K线走势。该走势是一个完整的上升走势，而个股上升的开始阶段即是从缓升式吸筹开始的。主力意图通过股价的缓慢上涨，达到边建仓、边洗盘、边换手的目的，逐步抬高底部，为日后拉升奠定基

础。对应的散户在这种情况下的操作应该是买阴不买阳，即在股价下跌收阴线时买进，不在冲高阳线时介入；同时，以中、长线操作为主，待放巨量时分批出局。

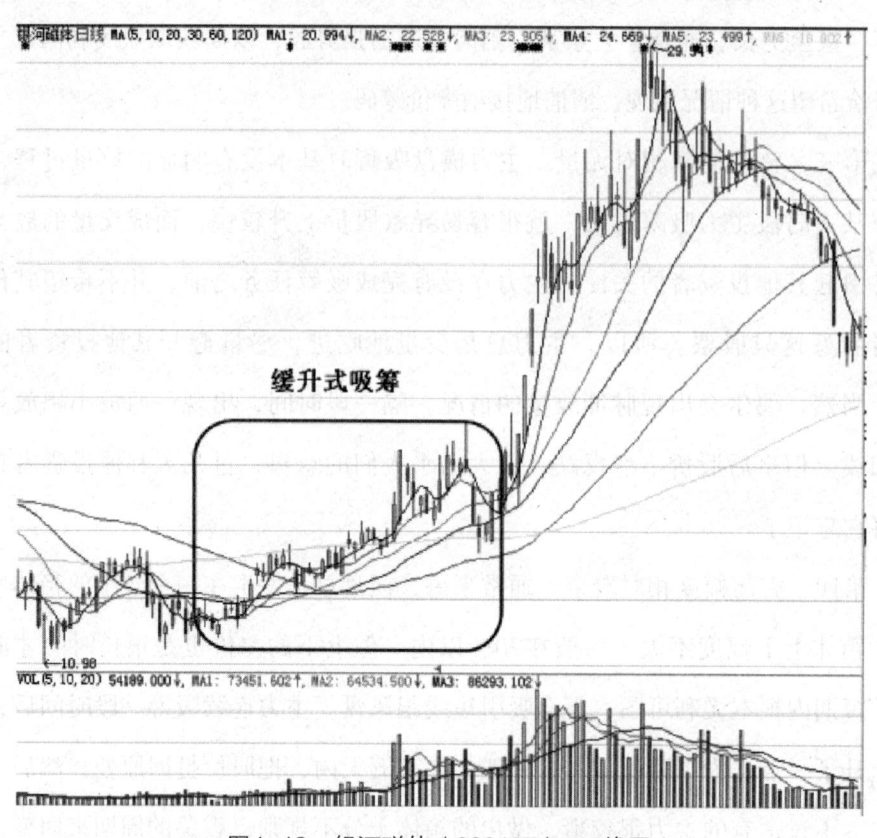

图4-12　银河磁体（300127）日K线图

（3）缓跌式建仓。缓跌式建仓也称边压边吸式建仓，与缓升式建仓相反。这种方式大多出现在冷门股或长期下跌的股票里，主力在吸货时常以缓跌的方式完成，因为这类股票已基本为市场所遗忘。通常，缓跌股票股价总体下跌速度缓慢，单日跌幅也不大，但下跌周期很长，很难判断股价的真正见底，其间震荡幅度不大，成交量也相对萎缩。投资者多持悲观态度，对后市的涨升不抱太多的希望，认为每次盘中上冲都是解套或出逃的最佳时机，早一天出售就少一分损失，于是纷纷抛出股票，这样主力就可以吃进大量且便宜的筹码。这一点正好承接前文的下跌阶段的打压吸筹。

图4-13是北方稀土（600111）在一段时间的K线走势，个股在前期走出一路

下跌的走势，个股的底部从形态上来看深不可测。也正是因为个股走势的恶劣，造成投资者在每一次的反弹中不断抛出手中的筹码。大资金则乘机在低位获取这些廉价筹码，当投资者纷纷卖出筹码后，个股的行情也就开始探底回升。

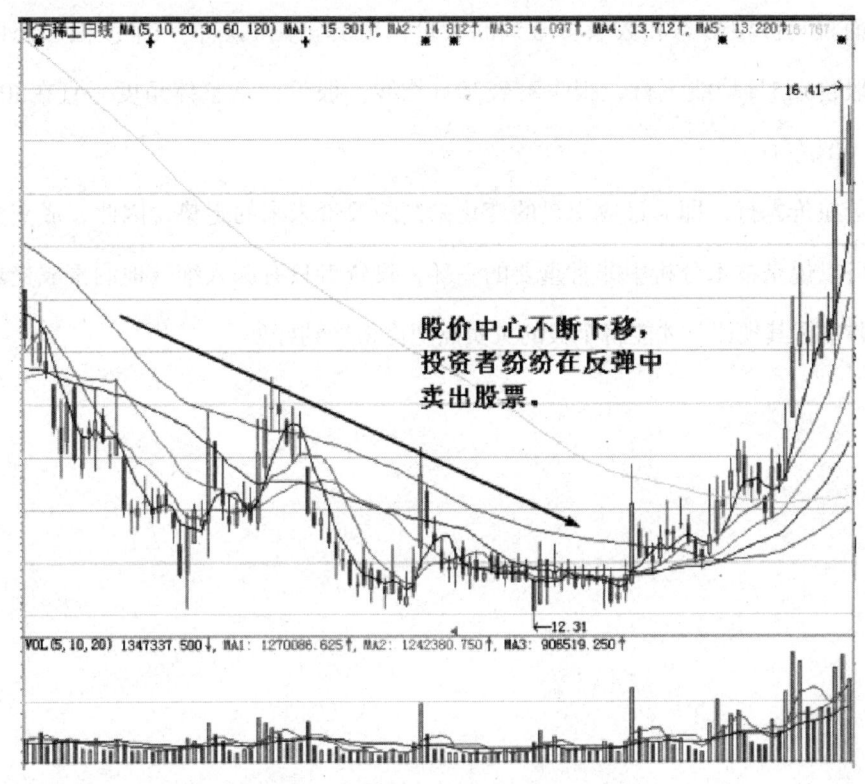

图4-13　北方稀土（600111）日K线图

个股在前期抛出筹码的时间长度、筹码的数量直接构成个股后期的升幅，就形态来看一切顺理成章，形态完美。

其价量主要特征如下：

第一，整个缓跌期间的成交量总体水平是萎缩的，缓跌途中若遇反弹，成交量可能略有放大但不会很充分，不能持续，而单日突发巨量的反弹则不太正常，显得过激，但到了后期，成交量可能会放大不少。

第二，股价缓跌中不断以反弹的方式进行抵抗，甚至走出局部小型的V形、W形或头肩底形等反弹形态，股价维持一段虚假繁荣以后，又继续下跌，这种反复为继续回落积蓄下跌的能量，直到无力反弹时股价才有可能见底。只要股价还有

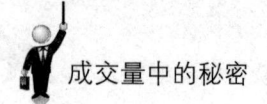

较大的反弹，则股价就无望看到底部，这叫反弹无望或反弹衰退。

第三，股价运行似波浪运动，就像退潮的海水一样，一个波浪比一个波浪低，股价的反弹每一高点都不及前期高点，高点一个比一个低，低点一个比一个矮，而且从波浪形态和数量很难判断股价何时真正见底。在一个波浪形态内，一般股价贴5日均线下行，很少突破30日均线。股价回落整体角度一直在30°、45°、60°左右。

量在价先行，即通过成交量的变化来判断股价未来的走势。因此，成交量的分析可以说是技术分析中非常重要的一环，投资者只有深入细致地洞察成交量的变化并掌握其规律，才能将个股的买卖点把握得恰到好处。

第五章

量能态势——识别市场的庄家动作

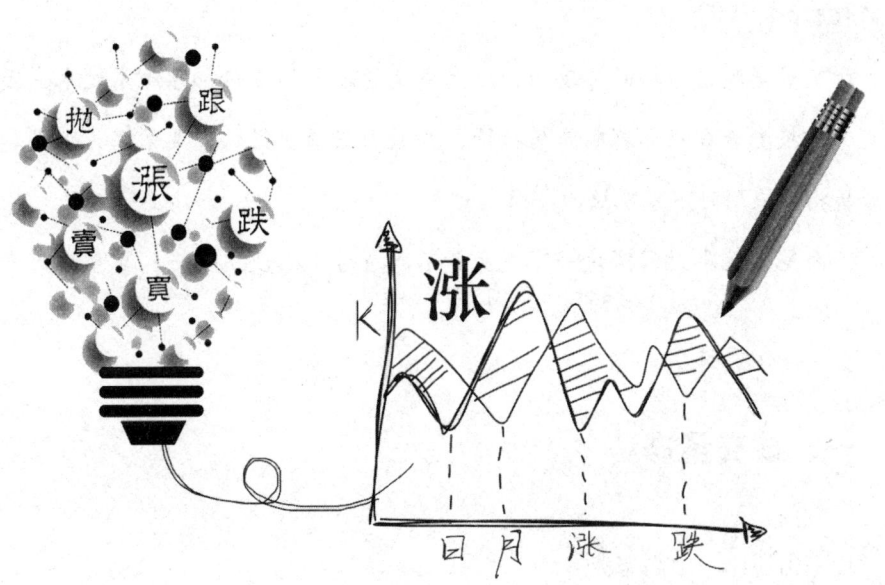

成交量中的秘密

    成交量是研判行情的最重要因素之一，由于市场资金的流向才是股价改变的实质，所以对成交量进行剖析就显得尤为重要。成交量的巨细，能够衡量股市或个股的活跃程度，并由此知晓庄家（主力）进入或退出股市的状况。

    一些有经验的投资者，往往把整个股市或个股的成交量作为衡量和发现股市改变走势的条件，并从中寻觅主力组织或庄股的意向，挑选入市或退出股市的关键时机。

    股市中有句老话："技术指标千变万化，成交量才是实打实的买卖。"可以说，成交量的大小直接表明了市场上多空双方对市场某一时刻的技术形态的最终认同程度。

    成交量是股票市场的原动力，没有成交量配合的股价如同无本之木，因此，成交量是投资者分析和判断市场行情，并做出投资决策的重要依据，也是各种技术分析指标应用时不可或缺的参照。

    下面笔者就跟大家探讨一下成交量不同态势下的使用技巧，希望对大家有所帮助。

一、成交量态势

1. 一山还比一山高态势

    股价成交量堆积所形成的形态称为山峰。而一山比一山高指的就是股价成交量堆积所形成的山峰一峰比一峰高。如果这时股价也能同时创出近期新高，那么这种现象往往代表股价上升空间打开，后市有望继续上涨。在量价关系上也就呈现前文所述的量升价升形态。

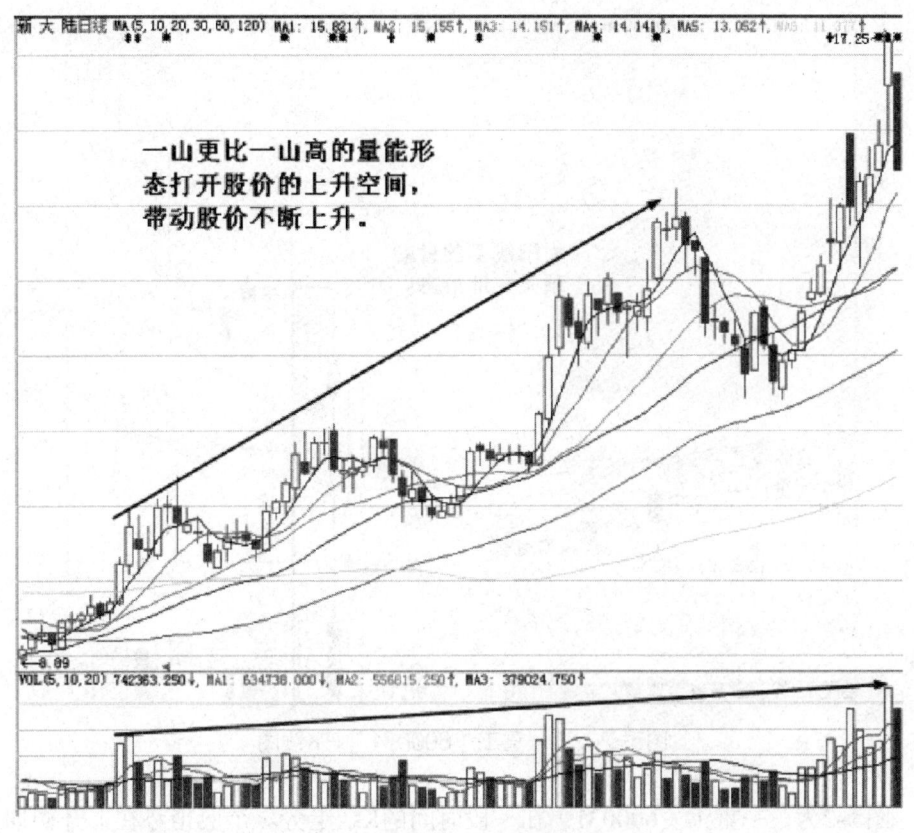

图5-1 新大陆（000997）日K线图

图5-1是新大陆（000997）在一段时间的K线走势。在图中的运行区间，个股的量能呈现一山更比一山高的形态，而个股走势也在量能的持续推动下不断上升，最终走出翻倍的大牛行情。

这一形态的特点仍是量与价的关系，量能是推动股价上升的直接推动力。在个股不断获得资金的关注时，买盘的力量会不断增强，最终推动股价的不断上升。

2. 顶天立地量能态势

某一只股票在交易日交易完毕之后，出现巨量阳线，而且成交量在柱体图上出现了半年以来最长的成交量柱体，这时，柱体图的最高点是顶格的，就可以称作是量能顶天立地。这样的形态有时候是一根成交量柱体图顶天立地，有时候是两根成交量柱体图顶天立地。

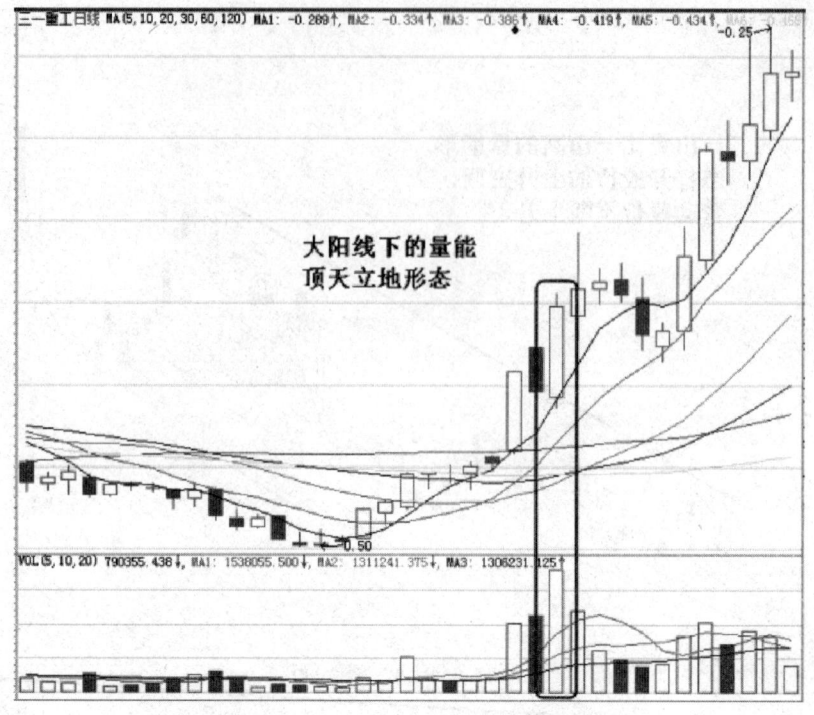

图5-2 三一重工（600031）日K线图

图5-2为三一重工（600031）在一段时间的K线走势。个股走势在上升初期走出量能的顶天立地形态，伴随量能的顶天立地在K线上也走出一根大阳线。量为价先行，在股价得到量能的支撑后开始一波上升走势。

对分析量的约束，我们在前文已做过交代，这里再次强调位置的重要性。投资者对那些出现在底部区间的绝对量顶天立地要引起充分重视，只要股价能够在量的支持下向上突破，就表明行情即将启动，股价将脱离庄家的低位成本区快速拉升。

还有一点需要注意，如果庄家在建仓初期就推出绝对量顶天立地的阳线，那么后期很可能出现打压而回落。这是因为在建仓初期，庄家的仓位还不够多，为了在低价区继续建仓，庄家往往会在绝对量顶天立地后让股价回落而不马上启动行情。所以对于底部建仓初期出现的绝对量顶天立地不要忙于追涨，可以找低点逢低适量吸纳，而对于建仓基本完毕后的突破性绝对量顶天立地则要坚决追进，否则有踏空的可能。

成交量顶天立地可以分为两种基本的形态：绝对量顶天立地和相对量顶天立地。如果该柱体是在收盘后出现，说明当天已经不可能发生变化，就称作是绝对量顶天立地；如果在开盘若干时间内，成交量柱体快速增长，当日的成交量柱体可能是最近6个月或12个月之内最高的一根，就称作是相对量顶天立地。

这两种形态具有的市场含义如下：

第一，成交量柱体快速增长说明庄家正在加快收集筹码，因为量的变化会影响价的变化。

第二，如果在股价低位出现量顶天立地，可能是行情启动的先兆，投资者要注意观察介入点的位置。

3. 巨量不涨态势

放量不涨是指买的资金量和卖的资金量同时增加，股价上涨幅度很小。放量不涨有两种可能：一是庄家吸筹，如果股价在低位放量不涨，大部分是为了吸筹的目的，以在低价位买到足够的筹码，然后启动拉升；二是庄家出货，其目的是把股价稳住，为卖出筹码预留时间。

成交量在短期内急速放大。在低位建仓时除非遇特大利好或者板块机遇，一般会缓慢进行。成交量在相对高位的巨量，会放出10%以上的成交量，且其间没有起伏，放量过程是一气呵成的，如此放巨量，说明有资金在通过对敲出逃。

图5-3是青松建化（600425）在一段时期内的一波上升走势图。个股在低位的形态上走出多种走势。个股就是通过走出不同的形态走势来完成吸收筹码的任务。个股在前期的小阳线走势是为了吸筹。

在小阳线之后形态上走出放大的大阳线，伴随的是量能的放大，其目的也是为了吸筹。在大阳线之后个股量能继续放大，但股价并未出现大的抬升，这是因为大资金的刻意打压。利用股价的相对震荡来获取筹码，其后的股价回调也是出于这一目的。在个股经过这些方式完成吸筹后便会开启上升走势。投资者的买进机会出现。前期的种种操作行为则为投资者的买进提供了判断的基础，个股的上升有着坚实的量能基础。

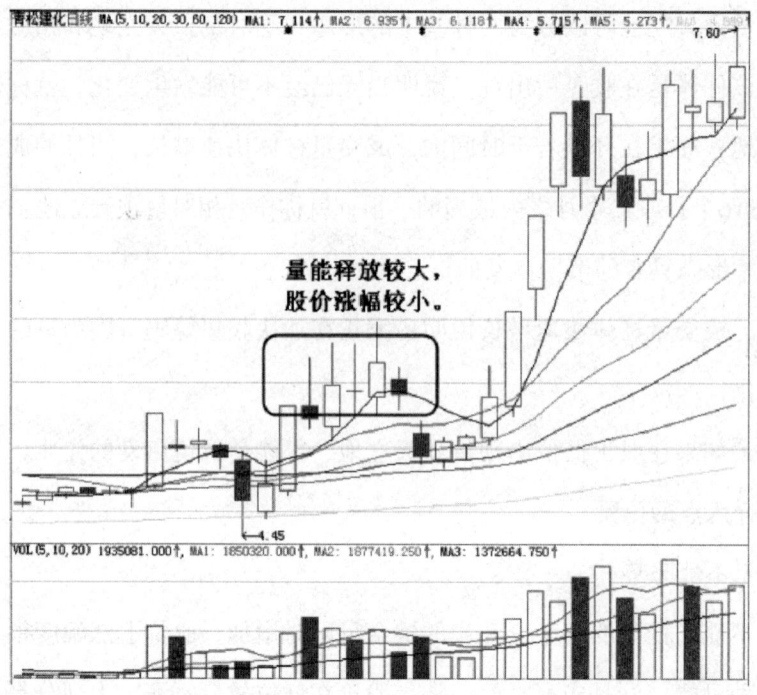

图5-3 青松建化（600425）日K线图

我们再看一个出现在高位的巨量不涨案例。

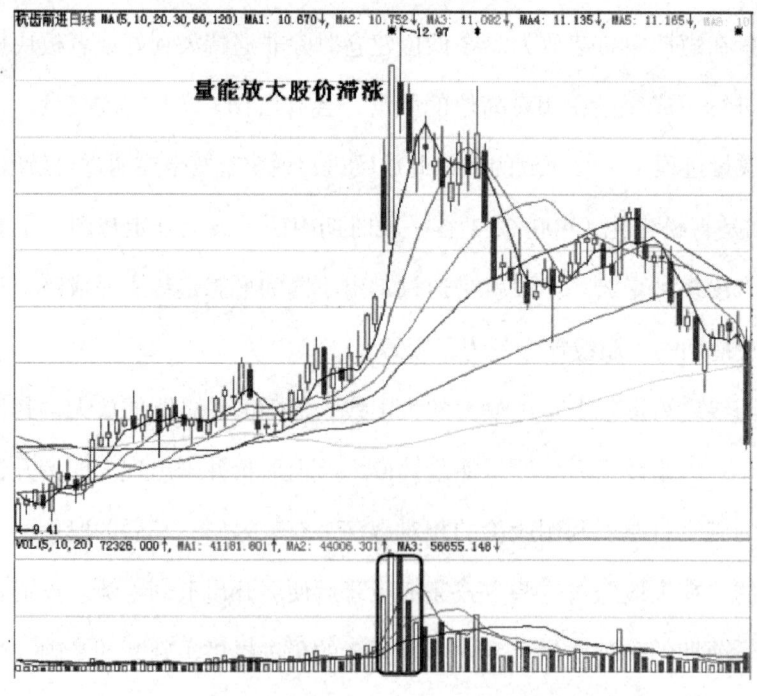

图5-4 杭齿前进（601177）日K线图

第五章 量能态势——识别市场的庄家动作

图5-4是杭齿前进（601177）在一段时间的K线走势，个股在区间内完整地完成一波牛熊的转换。从图中走势我们一眼就能看出，这波牛熊的转折点就是高位巨量不涨态势。

巨量的形成是由筹码的大幅换手形成的，而换手的目的无非就是买进筹码或者是卖出筹码，但股价一旦处于高位，大资金完全没有必要再建仓；相反，其一定持有大量的低位建仓的筹码，在低位建仓筹码运行到高位后，带来了丰厚的利润，兑现收益、安全出货反而成为最重要的事情。这时在量能上做出较大的成交来吸引人气，进而达到隐秘出货的目的。这一点在K线上也会有所反映，K线的涨幅不大就是走势承压的表现。量能放大，但量能并未体现在买盘上，剩下的唯一可能就是庄家在乘机出货了。

在实战中，笔者有两点经验与广大投资者分享：

第一，个股从底部或平台开始启动，在拉升10%之后，庄家会视成交量情况再决断。若认为拉升时机不成熟，就会再次打压股价，有时会打到前期低点附近。此时成交量明显萎缩，其后若出现连续小阳线或底部逐步抬高，并伴随着成交量重新放大，预示一波上升行情将展开。

第二，庄家在股票上升中途洗筹，股价在创出新高后，不做整理或稍做盘整就凶狠地打压震仓，回落调整时成交量大幅缩减，之后股价下探10日线受支撑，重新上攻，成交量也放大一倍，此时5日线从下向上勾头，意味着短线良机已到，如果此时果断杀进的话，随后几天收益丰厚。

在实战操作中，如果投资者过早买进位于底部的个股，由于庄家没有吸筹充分，并不会急着拉升，也有可能要打压，这样弄不好就会被套；至于刚突破整理平台的个股，若碰上庄家制造假突破现象，有时候也会无功而返。因此市场中的一些短线高手，如果在个股启动的第一波没有及时介入的话，就会耐心等待该股回调介入，宁可失去强势股连续上涨的机会，也不会一味地追涨，从而把风险控制在尽可能小的范围内。

一般来说，个股放量且有一定升幅后，庄家就会清洗短线浮筹和获利盘，并让看好该股的投资者介入，以垫高市场的平均持股成本，减少再次上涨时的阻力。由于主力是看好后市的，股价是有计划的回落整理，因此下跌时成交量无法连续放大，在重要的支撑点位会缩量盘稳，盘面浮筹越来越少，表明筹码大部分已经锁定，这时候再次拉升股价的条件就具备了。如果成交量再次放大，并推动股价上涨，此时就是介入的好时机。

正因为在市场交易中可能会出现的一些问题，投资者在实战中也可以对成交量形态出现的情况进行判断。

二、成交量的约束条件

（1）股价启动初期，单日成交量大于该股的前5日移动平均成交量2.5倍，大于前10日移动平均成交量3倍。

（2）股价启动初期的单日盘中量比至少要达到10以上，收盘时量比至少要达到2.5以上。

（3）股价启动初期成交量保持温和放大状态，量能乖离率指标VBIAS能够保持3天至5天的快速持续上涨，并且在股价启动后的一段时间内，24日VBIAS能多次穿越0轴线。

（4）移动平均成交量VOSC指标大于0轴线，并且逐渐缓慢上移，即使偶遇调整，VOSC指标为正值的时间远多于为负值的时间。

（5）成交量标准差指标VSTD快速上升到该股历史上罕见的极高位置时，表示该股成交量过度放大。这种极高位置由于各种股票的流通盘大小不同和成交活跃度不同而有所不同，所以没有一定的量化标准，投资者可以根据个股的VSTD指标历史表现进行比较。

（6）底部放量个股的成交量虽然和前期相比有明显的增加，但和个股的流通盘相比并不大，每日成交换手率不能超过10%。

因为成交量在实际的交易中经常被运用，所以也会成为庄家可以修饰的指标。庄家常常会设置各式各样的圈套来利诱初入股市的投资者。下面我们就从成交量上来看看庄家的诈骗方法以及中小股民该如何防备。

三、庄家设置的成交量圈套

圈套一：中报或年报公布前，个股成交量突然扩大

中报或年报发布前，许多公司的业绩已做出来了。公司董事会、会计师、会计师事务所以及宣布中报或年报的新闻媒体都会抢先一步得到信息，因而股价在中报或年报发布前会因信息的走漏而呈现反常动摇。业绩好的公司，其运营状况早就在各券商和大组织的调研之中，其运营业绩也早已被猜测出来。

这样也就会存在庄家早已入驻，使股价在很高的位置盘整，等候利好发布，准备出货。但也会有一些上市公司信息发布保密工作做得好，直到消息发布前几天才在有关环节被走漏。这时，庄家要在低价位收集筹码已来不及了，可是优异的成绩又确实是做短线的机遇。因而，一些资金会迅速进入这些股票，能买多少买多少，股价也应声上涨，成交量也持续扩大。待信息发布时，投资者共同认同该股值得买入时，该股开盘会在涨停板位置。然后，先期获得信息的人会将股票悉数抛出，做一个美丽的短线投机。

图5-5是北特科技（603009）在2017年1月7日发布年报前后的K线走势。个股走势在年报发布前突然逆市而上，成交量也呈现放大的迹象。随后几天，个股不管大势走势，连续走出涨停走势。至1月6日，短短几天内股价从38元多升至67元多。此后个股走势进入盘整态势，利用年报的利好预期做出货准备。

就在不少投资者认为个股的年报利好后，个股走势在年报发布当天走出跌停走势，而那些看好个股年报利好的投资者则会面临深度被套的危险。

对于这种股票，投资者千万不要盲目在当天追高买入，而应冷静地调查一下，看看有无主力出货的迹象。即使该股的股价后来真的涨上去了，而投资者未能买入，也不要懊悔，因为其躲过了一次危险。

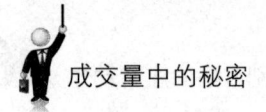

成交量中的秘密

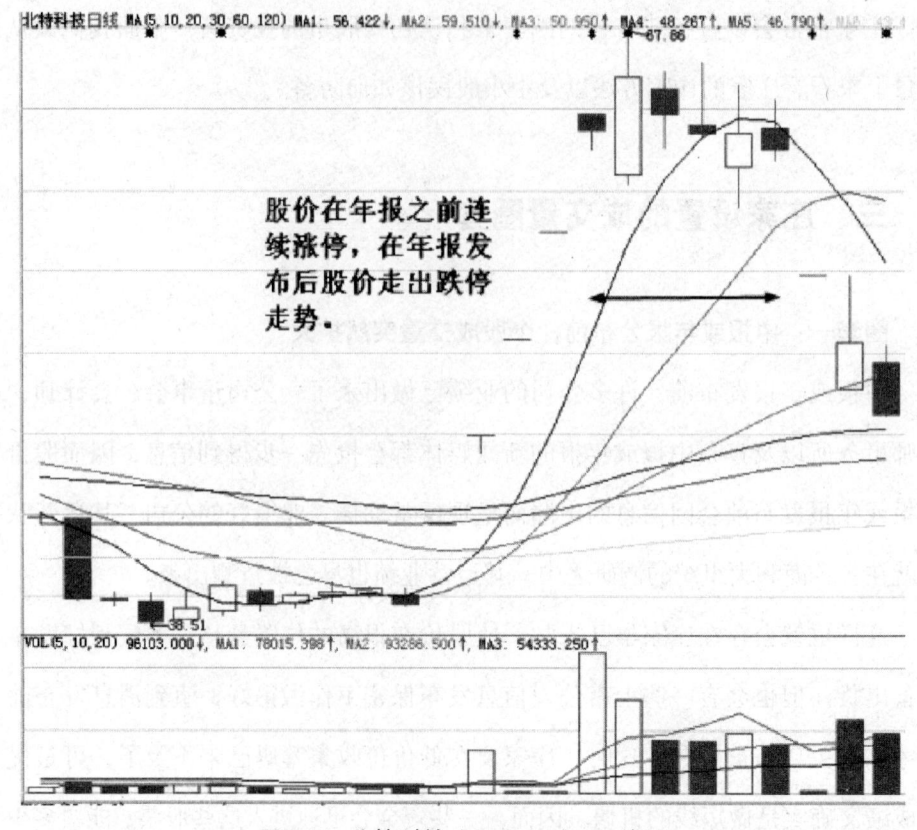

图5-5　北特科技（603009）日K线图

报表发布前，还有一种状况：某只股票原本走势阴跌不止，并形成一个下降通道。但中报、年报发布前的某一天，该股突然以低价开盘，并在盘中狠狠地打压。但随后，该股即出现大量的买单或卖单，成交量陡增，股价也因此不断推高。这时，投资者以为该股中报或年报必定有利好发布，所以会存在搏一下的心理，做一次短线炒作，高位跟进。岂料此后该股放量不涨，甚至缩量下跌，随后更是一路加快下跌。待发布业绩时，却是该股业绩大幅滑坡，股价连连跌停，使跟风追进的投资者深度套牢。

图5-6是泸州老窖（000568）在发布中报前后的K线走势。个股之前的运行是处于一条下降通道中，成交量呈现萎缩的形态。可是在个股的逐渐下行中，股价受到一些买盘的支撑，在形态上走出阳线，在量能上也出现逐步的放大，对应中报的时间表，一些投资者就做出中报可能利好的判断。

第五章 量能态势——识别市场的庄家动作

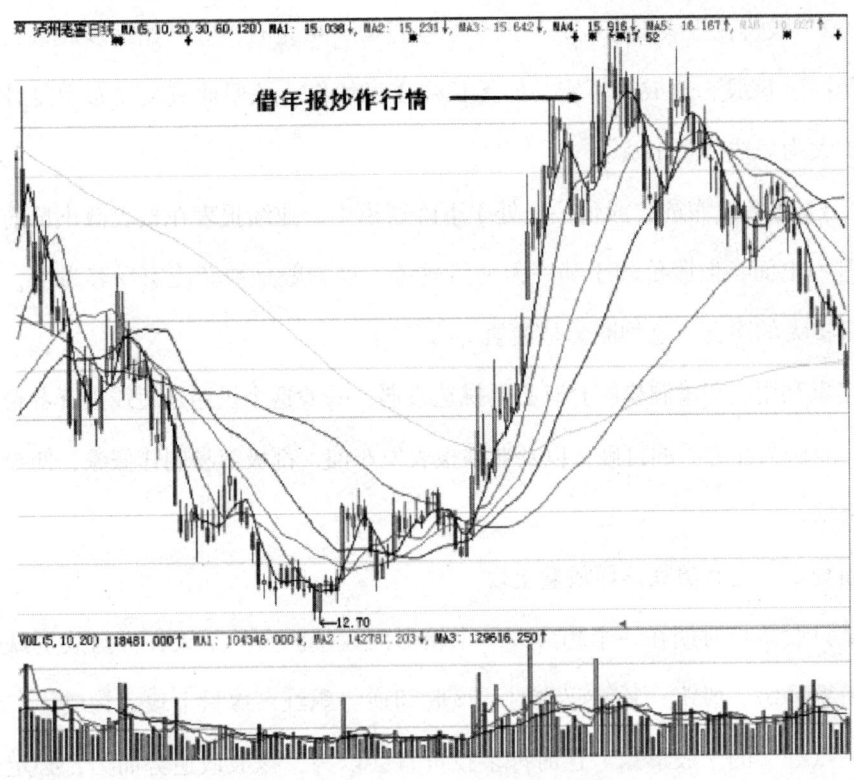

图5-6 泸州老窖（000568）日K线图

假设中报利好正是大资金希望投资者解读的消息，个股也在两方的合力下逐步走高。但投资者需要知道，利好只是投资者的一种猜测，并未得到证实，而大资金借利好出货则是一种手段，不管好或者不好其都已实现拉高出货的目的。

股价高涨，行情不错，时间很快到了中报的披露日期，但中报披露的消息则是与上一年报表比较业绩大幅降低。抱着利好传闻的投资者这时就进入进退两难的境地中，而大资金因为一切都在预料之中，早已在高位出货。随后个股走势也因业绩的不佳进入连跌的走势中，追高买进而又不能及时离场的投资者将损失惨重。

中报或年报发布前股票走势行情，有以下三种：

（1）股价长时间在上升通道中运转，股价大幅涨升，有的甚至翻番，该股通常成绩优异，必定有长庄入驻。待优秀的成绩发布后，该股一般伴有高送转信息。复牌后，该股会放出巨量，这时庄家会借利好出货。

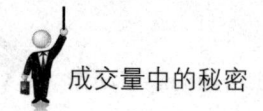

（2）股价在报表发布前，一向作窄幅盘整，可是有一天开始逐步放量，股价稳步推高。该股一般成绩不错，但无长线庄家炒作。该股业成绩发布后复牌，成交量扩大为短线炒手出货。

（3）报表发布前，股价一向处于下降通道中，业绩报表在报表截止日前几天还迟迟不出面，但股价却于某一天突然放量。这一般是被套庄家反客为主，制造成交量扩大的圈套。这种圈套是最值得防备的。

庄家利用成交量制作圈套有必要挑选机遇，一般这个机遇是短线投资者希望的时期。股份久盘之后的打破，以及业绩报表发布前，都极容易制作假象，使投资者产生错觉。

圈套二：逆大势跌落而放量上攻

某只股票长时期在一个趋势或一个箱形内盘整。突然某天在大盘放量跌落、个股纷繁翻绿、股市一片衰叹之时，该股却逆势飘红，放量上攻，构成了"万绿丛中一点红"的个股形象。这时许多投资者会以为，该股敢逆势而为，必定是有潜在的利好待发布，或许有许多新资金入驻其间，所以大胆跟进。谁料行情只持续一两天，随后股价反而加快跌落，让跟进的投资者深度套牢。

显然，该股的庄家利用了投资者反向操作的心思，在大势跌落时逆势而为，引起投资者广泛的重视，然后在拉抬之中达到出货的意图。在这种状况下，庄家常常是孤注一掷，设下圈套，而许多短线投资者正巧也想孤注一掷，舍命追高，契合了庄家的愿望。其实这种圈套很简单，却使那些颇有短线炒作实践经历的投资者上当受骗。

庄家在吸筹的时候，成交量不需要放大，只要有足够的耐性，在底部多盘整一段时间就行。庄家要出货的时候，由于手中筹码太多，一时难以离场，总得想法设置成交量的圈套，借投资者的跟风来实现筹码的转手。因而，投资者在研究量价关系时，一定要注意对应价位的市场位置，摸清庄家的活动痕迹及其规律，以防止在庄家放量出货时盲目跟进。

圈套三：高送转除权后的成交量扩大

庄股炒作的点有很多，其中必有一条是大比例的高送转信息。在大比例送红

股、用公积金转送股的消息发布前,庄股一般都会有一波较大的炒作行情。这时在高位买进就会有利好出尽的风险。而股价大幅上升后,庄家拉抬的必要性不存在,所以股价在高位的维稳走势,等的就是送红股或公积金转送股的利好。一旦消息发布,股票大幅除权,股价的下跌也就正式开始。

这是庄家利用投资者追涨的心思,在除权日大幅拉抬股价,形成较大的成交量。其道理和方法与上述两个圈套设置时如出一辙。当投资者梦想填权行情到来时,庄家却乘机大举出货。

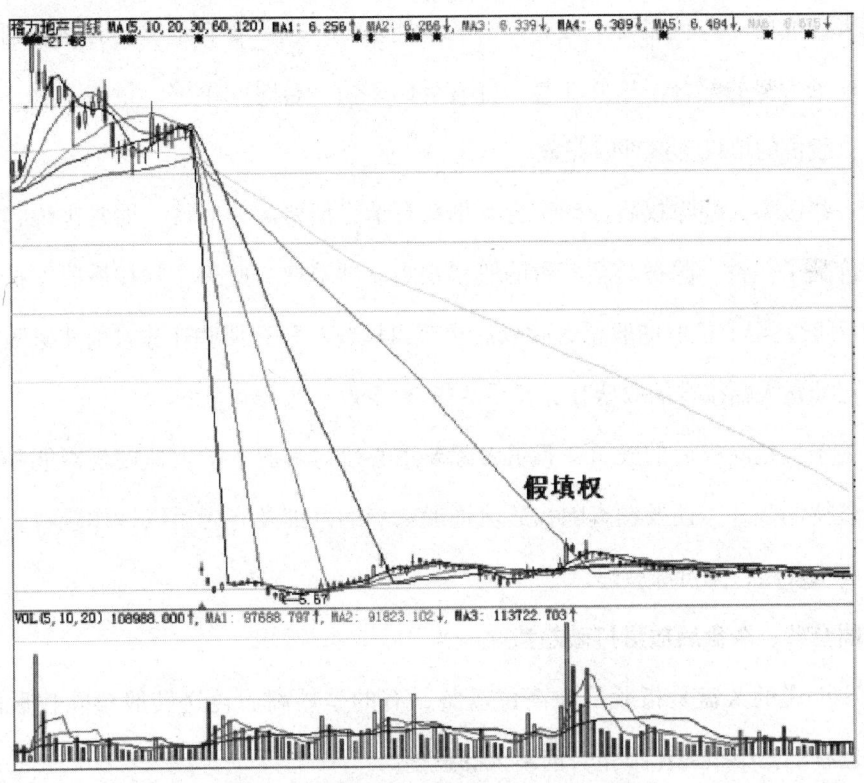

图5-7 格力地产（600185）日K线图

图5-7是格力地产（600185）在一段时间的K线走势。个股在这段时间内出现较大的除权,送转的方案是每10股转增18股并派现2元（税前）。除权除息日是2016年5月26日。这样计算后个股的股价近乎折半。高送转的预期会带来股价的炒作,这一点对应在K线上就是个股除权前的大幅上升。

除权后,个股的填权行为则表现得不那么明显,大资金在除权后走出横盘的

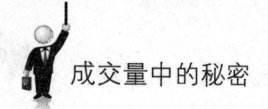

走势,在横盘之后个股走势出现抬升,量能也表现得相对较大,但个股的上升走势持续时间很短,个股走势为继续横盘。

量能的放大是一种相对行为,这一案例中个股的量能放大也有着比较深的含义。因为个股的除权所带来的量能几乎翻番,前后量能的不一致,导致投资者难以从整体上把握量能的变化,事实是此时的量能若是以之前的标准还需进行一半的折算,这才是现在的量能表现。

再者,因为股价的除权近乎翻倍,也就意味着个股的填权也是以股价的翻倍涨幅来计算的。这就需要个股有足够的量能基础,也需要有足够的时间基础,还需要市场大势的配合。这并非是一件容易的事情。若时间不够、量能不够、时机不对,股价的填权自然难以完成。

一些股票大幅除权后,确实会有填权行情,但要区分对待。通常来说,除权前股价翻了一番、两番乃至三番的股票很难立即填权。此外,除权后股本扩大到9 000万股乃至上亿股的股票,除权后也难以填权。只有那些在除权前庄家吸纳筹码、正准备大幅拉升的股票在除权后才能够填权。

关于大幅除权后的股票,投资者除要悉心研讨其股本扩大速度是否能和成绩增长坚持同步外,还要调查除权后流通股数量的巨细及有无后续炒作题材。切不可见放量就跟,见价涨就追。

圈套四:久盘后放量打破趋势

这里说的久盘是指股价在高位盘整,有的是炒高后再送转股票除权后的盘整,也有的是中报或年报布告前不久的盘整。

所谓盘整,是指在一个时期内(如2个月、3个月乃至半年等)股票价格在一个相对窄小的价格区间进行震荡,上行无力,下跌无量,交投极不活跃,不被市场重视。这种股票有时会在某一天的开盘后挂有许多的买单或卖单,摆出一副向上拉升的架势。开盘后半小时到1小时内,许多的买单层层叠叠地挂在买一、买二、买三的价位上;与此相应,卖单也大批地挂在卖一至卖三各价位上。成交量急剧上升,推进股价上涨。一些投资者发现它的成交量反常的变化后,当即就会尝试性地买入。

可由于买单现已塞得满满的，投资者要想确保成交，只能直接按股市卖出价买进。正是由于这种股票买入的投资者增多，尽管其抛单沉重，股价仍会不断上升，更进一步增强了投资者买入的决心，并引发该股将打破盘局带量上升、翻开新一轮升势的联想。

在1小时左右时间内，股价能劲升8%左右，有的甚至在短时间封至涨停。但不久后股价又被许多卖单翻开涨停，回调到涨幅的7%~8%，并进行盘整。

盘整时买二、买三的挂单较多，买一的挂单相对少一些，但卖一至卖三的三个价位的卖单并不多，而成交量却不少，显然是有卖盘按市价在买一的价位抛出。

直到当天收盘时，大多数股票在7%~8%的涨幅一带成交。

第二天，该股略为低开后疾速推高，上涨到5%~7%，也有的股票索性高开高走，大有打破缺口的架势。

当许多人看到该股打破盘局而追涨时，该股再次掉头跌落，许多抛单抛向那些早上挂单追涨而未能成交却又没有撤单的中小散户。尽管该股股份随后还会重复拉升，但往上的自动买单削减，而往下的抛单却不断，股价逐步走低，到收市前半小时甚至跌到前天的收盘价以下。

随后的日子，该股成交量萎缩，股价很快跌破前次的起涨点，并一路阴跌不止。若是投资者不及时止损，股价还会加快跌落，跌到令人难以置信的程度，使投资者深度套牢，如图5-8的晶方科技（603005）的K线走势。

思考一下，为什么该股会在突然放量往上打破趋势时又调头向下，乃至加快跌落呢？这就是庄家使用成交量设置的圈套。

一般的状况是，庄家在股价久盘后晓得强行上攻难以收效，若是长时间盘整下去又找不到做多题材，甚至还有潜在的利空消息已被庄家晓得。为了迅速抽身，庄家在股价久盘后，采纳对敲筹码的方法，造成成交量扩大的假象，导致短线投资者介入，诱使投资者盲目跟进。

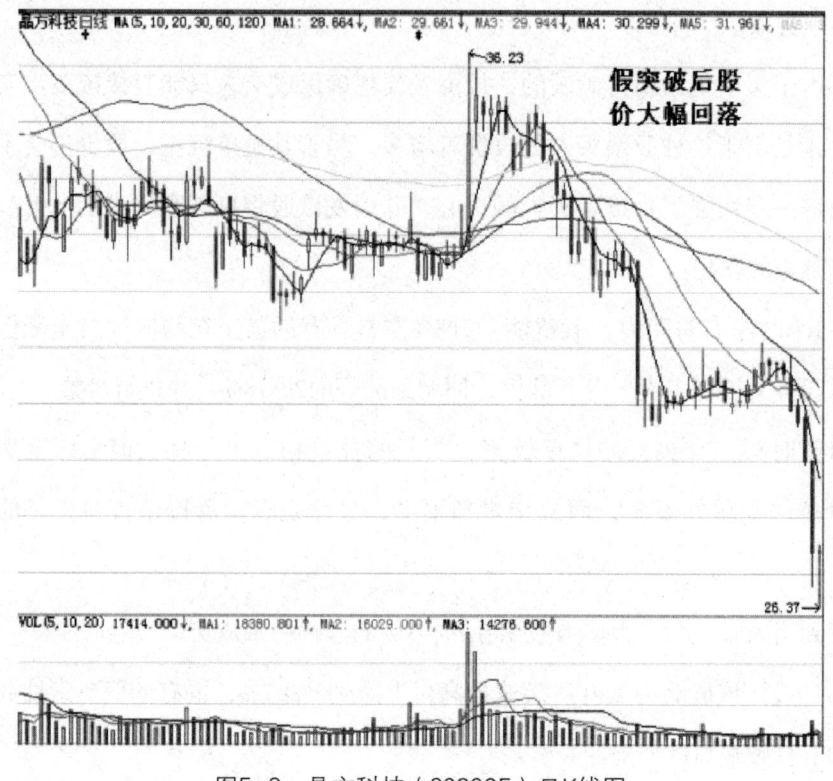

图5-8 晶方科技（603005）日K线图

庄家只是在启动时对敲股票，在推高的进程中，许多追涨的投资者会接下庄家的许多卖单。那些追涨时没有买到股票，然后就将买单挂在那里的投资者为庄家的出货提供了机遇。庄家通过量增价升这一普遍被人认可的准则，制造了假象，达到出货的意图。投资者对于这种技能骗线不难防范，一旦股价跌破带量上攻那一天的开盘价，就应止损离场，以防深度亏损。

第六章

天量天价——打开股价的通天之路

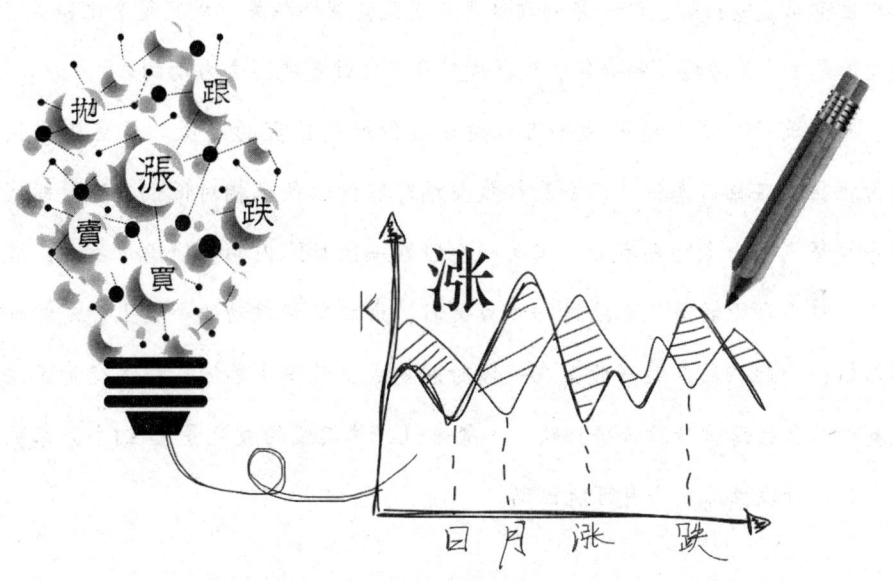

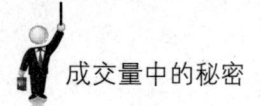

成交量中的秘密

　　天量天价是指个股（或大盘）在成交量巨大的情况下，其股价（或大盘）也创出了新高的现象。它是量增价涨的极端形式，常出现在股价长期上涨的末期，是股市里的一种特殊现象。

　　所谓天量，是指股票（或大盘）创下了一直上涨以来的最大成交量；所谓天价，是指股票（或大盘）创造了一直上涨以来的最高价位。

　　主力操作股票的全过程，都要经过低位吸筹、抬高、派发等阶段。主力利用市场利好利空消息在低位吸筹，拉高再震仓，而为了吸引中小散户，又在成交量上大做文章，使买盘与卖盘活跃，大单进，大单出，待时机成熟，拉高股价，成交量会放出巨量而完成出货，这一系列动作都与成交量密切相关。成交量变化和成交量大起大落是主力无法掩盖的事实，观察成交量变化就是观察主力动向。

　　天量天价从成交量的大小可以看出股价所处位置的高低。成交放出巨量时股价往往处在相对高位，而成交极度萎缩时股价已跌至相对低位，这对短线投资者寻找买点和卖点特别有效。若某一个股在一段时间内的量能逐步放大，直至天量，这样当个股的量能无法进一步放大时，由成交量推动的个股上升走势也会面临转折；与此相反，某一股票在一段时间内成交量逐步萎缩，当成交量无法进一步萎缩时往往意味着股价将止跌。一般来说，热门股的成交量处在1个月来的最低水平时，阶段性低点将有可能出现。

一、天量天价分析

　　所谓天量天价，是指当股票经历了一定的涨幅之后，成交量突然变大，此时股价往往会形成一个阶段甚至是相当长时间内的一个头部。要理解其中的奥妙，

我们分步剖析如下：

成交量的放大比成交量的缩小对股价的走向更具决定作用。打个比方，两军对垒，各投入一个小分队作战，局部谁胜谁败并不能决定最终的战局，但如果双方投入各自的主力部队，甚至倾巢而出，则这一仗便极可能决定双方的最终结果。在股市里也一样，对一只股票而言，买入的力量与卖出的力量就如同作战的双方，若成交量维持较小，说明只是双方的小分队作战，直到参与的人数增加，这时战役往往演变成买入方与卖出方的集团军作战，必然会有一方取得胜利，而另一方败北。

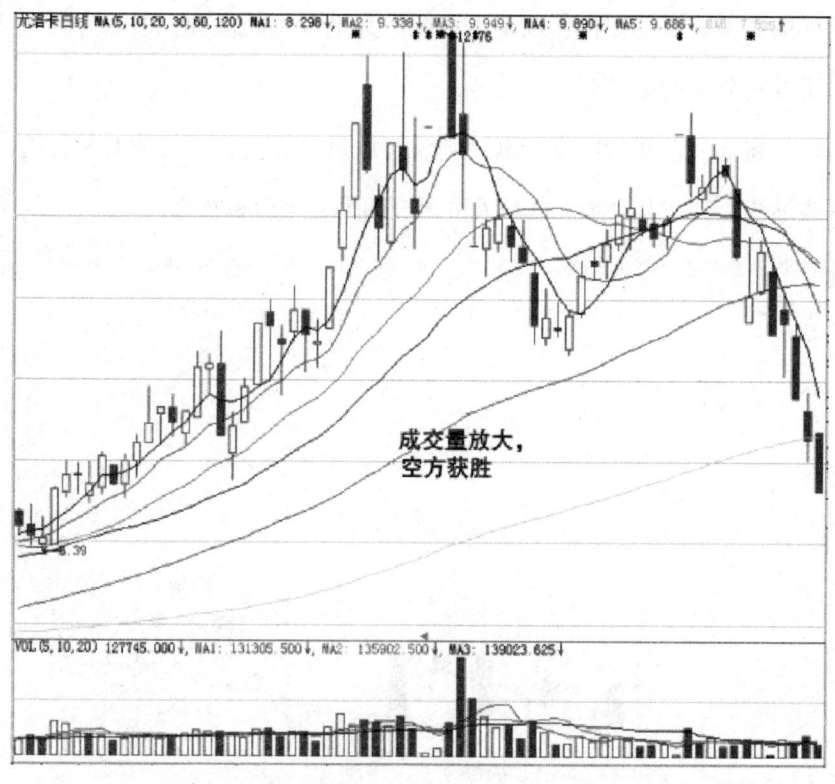

图6-1 尤洛卡（300099）日K线图

图6-1是尤洛卡（300099）在一段时间的K线走势。个股在上升的运行中持续进行多空的交战。多空双方的交战力度、交战筹码则体现在对应的量能上。相对来说个股前期的筹码量较少，不多的筹码虽难以影响个股的长期上升走势，个股走势也呈现继续上升的走势。但随着股价的继续抬升，多空的争斗更加激烈，并于高位放出天量，对应的当天走势则是大阴线。在这一天成交后，个股的多空争

斗发生改变，在决定胜负的一天空方力量最终战胜多方力量，这就决定了最终的运行方向，并在随后的时间内多方也无力反攻，个股走势开始转向回落。

这句话的前提是股票已经经历了一定的涨幅，在已经存在一定的获利空间之后，低位介入的资金抛出兑现的欲望会变得非常强烈。

在放量的当时，投资者很难辨别顶部是否形成，更理智的做法是在放量之后，观察股价是继续向上还是反转向下，从而来佐证放量的意义。股市里常说的"右侧交易"就是这个意思。所谓右侧，是指顶部与底部形成之后，已经处于顶底转折处的右侧，虽然在操作成本上不能占具最理想的位置，但因为意义已经更明显，所以安全性更佳。

如果放量之后，股价继续上涨，则说明放量已经消化了前期的获利盘，则股价有可能继续上升一个台阶。这是天量天价的另一个形态意义。

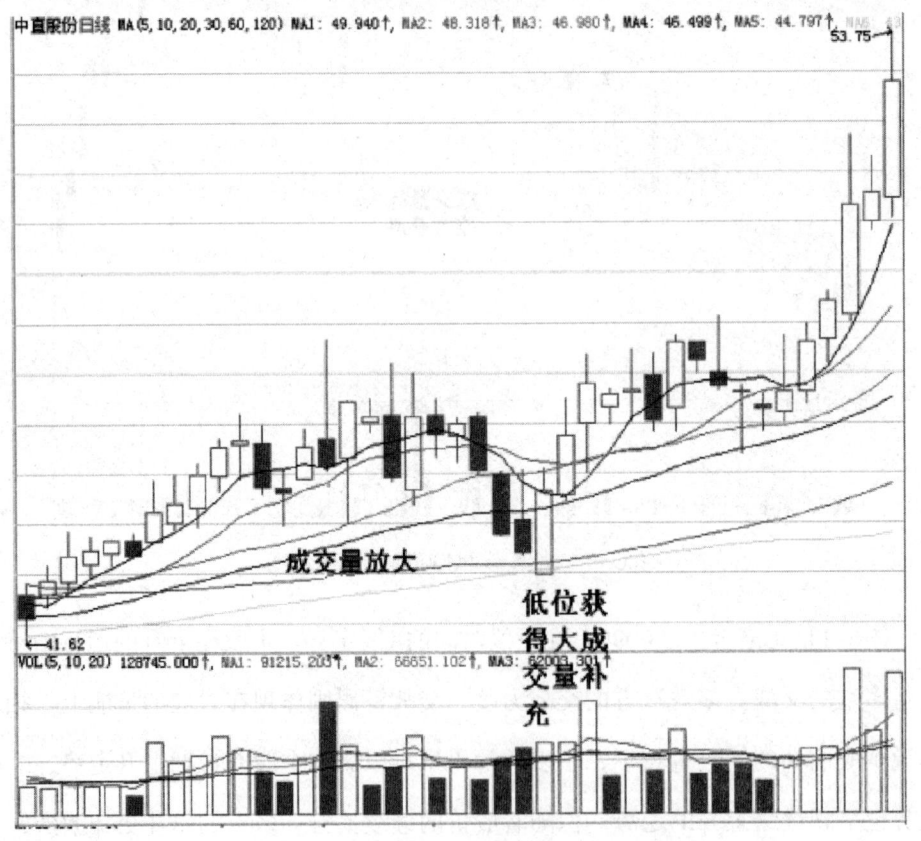

图6-2　中直股份（600038）日K线图

图6-2是中直股份（600038）在一段时间的K线走势。个股在运行的前期走出上升的走势，并在上升的相对高位放出大的成交量，成交量对应的K线也是倒锤头线。这表明在这一时间内的多空双方交锋中空方是大获全胜，而个股走势受到空方获胜的影响也一路走出回落的走势。随着个股的回落，个股在低位再次放出大成交量，这一成交量对应的K线则是大阳线，表明在这一波运行中多方势力又是大胜，而空方势力经过前期的大举释放后再也无力对多方势力进行压制，股价在震荡调整后走出连续的拉升走势。

有时天量未必恰好在当天形成股价的顶部，可能稍前，也可能稍后。

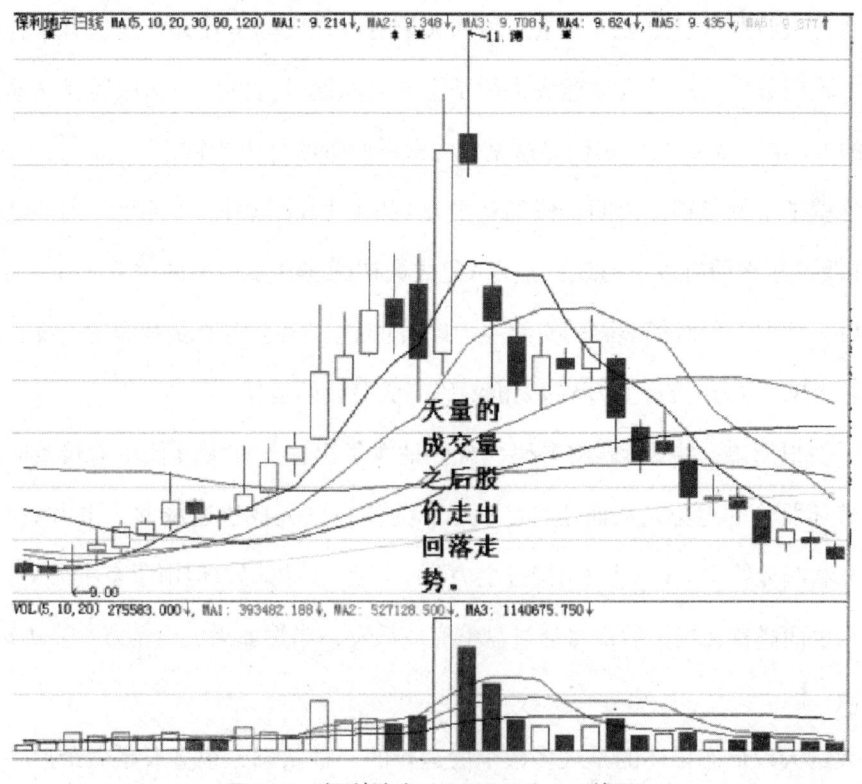

图6-3 保利地产（600048）日K线图

图6-3是保利地产（600048）在一段时间的K线走势。个股在前期是走出单边上扬的走势，股价也在单边的上升中走出不小的升幅。在个股上升到高位后股价升幅可观，个股的兑现空间充足，这就会带来一些抛盘的抛压。获利抛盘带来的做空力度增大，这又直接导致筹码高位的大量兑现，以致在成交量上放出天量。

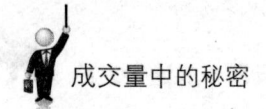

成交量中的秘密

虽然天量的成交对应的K线也是大阳线,但经过此战役之后做多的势力得到充分的释放,并出现难以为继的问题。此后个股的做空抛盘再次袭来,个股走出高位的震荡阴线,因为做多力量无力反击,个股走势最终转向下行。

天量是大盘或个股在人气高涨时形成最大的成交量。有了天价才产生天量。股价在逐波上涨中产生天量是见顶信号。

二、天量天价的形成

为什么股票最后出现了天量,顶部大量的内在成因是什么?这里有必要做出解释,股票最后的顶部大量形成往往是主力之间通过对倒以吸引跟风盘从而完成最后的筹码派发的结果,很明显这是主力操纵股价的行为所致。

这里举个例子稍加说明,假如有主力A和主力B要运作一只股票,主力A和主力B在股价运作前有以下协议:主力A完成最初的建仓及后续的拉升工作,主力A在最后一冲即天价时把筹码转交给主力B,同时主力A会将所获利润的一部分分给主力主力B,主力B接过主力A的天价筹码完成最后的运作。

原因很简单,主力A若将筹码一次性地派发出去,在无其他主力接盘时就会彻底破坏股价的走势,从而使自己被套,为使自己完成快速派发,主力A就只得将部分利润分给主力B,主力B接过主力A的天量天价筹码,但由于有主力A分给的利润在手而高枕无忧,后市将通过盘整完成派发,当然如果大行情好,主力B也可以再做一波。

天量天价形态描述的是大多数个股运行的一种状态,很多股票做最后一冲时往往会以天量天价形态见顶,后市最常见的就是股票进入漫长的箱体整理之中,股价后市是否还有行情,那还要看大盘的情况。如果大盘稳定,后市接盘主力还有可能往上冲一冲,但此时的上冲多以派发出货为目的,投资者遇见此形态时要谨慎处理,先行减仓以保住所得利润。

第六章　天量天价——打开股价的通天之路

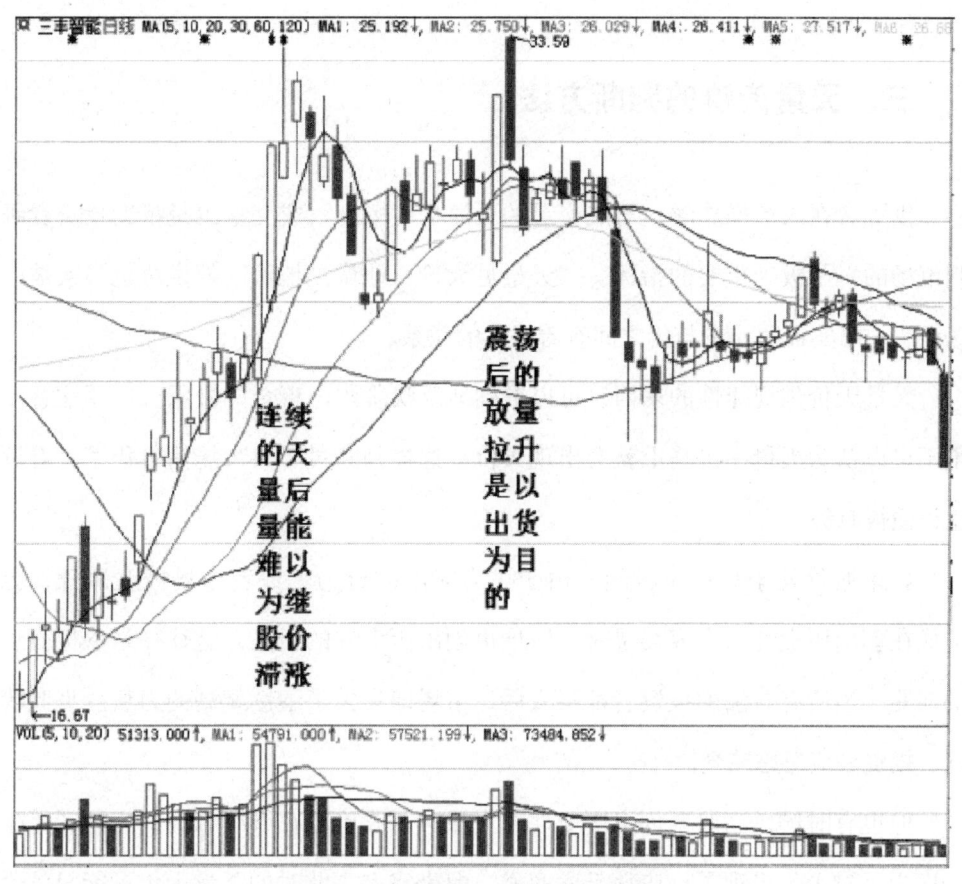

图6-4　三丰智能（300276）日K线图

图6-4是三丰智能（300276）在一段时间的K线走势，个股在最后的拉升中连续出现2日的天量成交，但就因为连续的2日天量成交造成量能方面的难以为继。量能不能持续放大，股价的上升势头自然也难以为继。若此时个股在高位运行不能继续向上，就会带来更多的抛盘，股价会承受巨大的压力。当行情不可逆转时，个股的下行走势也就不可避免。

但在一些情况下，因为大资金的出货并未完成，所以主力不会看着股价就此下行，他们会在高位强行拉升股价，借以吸引买盘，实现顺利出货的目的。这在形态上会形成再次上冲的走势。因为这一波的走势的目的就是为了出货，股价的行情连续性会较弱，投资者可操作的时间也较少，稍有不慎反而会面临亏损的风险。这时投资者最好谨慎处理，留住已得利润为先。

85

成交量中的秘密

三、天量天价的判断方法

投资者在入市操作时，对成交量的关注程度极高，成交量也是帮助投资者研判市场的一个极为重要的指标。"天量见天价，地量见地价"的说法也屡次被市场证明。事实证明，量与价之间有着必然的联系。

天量天价是规律性的东西，可以准确地反映阶段内资金的极限。但要注意，绝不可以认为天量一出马上就会出现天价，这样判断过于将市场简单化了，看量也得懂得看势。

如果股价处于高价位区间，由于主力对敲的行为，或者市场极度疯狂，会造成在创出历史性巨大成交量时，股价也创出历史性的新高，这往往是盛极而衰的前兆。当所有看涨的投资者都买入后，市场即失去了继续爬高的力量。见此状况，投资者应考虑减仓。

但也有时候，当股票创出历史性的大量时，股价也在继续攀高，交易者可能会以为天量天价出现了，应该赶紧回避。但事实上，此时的天量天价可能只是阶段性的一个小高潮。这里的天量出现，往往是多、空双方意见分歧巨大的表现，但也存在有主力有备而来、志在高远的表现。如果抛出的都是散户而买入的却是主力，那么即使出现所谓的天量天价，股价依然会继续上涨，直至后面出现真正的天量天价。

图6-5是华信国际（002018）在一段时间的K线走势，个股在整个区间维持单边上扬的走势。该股自股价在低位时的不足5元算起，到运行到高位时的22元，个股的涨幅在四倍以上。个股的涨幅巨大，在低位买进的投资者都能获得不错的收益。当然个股的上升不是毫无征兆的，而是有着清楚的内在逻辑。

个股在低位运行时在量能上出现两个"天量"，这两个量能不是天量天价，而是打开天价的通天之量。此时个股还处于低位，多空的意见分歧巨大，一部分资金看好股价运行从而大举进货，另一部分资金则是看弱股价从而大举离场，基

第六章 天量天价——打开股价的通天之路

于两个方面的共同作用，在量能上最终留下天量的痕迹。但也正是因为多空在低位的激烈交战，做空力量得到充分释放，这样就为以后的上升铺平道路。个股的后市拉涨才由此展开。

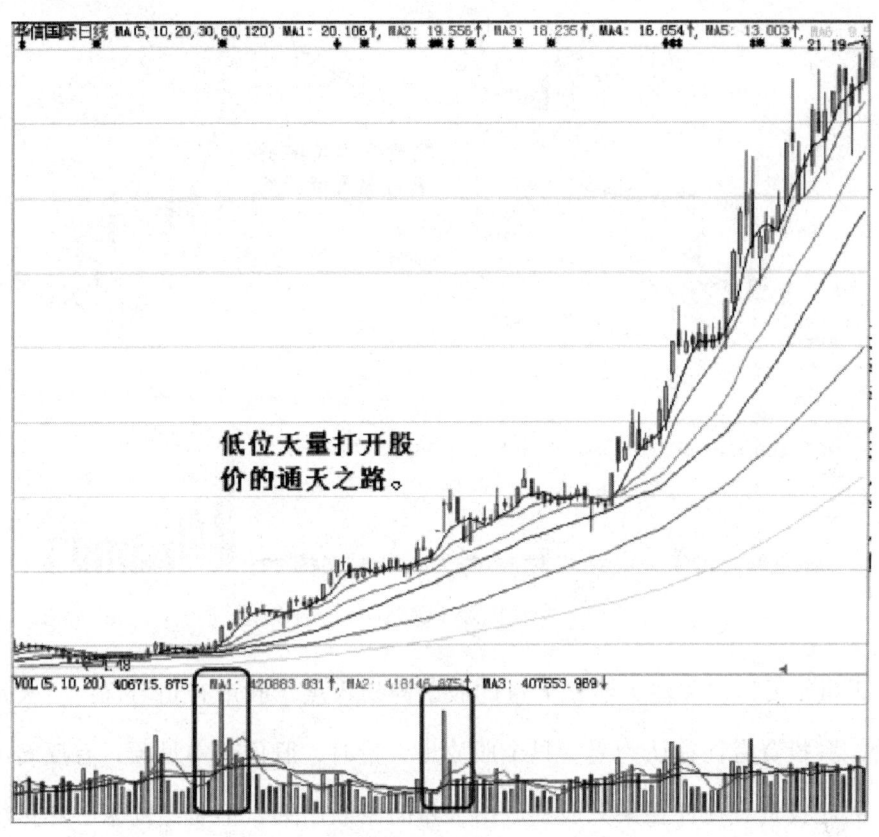

图6-5　华信国际（002018）日K线图

同时，投资者需要注意，量价配合过程具有一定的滞后性，天量出现之后不一定马上就会出现天价，也不一定必然会出现天价。所以，投资者不要抱着不见天量天价就不出货的想法。

图6-6是华信国际（002018）后期的K线走势。股价在后期的运行中慢慢站上高位，个股在站上高位后也并未出现量能的放大，而是在连续的跌停后放出天量。这是因为个股在高位并未出现较大的筹码兑换，以至于量能一直保持较好。随着连续跌停的到来，一部分筹码急于兑现从而使成交出现急剧放大放出的天量。个股的走势也因为这些急于兑现筹码的抛压而一路下行。

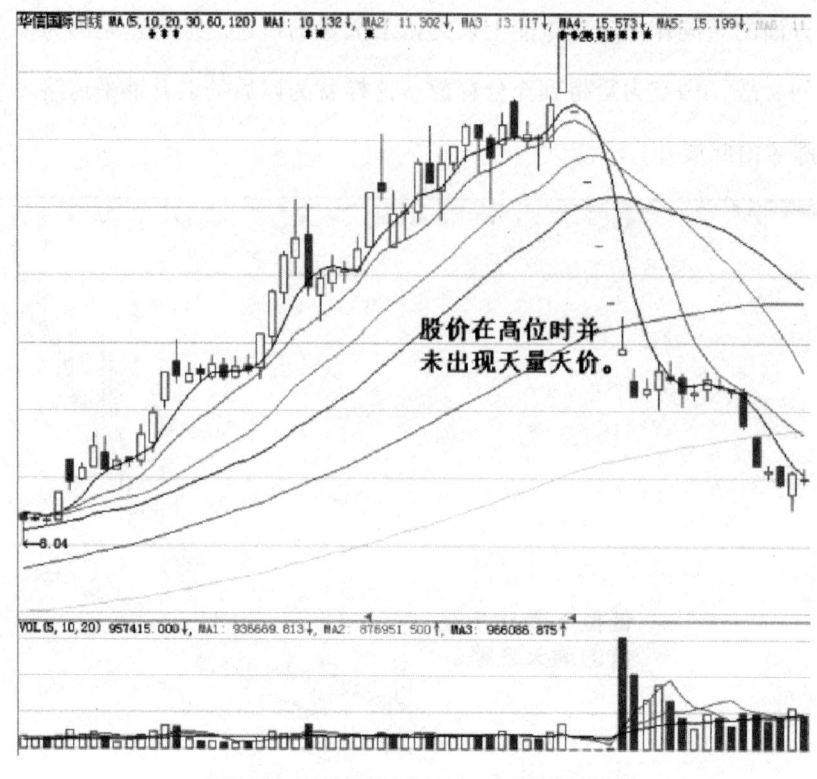

图6-6 华信国际(002018)日K线图

天量主要是以关注突然暴天量的股票为切入点。股市有句名言:"天量见天价。"投资者往往认为当一只个股放出天量时,股价基本见顶,有反转的危险。因此投资者往往在某只股票放出天量时果断出局,但是结局未必和传统经验相一致。实践已证明了这一点。经过统计与分析,我们发现一种特殊的天量,即牛股的天量往往在主升浪行情的初期和中期,其后股价创新高的概率反而非常大。

判断具体方法如下:

(1)当日股票换手率达到29%以上。

(2)当日收阳线。

(3)当日股价创下近期新高。

统计结果表明:该股票在其后的10天内会创下新高,成功概率为85%。

天量形成的换手率能达到29%以上,只能是以下情况之一:

其一，主力大举建仓，一般发生在行情启动之初，股价连创新高应是指日可待。

其二，主力在中高位换手，这种情况最多。一般情况是股价在拉升相当幅度后发生宽幅震荡，主力在清洗浮筹或震荡出货。

以上的两点都会存在一个共同点，就是由于当日成交量实在太大，主力必定无法全身而退，故而后市仍将震荡拉抬股价。

四、天量天价的形态特征

股价经过连续大幅拉升后往往会做最后一冲以完成派发出货任务，最终以巨额的成交量结束上升格局，天量见天价也就成为很多股票常见的顶部。天量天价形态分为巨量长阳形态和巨量长阴形态。

天量天价形态是大多数个股运行的一种状态，很多股票做最后一冲时往往会以天量天价形态见顶，后市最常见的就是股票进入漫长的箱体整理，股价后市是否还有行情那要视大盘的情况而定。如果大盘稳定，后市接盘主力还有可能往上冲一冲，但此时的上冲多以派发出货为目的，投资者遇见此形态要谨慎处理，以减仓为主。

股票的需求与股价成反比关系，股价经过一段时间上涨后，疯狂的投资者逐渐意识到手中的筹码发烫，购买意愿随着股价的上涨而逐渐减少，赚钱的投资者不断获利了结，赔钱的投资者则在等待奇迹出现，顺利出逃的主力则顺势惯压，以便在低位补货，股价因而步步走低，大量的筹码被套在某一高位，这个高位套牢圈便是高价圈。

高价圈属于一个区域，有时两三天便形成，有时在高位反复整理较长时间后再往下突破，高价圈延续的时间较长。总的来说，高价圈形成后迟早会向下突破。高价圈实质上是高风险区，在圈内停留得越久，损失越大，长期持有必将由浅套变成深套。此时，快刀斩乱麻、及时止损出局往往是投资者的明智之举。

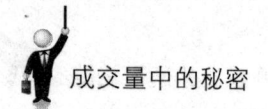

高价圈何时形成，可从K线、移动平均线和成交量来综合判断：

第一，在升势末期，K线一般会出现连续几根长阳线，股价甚至跳空上扬，进入最后冲刺阶段，回档随时会出现，一般很快会出现长阴线，表明高价圈形成后。高价圈形成后，未能在最高价出逃的投资者亦应把握反弹减磅的时机。

第二，从移动平均线来判断。强势股一般在5日和10日均线上运行，通常5日均线远离10日均线，随着升势趋缓，两均线逐渐接近，甚至拐头向下，形成盖头形态，表明高价圈形成。随着升势趋缓，空隙越来越小，高价圈形成。

第三，从成交量上判断，天量附近必然有天价，在出现天量之后成交未能继续放大，意味着高价圈形成。股价跌破天量时的价位而欲升乏力，可证明高价圈形成。

五、放量长阳买卖法则

放量长阳买卖法则对应的主要是低位的天量，没有提到天价。投资者应确认股价处于相对低位，大盘属于上涨趋势或横盘整理。

投资者应选出近期成交量突然连续放大，日换手率在10%以上，大幅上涨（最好出现涨停）的个股观察。其主要特征是一根巨大的成交量红柱伴随一根长阳线使股价迅速脱离盘整区。这个成交量是2个月以来的最大成交量，称为天量，其换手率在10%~25%。

成交量放大可能是受到利好消息的刺激，如较好的业绩和分配方案、重大合作项目的确定等。但是我们并不建议放量立即跟进，因为导致股票突然放量上攻的原因可以是多种多样的，一般投资者喜欢立即跟进，但是极易掉进庄家拉高出货的陷阱中。

投资者发现目标后应不急于介入，调出60分钟MACD指标跟踪观察，再强势的股票也会回档，为了避免在高位被套，可等到回档再买入。

该股放出天量短线冲高之后必有缩量回调，盯住其二浪调整的结束点作为短

线买入点,充分发挥短线效率。

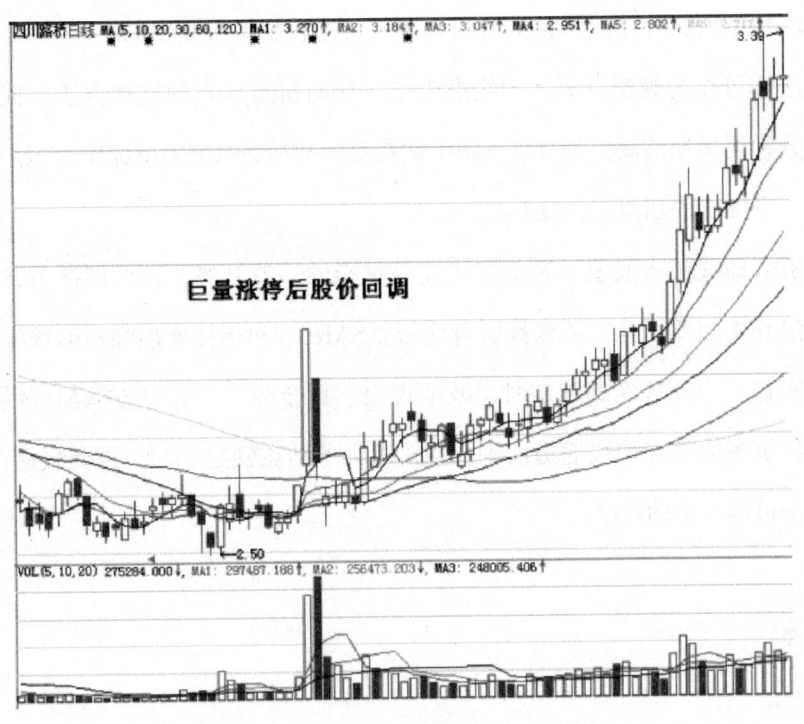

图6-7 四川路桥(600039)日K线图

图6-7是四川路桥(600039)在一段时间的K线走势。个股上升走势的起涨点可以说就是在两根巨量之后。个股经过两根巨量完成多空的交锋,此后个股行情一直处于多方的掌控之下,股价也走出长期的上升走势。

但对投资者而言,最好的买点并不是巨量的大阳线或者大阴线处,而是在此之后的调整结束时,此时做空力量趋向最弱,也正好是个股上升走势的起点位置,是投资者最好的买进位置。

时间一般为股价回落5天至9天,60分钟MACD绿柱逐渐缩短,红柱放出后一两个小时中逢低介入。一般地,由于调整到此时成交已少(买入点的日成交量为天量的$1/10$左右),股价走平,MACD红柱放出后一两根K线为阴线,但短线抛压已穷尽,反弹一触即发。

买入后立即享受三浪拉升的乐趣。一般会在2天至3天超越一浪顶部。

投资者应在获利5%之上或MACD红柱缩短时将股票获利了结。一浪的高点可

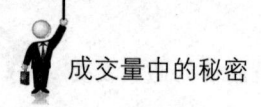

以作为止赢点。

如出现重大意外变故，投资者则以买入价为止损价果断出局。

此法亦可作为投资者买入中线潜力股进场时机最佳点的选择方法，成功率更高。60分钟属短期波动，而MACD属中期趋势，60分钟MACD指标作为短周期的中线指标，是极佳的超级短线秘籍。

投资者短线买入股票，希望迎来立竿见影的一波升势，正所谓抓主升浪。假如主升浪并未如期而至，那么投资者应根据SAR、ASI指标发出强烈的预警信号予以止损操作。当升势的确到来时，波浪理论、黄金分割、江恩方框都可供投资者参考，投资者应遵守均线通道法则，以SAR为了结点锁定利润，放弃最后的5%，从而规避可能发生的暴跌。

第七章

地量地价——云泥之后天地有别

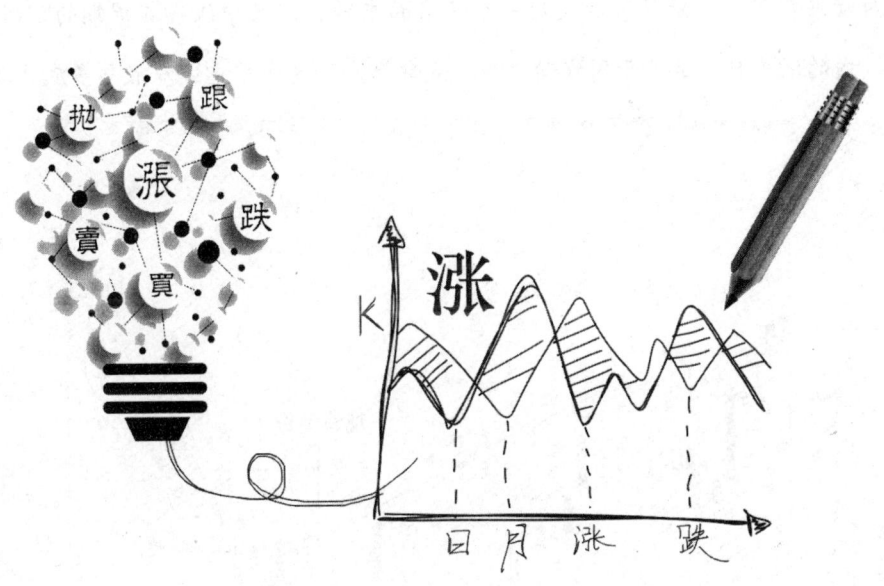

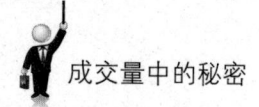

"地量见地价"这句股谚在股市上是耳熟能详的,几乎没有一个投资者不知道。也有不少投资者以此作为抄底的准则,但其却不懂得如同任何真理都有缺陷一样(这是由真理的相对性决定的)。

"地量见地价"并不普遍适用于判断底部的标准。"地量见地价"也有其具体运用、因"地"制宜的问题,并非在地量与地价之间画上等号那么简单。个中奥妙,全在一个"见"字。"见"者,观察、分析与判断也。

一般而言,"地量见地价"出现在诸如潜伏底、楔形底、W形底的第二个底部与头肩底的右肩之中。若以波浪理论判断,"地量见地价"则出现在中级下跌推动浪第五浪或延伸浪的最后一个子浪的末端,以及中级循环周期的"时间之窗"内的敏感日,常见于周线动力指标底部横盘、超卖严重或双底与多底背驰。

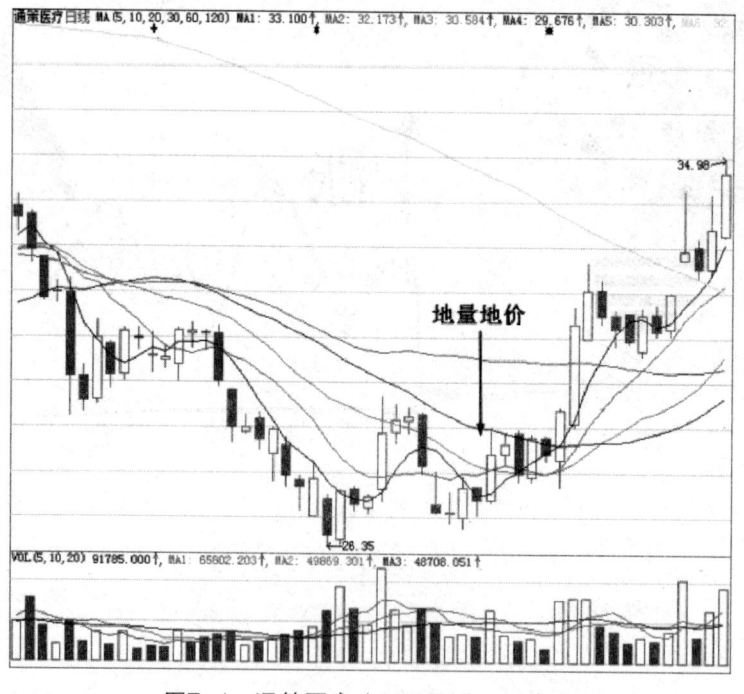

图7-1 通策医疗(600763)日K线图

图7-1是通策医疗（600763）在一段时间的K线走势。个股在区间内走出双底的反转形态，个股在双底之后股价走出调整，开始进入上升走势。我们研究个股在底部的量能表现就能看到，双底的量能形态各有不同，在形成左底时量能出现不断增加的迹象，也只有量能的支撑个股才能形成探底的走势。个股在左底形成后进入洗盘的右底，量能出现严重的萎缩形成地量，而对应的价格也是地价。

地量之后市场的浮筹进一步缩小，个股的清洗意义不大，股价走势再次进入上升吸筹中。个股的上升行情也是由此开始。

新入市的投资者常常拿不准"地量"以何为准，其实"地量"只是个相对的概念。由于市场规模扩容，不同时期会有不同的标准。简单的办法可以经验主义地以历史单日成交数据作为参照，复杂一些则可以计算其大盘换手率再行比较。

从沪深股市的运行实践出发，笔者认为可以将"地量"的数额定性在A股单日换手率（加权）0.5%~0.7%。当A股的换手率降到这一区间，再运用技术手段将之"框定"，"地量"的判断也就八九不离十了。

通过统计历史上股指处于高位、低位的成交量数据，也可以发现地量的标准有迹可循。判断中级下跌行情是否见底的标准是，底部成交量要缩至顶部最高成交量的20%以内。如果成交量大于这个比例，说明股指仍有下跌空间；反之，则可望见底。

图7-2是通策医疗（600763）更长周期的K线走势。在这一K线走势中我们能看到个股在高位时的量能表现，也能看到个股在低位时的量能表现。个股在高位时个股量能出现明显的天量，个股在高位出现天量是市场分歧的空前严重，做空的力量疯狂卖出，做多的力量也全力买进，此时多方力量若是不能消化抛出筹码，个股将迎来跌势。

在天量之后个股开启新的下跌走势，在下跌过程中做空的力度不断得到释放，释放的形式是筹码的成交。在个股跌至谷底时卖出的筹码逐渐萎缩到最低，此时做空力度最低，最终形成量上的地量。此后只要个股获得买入量的支撑，股价即可转跌为升。

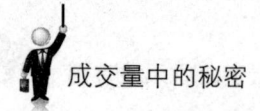

成交量中的秘密

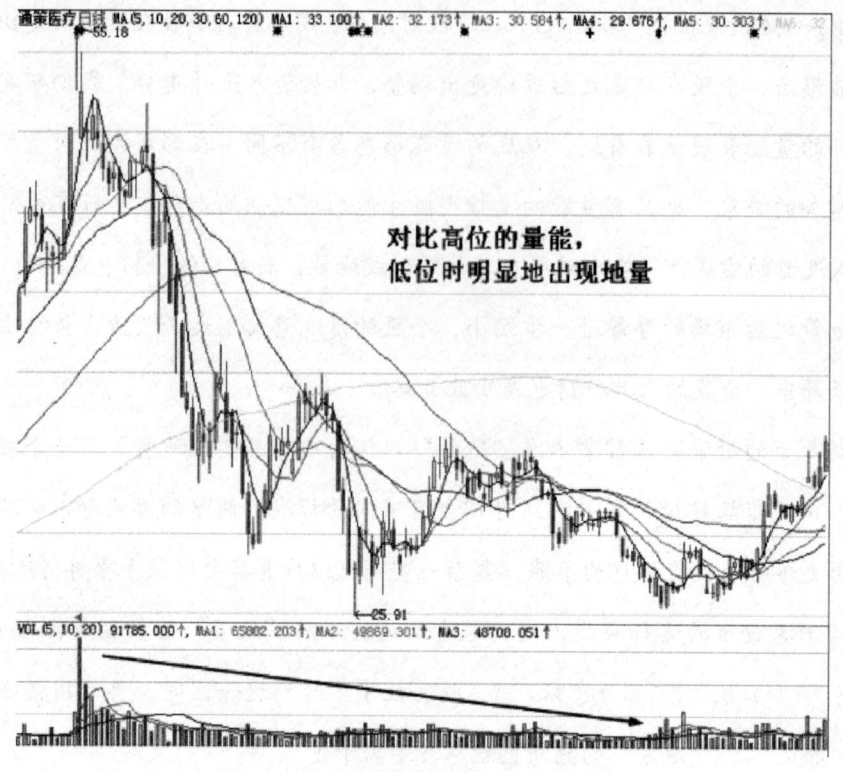

图7-2 通策医疗（600763）日K线图

我们对比最高位的天量与最低位的地量，其地量的量能比是远远不足高位天量的20%，这一点同样支撑个股的止跌回升。

一、正确区分地量地价

任何主力在做庄的时候，都显然不愿意为别的投资者抬轿子，以免加大自己在拉升途中的套利压力。于是，拉升前主力反复震仓、清洗获利盘就显得非常必要了。这就在形态上形成了地量见地价的因果关系。

地量的出现往往是在主力震仓洗盘的末期。此时，持股的投资者不愿意在低价抛售，或者说已经没有股票可卖了，而持币的投资者由于对该股后市走向迷茫，也不敢轻易进场抢反弹，于是成交清淡，地量便油然而生。量能迟迟得不到释放，个股的股价则是持续下行，地价也会随之出现。

第七章 地量地价——云泥之后天地有别

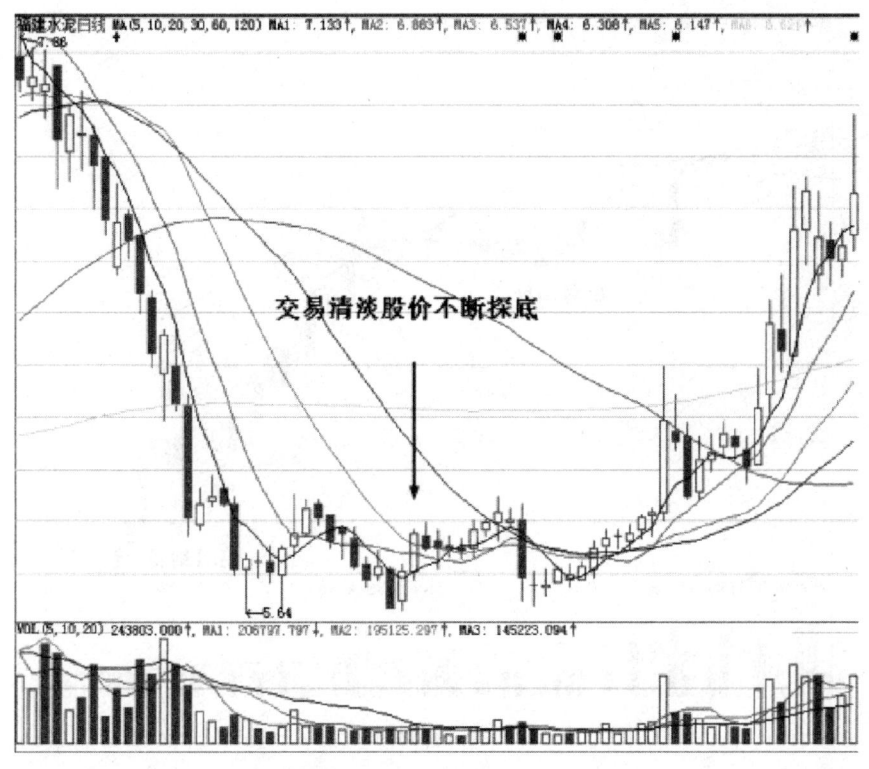

图7-3 福建水泥（600802）日K线图

图7-3是福建水泥（600802）在一段时间的K线走势。个股在前期的走势是一路下行的下降过程，个股在下行的过程中做空力量得到不断释放，量能表现也随着股价的回落而不断减少，这是市场抛盘在不断减少的缘故。由于对该股后市走向迷茫，一般投资者也不敢轻易进场抢反弹，个股的量能始终得不到保证。在个股运行到低位时，个股在量能上的表现更是地量。因为得不到量能的支撑，个股走势只能不断探底，最终在底部形成三重底形态。

在三重底之后由于得到量能的支撑，个股才开始走出上升走势。若是个股的量能仍是保持地量，个股股价也仍将是继续探寻股市地价。

空头市场中的地量往往是在空头力量已呈弱势，但仍有一定的打击力，而多头尚处蓄势阶段、未能完全占据主动的背景下出现的。这时候的地量，兑现的并不是就立马可见的地价，而是指引现时的股价探寻出市场的地价。换言之，这不构成市场见底的信号，恰恰相反是成为再度向下变盘的前奏。

图7-4 营口港（600317）日K线图

图7-4是营口港（600317）在一段时间的K线走势。个股在下跌之初形成一个相对地量，这一地量相对反弹位或者下跌之前的量能表现都有明显的缩小，但在这一地量之后个股并未直接形成地价，而是在反弹之后继续进入下行趋势。此后的量能进一步萎缩，个股的地价也是在此之后才逐渐显现的。

这一时间出现的地量并不是真正的地量，而是在一段时间内做空力量得到释放后的修整。此时因为个股股价跌幅不大，抢反弹的投资者较少，也不足以支撑个股量能放大。在空方力量得到修整之后，做空势力再次重来，个股的下行走势将继续进行。

在多头市场中则是另一种情况。由于大部分投资者对后市较具信心、坚定看好，愿意持股待涨而不为微利所惑，或者获利筹码为机构与庄家所控，高度锁定而不抛出。在这两种情况下，就不存在获利盘枯竭、杀跌动力消耗已尽的问题。而市场的惜售同样会引导出地量，这时的地量带来的则是天价。同是地量，其后对应的后市确实是天壤之别。

第七章 地量地价——云泥之后天地有别

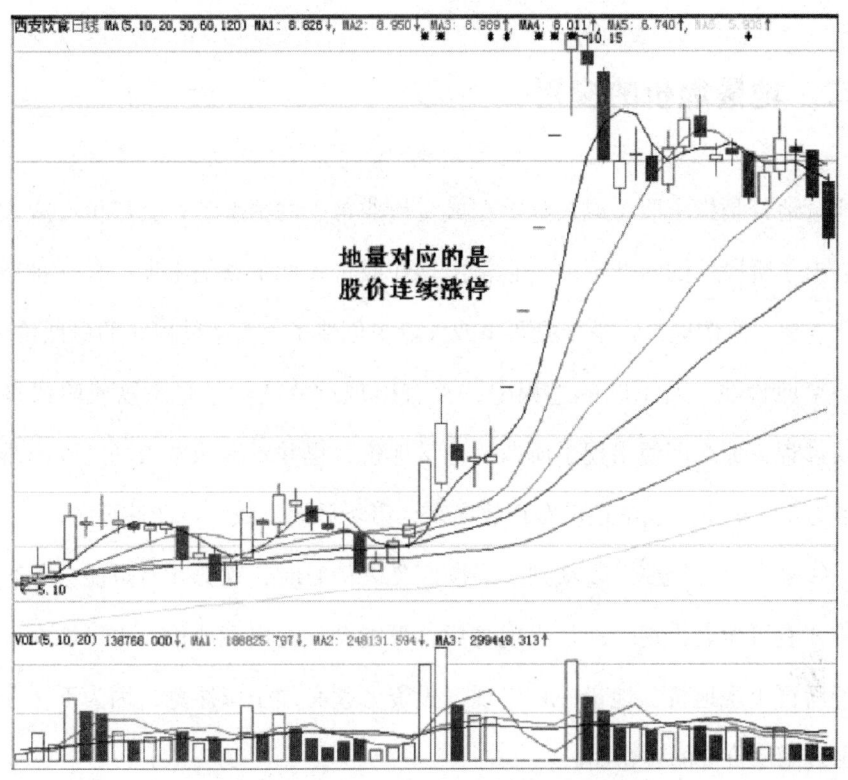

图7-5 西安饮食（000721）日K线图

图7-5是西安饮食（000721）在一段时间的K线走势。在多头市场中由于市场的惜售引出"地量"，体现最明显的就是个股在上升后期走出的连续涨停走势。因为个股在前期的大举吸筹，个股在后期不需要太大的量就可以拉升股价；同时，因为市场中各方的力量对走势判断较为一致，也就导致很少有投资者愿意在低位交出筹码。

两方的因素共同造成市场上成交极度稀少，形成量能的地量形态。因为个股的抛盘保持绝对的少数，个股的上升走势毫无阻碍，自然也就一飞冲天，地量之后的天价来临。

这就提示投资者市道不同，地量与地价的关联度与表现方式亦有异。在空头市场中，地量之外还有地量，多次地量之后才有地价，这是因为此期间的地量，常常不是由于缺乏卖盘而是由于缺乏买盘造成的。投资者认为股价调整尚未到位，不敢在相对高位买货，因而每次地量出现之后，反而再创新低。

二、地量地价的应用

地量地价是指个股（或大盘）在成交量非常少的情况下，其股价（或大盘指数）创出了阶段性的新低现象。它常出现在股价长期下跌的末期，是一种股市里的特殊现象。所谓地价，是指股票（或大盘）创造了一直下跌以来的最低价位。

如果股价在一直下跌的过程中，没有出现过持续的带量下跌或阶段性的带量下跌过程，那么即使出现了所谓的地量地价，也并不意味着市场已经出现了底部。因为空头的下跌能量还没有释放出来，市场后续下跌的可能性很大。

一般来说，市场要一直跌到多头彻底丧失信心时，跌势才有可能会停止，地量地价才有可能会出现。地量出现之后，可能会马上出现地价，也可能在股价继续下行后再出现地价。地量一旦出现，投资者就必须予以注意，因为下一步可能就会出现量增价平的建仓期。

真正的地量地价通常意味着趋势跌无可跌了，是市场行为的真实表现，也是主力在成交量中唯一不可做假的地方。因为主力可以虚增成交量，但却无法减少市场上的成交量。需要说明的是，投资者在判断地量地价时，需要从较长的时间周期来观察，比如趋势下跌了半年或一年后，此时观察地量地价方显成效。

图7-6是*ST韶钢（000717）在一段时间的K线走势。个股在区间内走出一个持续的下行走势，持续时间近乎一年。在个股下行的过程中，个股虽然多次走出地量，并在地量之后也走出盘整的走势，但总的来说行情都比较弱，地量地价的效果不太明显。直到个股运行到连续跌停后的最低量，这时才形成真正的地量地价，个股的走势才开始企稳反弹。

地量是最有价值的指标。在量价关系中，成交量是起主导作用的，而价格只是某个成交量区域的表现。地量在行情清淡时出现得最多。此时人气涣散，交投不活跃，股价波幅较窄，场内套利机会不多，几乎没有任何赚钱效应。这一时期

第七章 地量地价——云泥之后天地有别

往往是长线买家进场的时机。

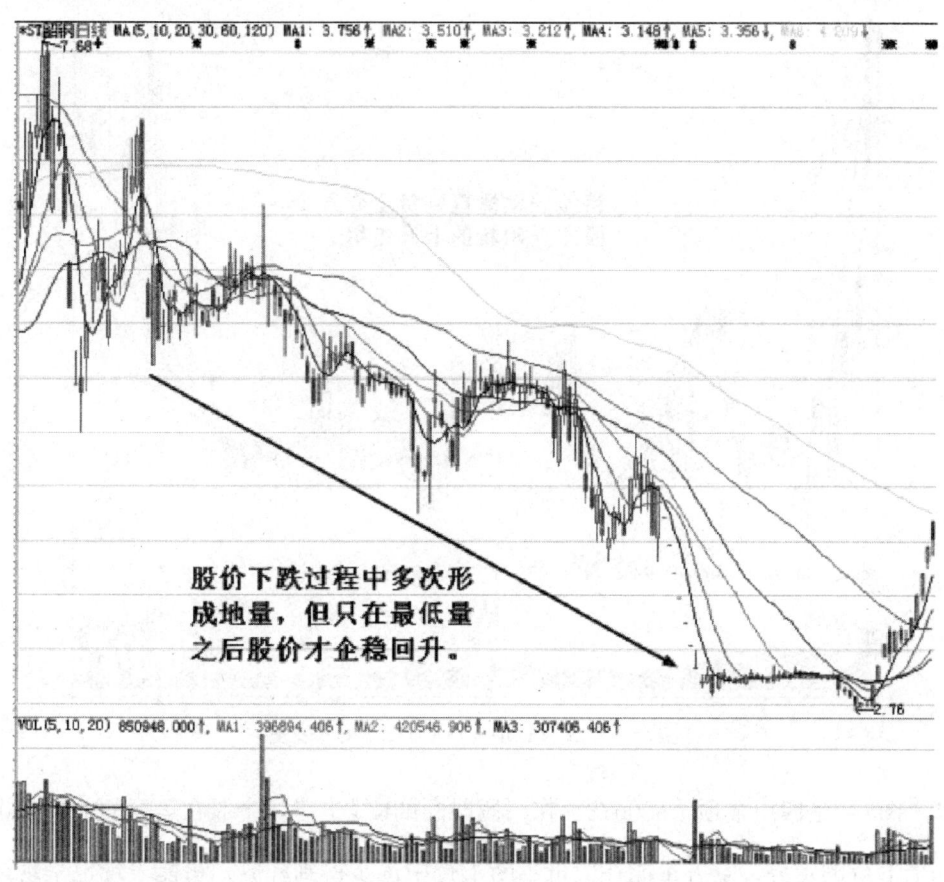

图7-6 *ST韵钢（000717）日K线图

一只股票在经过一番炒作之后，总有价值回归的时候。在其漫漫下跌途中，虽然偶有地量出现，但很快就会被更多的抛压淹没，可见此时的地量持续性极差。在股价即将见底时，投资者该卖的都已经卖了，没有卖的也不想再卖了，于是，地量不断出现，而且持续性较强。在这一时期内介入，只要投资者能经受得住时间的考验，一般会有所斩获。

地量的形成是多空双方观望到极致的表现，它是一种弱平衡状态，只要部分多空转换，就会使得量能放大，从而打破目前这种尴尬的平衡。随着资金的不断流进，场内的活跃资金会越来越多，支撑股价上行的力度也就越大，进而形成赚钱效应，刺激股价的继续上升。

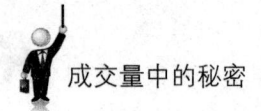

成交量中的秘密

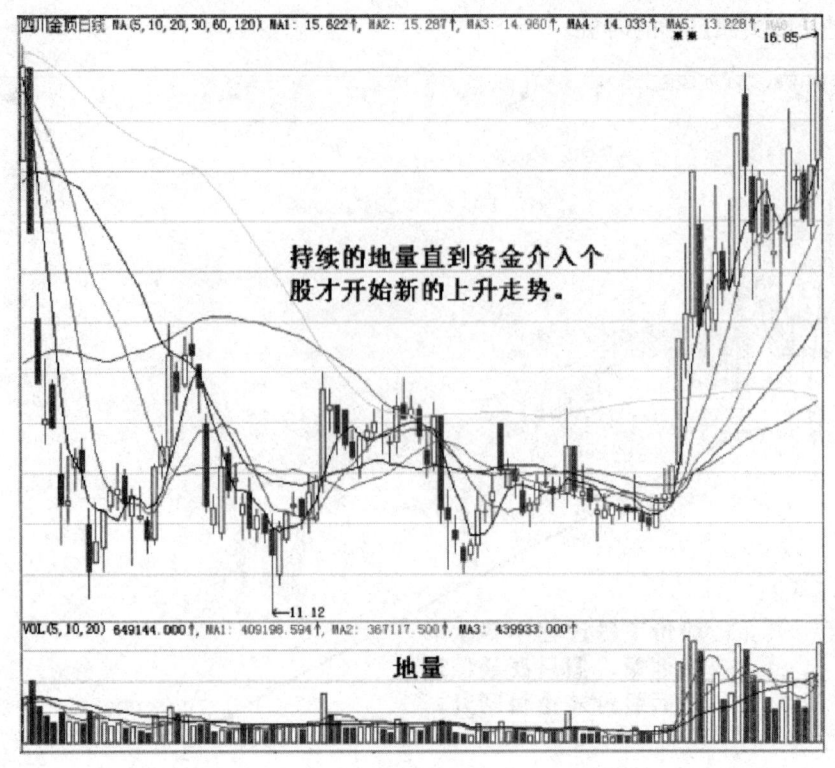

图7-7 四川金顶（600678）日K线图

图7-7是四川金顶（600678）在一段时间的K线走势。个股在运行的前期走出一个下行的走势，空方量能在股价不断下行中逐步得到释放，量能表现也呈现逐渐萎缩的形态。个股在运行到低位后，量能保持着相对的地量，这说明此时市场也不再有大面积的抛压筹码。又因为此时买盘还迟迟没有出现，个股的运行只能是在低位不断地震荡，只有当个股后期出现不错的买盘时，量能开始逐渐增加，新的上升走势才就此开始。

一只股票在拉升前，主力总要不断地确认盘子是否已经很轻，以免拉升时压力过大而坐庄失败。换句话说，主力在拉升前要让大部分筹码保持良好的锁定性，即"锁仓"。要判断一只股票的锁仓程度，从技术上来说，地量间断性的出现是一个较好的信号，由于主力需要通过不断地对倒来制造出成交量以达到震仓目的。在这一阶段中，地量的出现是间断性的。如果投资者能在这一时期的末期跟上主力，即可能会吃到这只股票获利最丰厚的一段。

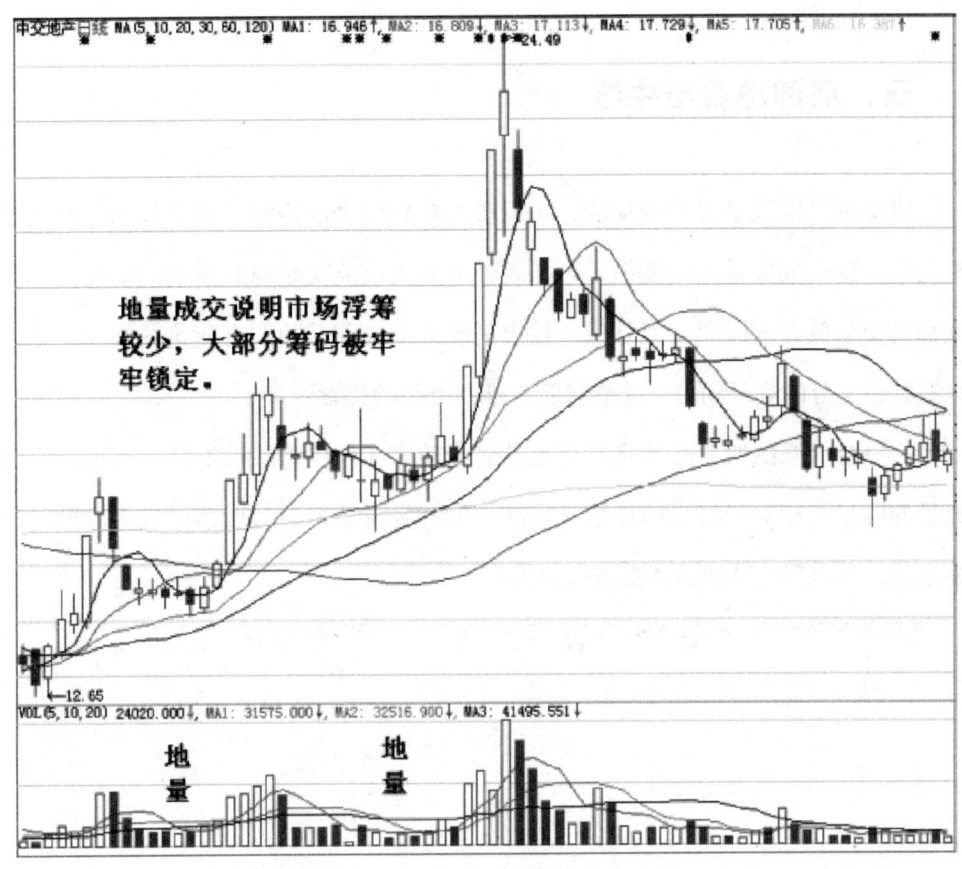

图7-8 中交地产（000736）日K线图

图7-8是中交地产（000736）在一段时间的K线走势。个股在资金买进后股价开始走出上升走势，对应的市场量能也出现明显的放大，这也证明了资金的不断买进。

资金的买进是为了获取拉升收益，但主力又不愿意让散户坐享其成，所以会在拉升前开始洗盘，用以测试市场的筹码锁定情况。

当市场的浮筹较少时，体现的则是成交量的地量，那时主力就可以拉升股价。因为市场筹码不多，散户获取收益的希望不大，拉升股价过程的抛压不大，主力会放心拉升。若是在震荡时量能仍是相对大量，这说明市场中还有不少的浮筹，这些浮筹会在拉升的过程中成为市场的抛压，影响股价的攀升，造成坐庄不成功。这时主力只能通过继续洗盘降低浮筹，进一步锁定筹码。

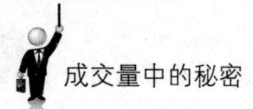

三、底部地量出牛股

成交量可以说是股价的动能，一只股票在狂涨之前经常是处于长期下跌或盘整之后，这时成交量大幅萎缩，再出现连续放大或成交量温和递增的情况。一只底部成交量放大的股票，就好像一枚火箭要升空之前必须要有充足的燃料一样，只有具备充分的底部动力，才能将股价推到极高的位置。

一只会大涨的股票必须具有充足的底部动力才得以将股价推高，这里所说的充足的巨量是相对于过去的地量而言的。也就是说，当一只股票的成交量极度萎缩之后，再出现连续地量才能将股价推高。

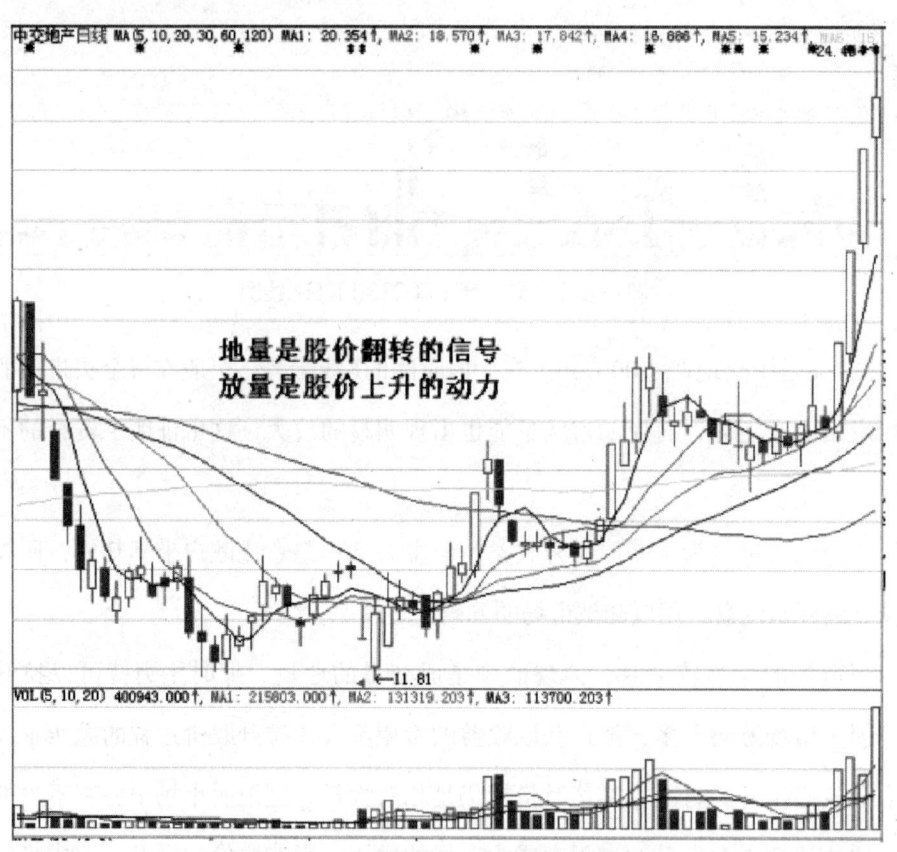

图7-9 中交地产（000736）日K线图

图7-9是中交地产（000736）在一段时间的K线走势。在这一多空转换的过程

中，量能的变化也是转换的市场信号。在个股探底中量能保持地量，这是多空双方交战的弱平衡，此时量能变化不大，多空的力度都很微弱。

这也就预示着变局可以轻而易举地发生。任何一方不需太大的力度就能打破这种平衡。

又因为个股这时处于市场的低位，相对来说个股获得资金关注的机会更大，而不是继续被打压。

若是个股继续被打压，则演变成为前文说的地量之后再地量现象，投资者可联系两者综合分析。

这时个股在运行中若能得到量能的帮助，有新的买盘资金介入，个股的走势就将发生转向，开始上升走势。

而对应的前期的缩量就是这时放量的前奏，也可视为变盘的前期信号，投资者可多加关注。

成交量是衡量买盘和卖盘的工具，它能对股价的走向有所确认。因此，聪明的投资者对于底部出现巨大成交量的股票必须跟踪，因为股票供需关系所发生的极大变化将决定股价的走向，投资者绝对不可以忽略这种变化发生时价与量的关系。

一旦价量配合，投资者介入之后，股价必然如自己预期般的急速扬升。

成交量形态的改变将是趋势反转的前兆。个股在上涨初期，其成交量与股价之间的关系是量增价涨的，成交量不断持续放大，股价也随着成交量的放大而扬升。

一旦个股进入强势上升段的时候，出现量缩价平、量缩价升的背离走势，即股价跌破10日均线，则显示其强势已经改变了，此时将暂时结束其强势而进入中期整理阶段。

在操作上，当投资者握有一只强势股的时候，最好盯住股价日K线图，在日K线一直保持在10日均线之上时，可以一路持有该股，一旦股价以长阴线或盘势跌破10日均线，投资者应立即出货，考虑换股操作。

成交量中的秘密

　　对于盘整完成的股票，投资者要特别加以注意，理由是这种股票的机会远远大于风险。盘整的末期成交量萎缩，代表抛盘力量的衰竭。

　　基本上，量缩是一种反转的信号，量缩才有止跌的可能。在个股下跌走势之中，成交量必须逐渐缩小才有反弹的机会，但是量缩之后还可能更缩，只有等到量缩之后又是到量增的一天才能确认底部。如果此时股价已经站在10日均线之上，就更可以确定涨势已经开始了。所以，我们应重视的角度是量缩之后的量增，只有量增才反映出股票供求关系的改变，只有成交量增大才可能使该股具有上升的底部动力。

四、地量分析辅助条件

　　地量作为成交量指标的一种表现形式，由于其不可能存在欺骗性，而且对投资者的操作具备相当的实战指导价值，因而授之以"最有价值的技术指标"的桂冠。其真实性及实用性是其他技术指标所望尘莫及的。

　　然而，在实践中，投资者仍需结合其他指标综合分析，以便更准确地把握行情走势。

　　（1）地量分析必须结合市场趋势。当市场整体运行趋势向上时，如果投资者确认曾经出现地量，那么可以在有温和放量伴随的股价上涨过程中择机介入；当市场整体运行趋势向下时，投资者即使确认前期曾经出现地量走势，也最好不要轻易介入。因为在弱势格局中，即使投资者暂时确认了地量，也不排除在今后行情中出现更低的地量。

　　（2）地量运用要结合技术分析方法。技术分析方法有两种：一是结合技术形态进行分析，当地量出现的同时，股价或指数也同时走出比较完善的底部形态，其中有圆弧底、V形底、双底、潜伏底、头肩底等底部形态，这时投资者就可以考虑买入；二是结合技术指标分析，主要是参考随机指标KDJ指标和乖离率BIAS指标。

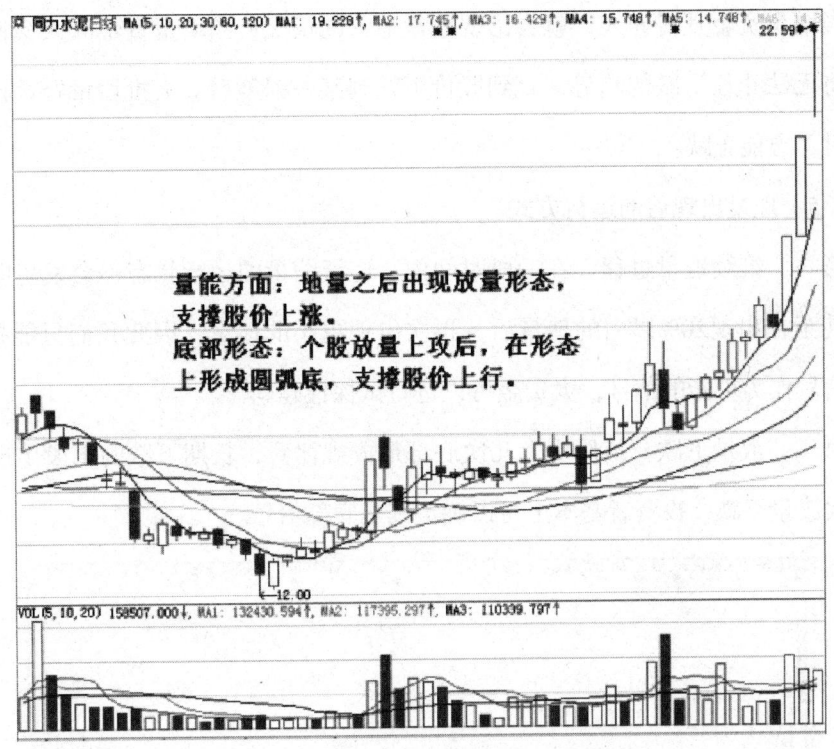

图7-10 同力水泥（000885）日K线图

图7-10是同力水泥（000885）在一段时间的K线走势。个股在区间内同样走出多空的转折走势。

在这一走势中我们除了能看到量能的缩量与放量形态，也能看到在量能形态完成时所同步构建起个股的底部形态。在个股放量站稳均线之后，个股也完成圆弧底的形态构建。这样就在两个方面保证个股的上升趋势，其上升的可靠性无疑更大。

（3）地量分析必须结合个股实际情况。分析出现地量的具体原因，是因为股价暴跌，市场中几乎没有获利盘产生的地量，还是因为主力高度控盘导致的地量，抑或是因为股价涨幅过大，缺少跟风盘引起的地量。投资者要针对不同的地量产生的原因，采用不同的投资方法。

（4）地量分析需要结合资金动向。投资者常常有种错觉，认为地量可以止跌。实际上地量是否能止跌并不取决于地量本身，而取决地量之后的放量。

当增量资金及时介入，就会出现地量地价的情况；当增量资金介入缓慢时，地量将无法止住下跌的趋势，直到股价下跌到某一深度后，大批增量资金被吸引进来时，方能止跌。

（5）地量出现后的运行方式。

第一，继续地量过程。在一段时间内，连续缩量的运行状态不会发生明显变化，甚至在出现20%以内的地量后，再次出现更小的地量。因此我们只能把20%这一信号作为可能的信号，大资金可以进行试探性建仓。

第二，放量下跌。从历史上几次底部形成规律看，长期下跌的末段出现地量后再次放量下跌，投资者基本上可以确定其是底部信号。

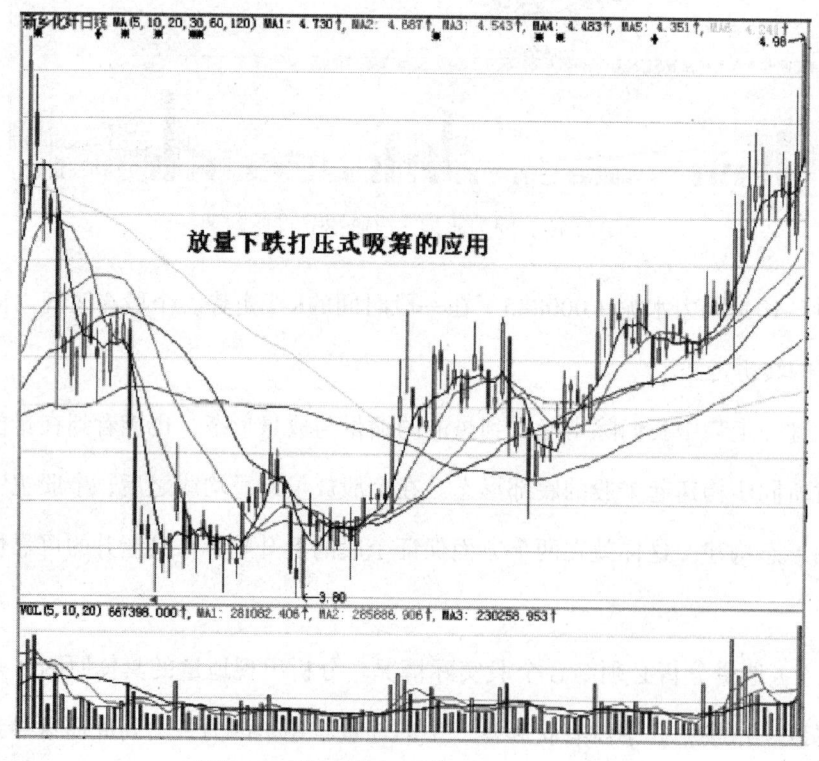

图7-11　新乡化纤（000949）日K线图

图7-11是新乡化纤（000949）在一段时间的K线走势。个股在刚开始的回落中出现大幅的股价下滑，做空力量在连续的阴线下得到极大的释放，此后个股在一个平台上做横盘整理，在整理的过程中量能相对较小，形成地量的形态。但这

一形态并未支撑个股的探底回升，而是在其后继续走出放量的大阴线，股价继续下滑。

个股在继续下滑之后形成新的地量，此后走势开始逐渐平缓，股价也在后期得到量的支撑后开始回升。

若是我们结合个股的后期走势就能发现，庄家对个股进行前期打压，就是为了在低位吸筹，这也是大资金常用的吸筹方式。大资金利用短时间的股价大幅回落，造成市场的极度恐慌，致使一些意志不坚定的投资者纷纷卖出个股，而大资金则在低位乘机完成筹码的收集。

当然，这里的打压洗盘是建立在股价大幅回落的基础上，并有着相对时间的限制，不是任何一次快速打压都是为了吸收筹码。投资者仍可通过底部的放量或其他技术手段对此进行验证。

第三，放量上涨。这是典型的上涨信号。

地量规则还可以用来预测牛市中的调整是否结束，以及当前的调整到底是中级别调整，还是小级别的调整。如果成交量在下跌过程中能够迅速缩小到高峰期20%以内，则调整可望结束，牛市继续的概率较大；反之，如果在下跌的过程中，成交量不能有效萎缩，说明市场分歧较大，大资金在利用人们惯性心理大幅减仓，调整的幅度将加大，时间将延长。

第八章

无量空涨——股价登天的青云梯

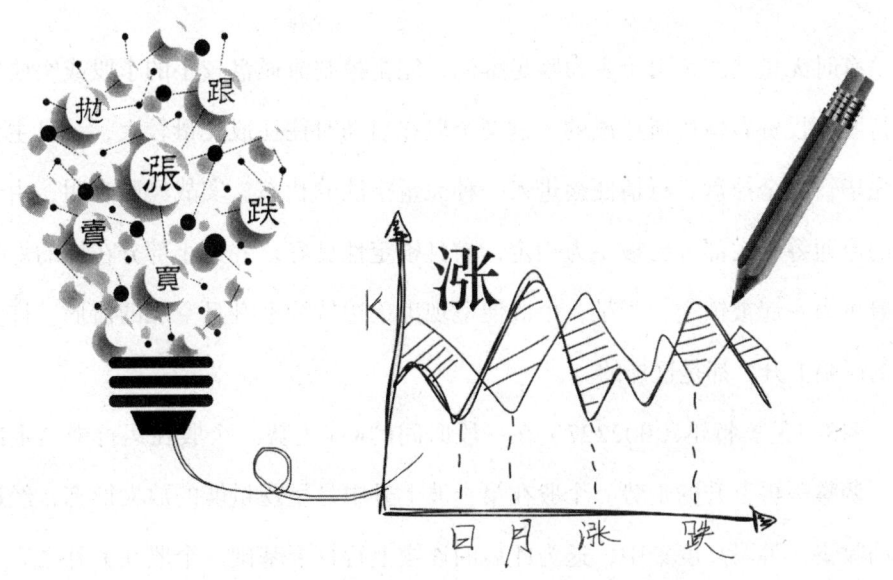

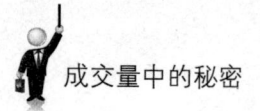

成交量中的秘密

无量空涨是指个股在成交量很少的情况下，其股价出现较大涨幅的现象。它是量缩价涨的一种极端形式，主要出现在连续涨停的中小盘股或强庄股中。

个股成交量是股价上升的动能，个股成交量大，会不断地推动股价上行；个股成交量小，会导致股价下跌。因此，个股成交量放大，预示着个股新一轮行情即将展开，是短线入市的时机。而当股价上升到某一高度后，成交量再也无法放大，则表明上升力量不足，是见顶回落的信号。

一、无量空涨情形

有时无量空涨是由于主力吸足筹码，完全控制流通盘较小的个股或实质性利好持股，投资者惜售所造成的。这类个股在启动时往往成交量较大，一旦主力吸筹完毕，完全控盘，行情便会进入一种无量空涨的状态。实战经验表明，由于个股的流通筹码大部分已被主力锁定，而且锁定性良好，并且小部分在外的筹码也跟着主力一起被锁定，于是，个股便呈现出单边持续上升且空涨的情形。许多庄股的巨幅上升，都是这样的。

图8-1是奥特迅（002227）在一段时间的K线走势。个股在运行中是走出上升—调整—再上升的走势。个股在第一波上升中是呈现量能的放大形态，经过量能的收集，筹码高度集中，这为此后的连续上行打下基础。个股在上升之后走出一个平台调整的走势，其目的同样是为了锁定筹码，为后期更大程度的拉升做准备。

我们看消息面影响个股无量涨停的因素：

2015年2月9日，深圳奥特迅电力设备股份有限公司（以下简称"公司"）拟

筹划重大事项，鉴于相关事项尚存在不确定性，为了维护投资者利益，避免对公司股价造成重大影响，根据深圳证券交易所《股票上市规则》和《中小企业板上市公司规范运作指引》的相关规定，经公司申请，公司股票（股票简称：奥特迅，股票代码：002227）自2015年2月6日上午开市起停牌。

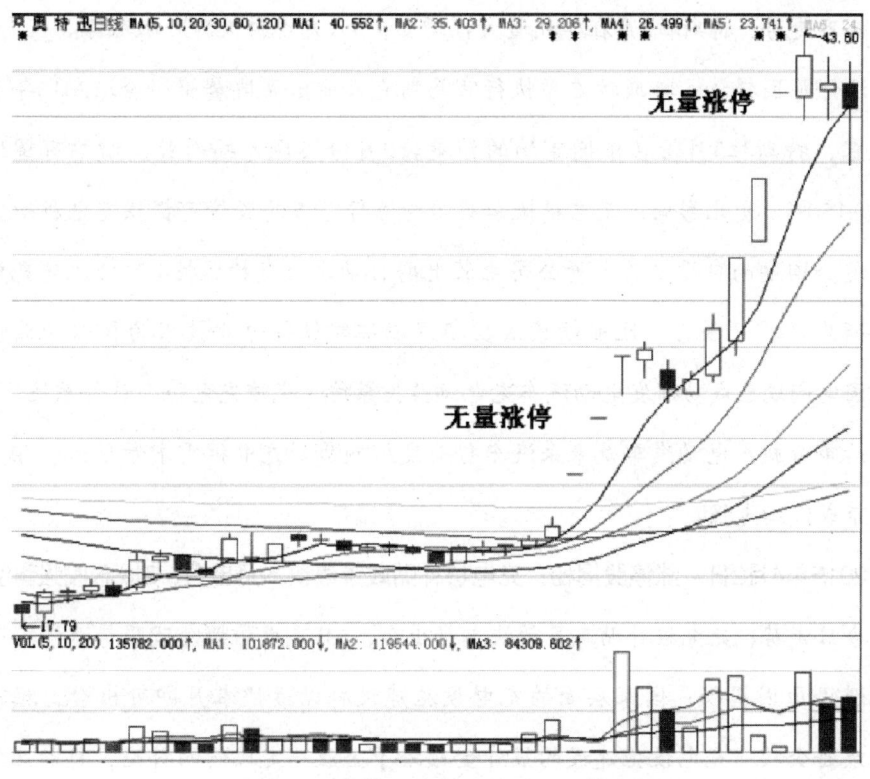

图8-1　奥特迅（002227）日K线图

待上述事项确定后，公司将及时发布相关公告并复牌。停牌期间，公司将根据事项进展情况，严格按照有关法律法规的规定和要求履行信息披露义务。

2015年3月20日　涨停股揭秘：定增4.21亿元加码充电桩业务，奥特迅无量涨停

今日走势：发布定增预案，奥特迅一字涨停。

涨停原因揭秘：奥特迅拟以不低于19.12元/股的价格，非公开发行不超过2 205万股，募集资金不超过4.21亿元，资金用于投入电动汽车充电设备研发及扩产项目、电动汽车充电设施营销服务网络建设项目、深圳市电动汽车集中式充电设施建设运营项目、电动汽车充电运营桩联网云平台项目（一期）。

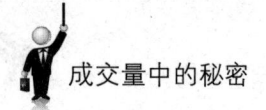
成交量中的秘密

后市分析：新项目的建设将提升公司充电桩业务的核心竞争力，并提升盈利能力，该股股价后市有望继续走强。

2015年4月1日　涨停股揭秘：特斯拉3月在华销量大幅增长，5只充电桩概念股飙涨停

今日走势：特斯拉3月在华销量大幅增长，5只充电桩概念股飙涨停。

涨停原因揭秘：特斯拉首席执行官马斯克日前出席博鳌亚洲论坛2015年年会时透露，特斯拉3月份在中国市场的销量较2月份实现大幅增长，增幅有望达到130%~150%。受此影响，充电桩概念股纷纷涨停。万马股份可提供充电桩所需配套电缆。国电南自设立的合资公司主营电网自动化。奥特迅投4.21亿元建充电桩设备研发及扩产项目。比亚迪已成功研发以磷酸铁锂电池技术为核心的储能电站。国电南瑞已成功研发电动汽车充电站监控系统、交流充电桩、计费系统。

后市分析：电动汽车是未来汽车行业发展趋势，充电桩需求量巨大，相关个股后市或继续走强。

2015年4月2日　涨停股揭秘：充电桩补贴政策最快本月出台，5概念股强势涨停

今日走势：充电桩补贴政策最快本月出台，5只充电桩概念股强势涨停。

涨停原因揭秘：国家层面的充电设施建设补贴最快本月即可出台，预计中央财政将会按照充电设施建设的投资金额给予企业一定比例的补贴，补贴比例有望在40%以上。受此影响，相关个股涨停，众业达拥有充电桩产品的技术储备。奥特迅将投4.21亿建电动汽车充电设备研发及扩产项目。国电南自设立的合资公司主营电网自动化。上海普天是深圳电动汽车加电站网络的充电桩主要供应商之一。万马股份可提供充电桩所需配套电缆。

后市分析：发展电动汽车是大势所趋，相关个股后市有望进一步走高。

在以上的消息面中我们发现个股的第一波上升主要是由一个定增方案带来的。奥特迅拟以不低于19.12元/股的价格，非公开发行不超过2 205万股，募集资金不超过4.21亿元，资金用于投入电动汽车充电设备研发及扩产项目、电动汽车充电设施营销服务网络建设项目。而与此对应的市场消息面消息则是：

第八章 无量空涨——股价登天的青云梯

首先，国家层面的充电设施建设补贴最快本月即可出台，预计中央财政将会按照充电设施建设的投资金额给予企业一定比例的补贴，补贴比例有望在40%以上。这一行业得到国家政策面的支撑必将迎来较大的发展，而这些发展必然带来公司业绩的变化，反映到股价上则是股价的连番无量涨停。

其次，对于资金的投向问题，公司举大资金投向一个具有优势地位的行业，或者是相对市场空白的行业。这都会对个股的基本面产生彻底的改变。而基本面的改变基本就是个股股价的再造。投资者可以注意其中的机会。同时相对来说，现在只是一个消息面，不会有着实质性的利空因素，所以也能保证个股在以后的拉升中一帆风顺。

再次，对应的个股后市还有一些消息面因素同样支撑股价上升。特斯拉3月份在中国市场的销量较2月份实现大幅增长，增幅有望达到130%~150%。这又说明电动车的市场热度不减，成为市场一时的热点，且以上的数据又是真实反映企业的发展，这在市场层面上推动股价的发展。充电桩需求量巨大，电动汽车的未来发展趋势良好。这又在告诉投资者，公司未来的经营业绩压力不大，无潜在的利空消息，这就直接为股价的再次上升扫除顾虑。此时个股筹码集中，市场无负面消息，个股的拉升顺理成章。

量能出现"先放量、后缩量"的情况，多是因为这类股票为题材股，其题材很难定量估值，这就造成多空分歧巨大：空头坚决卖出，而多头坚决买进，形成多空大战而放出天量。但决定股价上涨的最终力量是多头，在空头将几乎所有筹码抛空后，待多头继续大举买进时，市场的抛盘迅速减少，个股股价将继续暴涨。

在一些走势中，个股在第三个或者第四个涨停板易出现天量，其原因是在该价位多头会受到套牢盘和短线获利盘的双重打压，抛压最沉重，而一旦冲过这个区域，套牢盘基本上就被消灭了，只剩下获利盘，卖压减少一半，于是成交量出现逐渐萎缩之势。

在市场开始回暖的初期，一些主力往往会集中资金连续攻击一些具有利好因素的中小盘股，借以带动市场人气。由于这些中小盘股的流通股本较小，再加

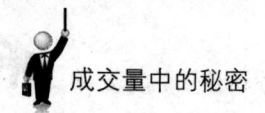

成交量中的秘密

上多空双方一致看多，因此主力不需要投入太多的资金，就可以轻松拉升股价，或者个股前期的低价浮动筹码都被主力收集完毕，此时正逢大盘开始启动，于是主力同样不需要花太多的资金，就可以在投资者普遍惜售的情况下，快速拉升股价。对于这种情况，交易者可及时跟进或加码买入。

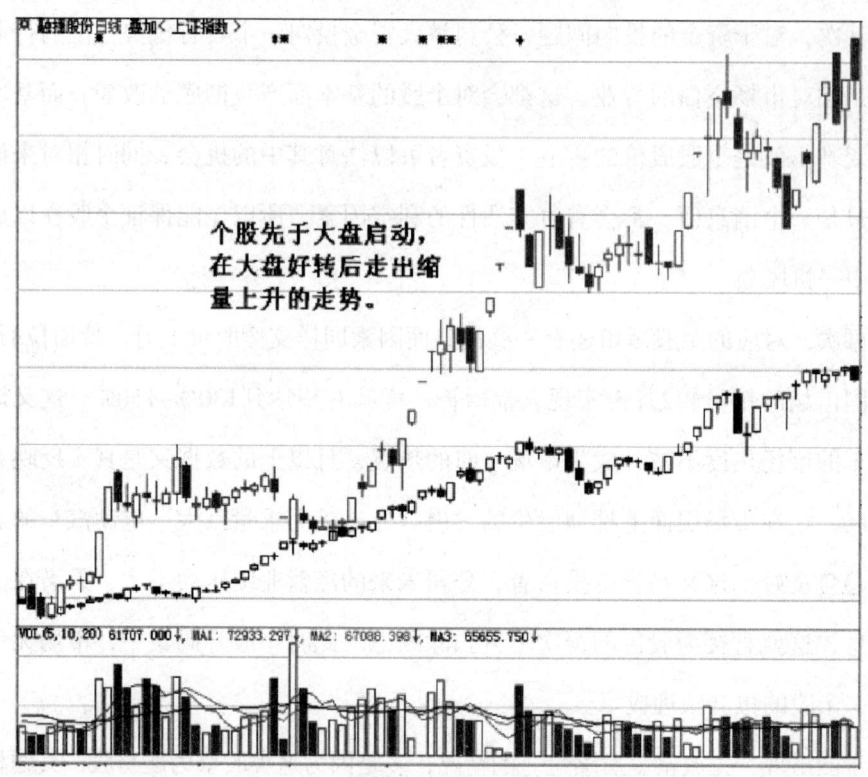

图8-2　融捷股份（002192）日K线图

图8-2是融捷股份（002192）与上证指数在一段时间的叠加图。从图中走势我们看到，个股先于大盘启动，在启动之时放出巨量，说明有大资金进驻。个股在获得巨量资金入驻后，开始做缩量的调整，并在调整的过程中进一步锁定筹码。在个股筹码锁定良好后，此时的大盘也开始走出上升行情，个股也就借势顺利拉升。因为此时市场行情较好，并有深度的筹码被锁定，所以大资金拉升并不需要太多的量能，在量上形成严重的缩量，很多时候走出无量空涨的行情。

当然这一案例也有消息面的利好因素：

★ST路翔（002192），中国证券监督管理委员会（以下简称"中国证监会"）

发行审核委员会于2015年4月3日对路翔股份有限公司（以下简称"公司"）非公开发行股票的申请进行了审核，根据审核结果，公司本次非公开发行股票的申请获得通过。

公司目前尚未收到中国证监会的正式核准文件，公司将在收到中国证监会予以核准的决定文件后另行公告。公司非公开发行股票须在收到中国证监会的正式核准文件后方可实施，请投资者注意投资风险。

*ST路翔：拟投入2 550万元（占51%）设立融捷方舟涉足在线教育。

*ST路翔（002192）公司于2015年4月10日召开第五届董事会第十五次会议，审议通过《关于与关联方共同投资的议案》。

一、关联交易概述

为拓展新业务，寻找新的利润增长点，保障公司可持续发展能力，公司拟与华讯方舟共同投资设立融捷方舟，注册资本5 000万元，其中本公司以现金出资2 550万元人民币，持股51%，华讯方舟以现金出资2 450万元人民币，持股49%。目前，公司与华讯方舟尚未签署正式的投资协议。

二、投资标的基本情况

公司名称：芜湖市融捷方舟智慧科技有限公司

企业类型：有限责任公司

住所：芜湖经济技术开发区

注册资本：5 000万元

经营范围：新型显示屏、电子墨水屏及其材料设计、开发、制造、销售及相关技术咨询和服务；光电显示器、摄像器材、光电集成器件、通讯电子产品的设计、开发、制造与销售；智能手持终端、数码产品、智能电子书包终端产品的设计、开发、制造与销售及相关技术咨询与服务；计算机软件的开发、销售和技术服务；电子设备、微电子器件的购销（不含专营、专控、专卖商品）；设备租赁业务。自营和代理各类商品和技术的进出口业务（依法须经批准的项目，经相关部门批准后方可开展经营活动）。

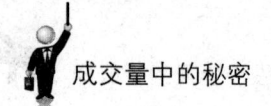
成交量中的秘密

融捷方舟上述基本信息以工商部门核准的为准，公司将在融捷方舟完成工商登记后及时履行信息披露义务。

融捷方舟涉猎智慧科技领域，前期主要是进行智能电子书包终端产品的研发、制造和销售。

智能电子书包的定位是：可替代传统课本和作业本，实现阅读、书写、课堂互动、作业与检测的智能学习终端。

其功能特点是：替代课本，成为"电子教材"阅读使用终端，目标是深刻切入课堂教学；替代作业本，作为学生进行堂堂清、课后作业、单元测验和阶段考试的智能终端，结合后台系统，目标是实现教学质量和目标的在线评价。智能电子书包采用电子墨水技术（E-ink）作为显示屏，具有以下几个优点，不损害视力、续航时间长、重量轻、不能玩游戏、不能上网等。

智能电子书包市场情况分析：自2013年至今，中国在线教育市场披露的投资金额达到9.1亿美元，其中，从2014年5月以来发生的投资金额达4.7亿美元，意味着近两年来，一半以上的投资金额都发生在近半年。预计在未来几年，中国在线教育市场的年度增长率将达到19%，2015年的市场规模将达到1 200亿人民币。

三、对外投资的目的、存在的风险和对公司的影响

为拓展新业务，寻找新的利润增长点，保障公司可持续发展能力，公司通过投资设立控股子公司融捷方舟来涉猎智慧科技领域，通过新的业务模式和合作关系拓展更广阔的业务领域和市场，对公司未来提升整体盈利水平和保障可持续发展能力具有重要意义。

本次投资可能在经营过程中面临市场风险、经营风险、管理风险等，请投资者注意投资风险。

个股在2015年4月涉足在线教育板块无疑是站上了当时的市场风口。加之当时市场行情的同步效应，个股走出长期上升走势可以想见。因为筹码的高度集中，主力拉升毫不费力，个股走出无量空涨的走势也是理所当然。

在一般情况下，出现无量空涨的情形被看成是危险的信号。多数人都认为

无量上涨是多方能量不足的表现。股价在高位出现无量空涨时,投资者应逢高卖出。

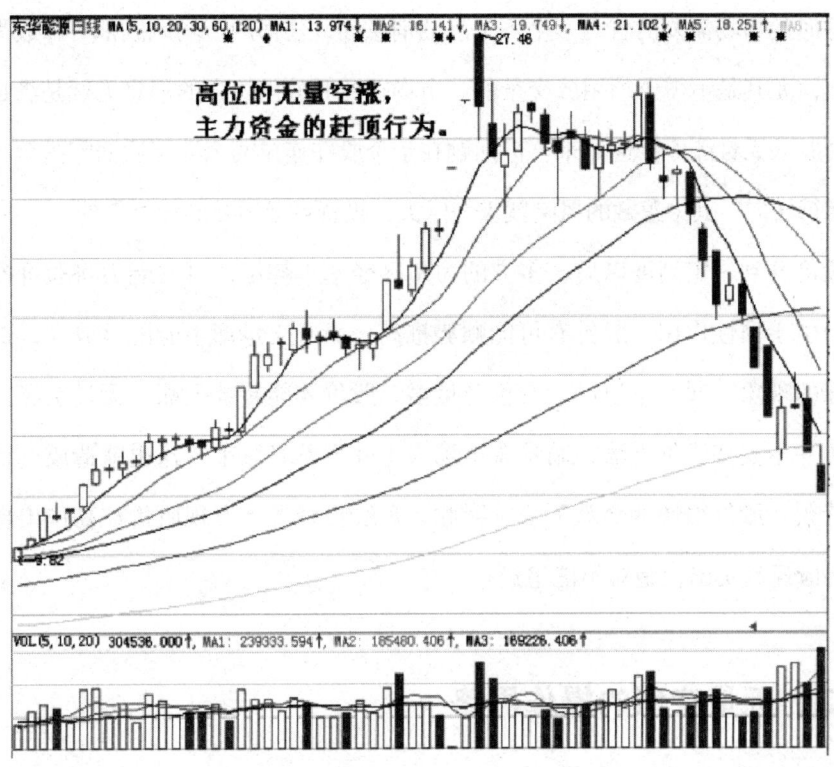

图8-3 东华能源(002221)日K线图

图8-3是东华能源(002221)在一段时间的K线走势。个股在前期走出巨大的上升幅度之后,高位走出两个无量涨停走势。这一走势是典型的高位无量空涨。

个股在低位收集筹码,经过中位的拉升,此时筹码已经获利颇丰。面对充分获利的筹码,拉升不再是此时最重要的任务,如何出货才是首要问题。若是可以在更高位置离场,无疑是更好的选择。这时主力就借利好的消息无量拉升股价,以备高位出货。

市场在此时给出的消息就是:

东华能源(002221)正在筹划非公开发行股票事宜,该事项尚存在不确定性,根据《深圳证券交易所股票上市规则》的有关规定,为维护广大投资者的利益,避免公司股票价格异常波动,经公司向深圳证券交易所申请,公司股票将于

2015年4月24日（星期五）开市起停牌。在有关事项确定后，公司将尽快刊登相关公告并申请公司股票复牌。

这时的市场需要的就是一个不平静的消息面，任何的市场风波都可以成为拉升的理由，尤其是不需要动用成交量的。市场在此时放出这样的消息无疑是满足条件的。个股的无量涨停接连而来。但问题在于个股在连拉两个涨停后面临抛盘，此后个股运行转向。其中蕴藏的风险就极为巨大，投资者必须要能置身事外。

股价升到一定高度以后，多方的力量已经基本耗尽，没有能力将股价推向更高，但由于惯性作用，股价有可能顺势推高，而成交量却不能配合放大，造成无量空涨的现象。通常来说，只有价升量增，股价才能持续上涨。无量空涨，说明成交量并不支持股价上涨，暗示着市场人士并不看好后市，这也就造成这种涨势不能持久，股价很快就会跌下来。因此，短线投资者当发现股价在高位出现无量空涨时应逢高卖出，绝对不能追进。

二、无量空涨的操作思路

若手中没有筹码，坚决不去追高。因为无量空涨的行情不会持久，一旦到达高位，主力必然派发出货；若手中持有筹码，坚决捂股不抛，等待放量，一旦高位出现放量，表明空涨行情已走到头，此时应抢先出局，获利了结。

三、注意事项

注意事项如下：

（1）确认股价所处的位置是否在高位，可根据该股历史走势判断。

（2）无量空涨的幅度不应过大，时间不应过长。

（3）可结合分时成交情况来综合判断。

（4）涨停量小，股价将继续上扬。

第九章

无量空跌——滑向深渊的绝壁悬崖

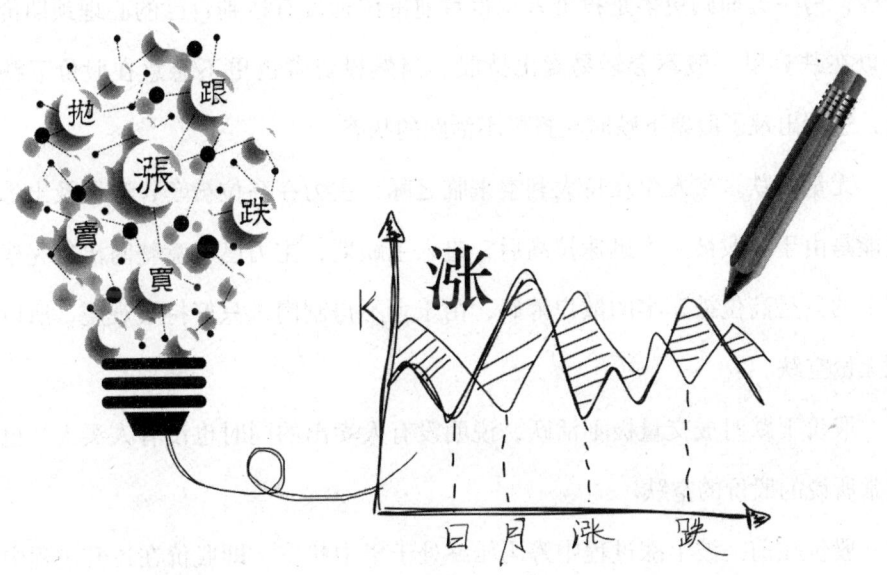

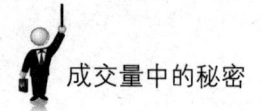

成交量中的秘密

无量空跌简单来说就是股价下跌,但对应的成交量很小(一般换手率小于1%就称无量)。这是由于空方力量远大于多方力量、许多卖盘无法成交造成的。

一、无量空跌成因分析

当股票下跌时,许多投资者都会出现正常的恐慌,但并不是所有的人都会卖出,仅有少数人在股价快速下跌之初抛售股票,大多数人在股票下跌时或下跌以后都会以观望为主。这一方面是因为股票下跌往往来得突然,造成可交易的时间较少,另一方面则更多是投资者觉得目前价位远没有达到自己的心理预期价位,所以在跌势里一般不会轻易卖出持股。当然投资者也更不愿意在股价下跌时买进,这就出现了股票下跌时交投极不活跃的状态。

无量下跌多半发生在特大利空来临之际,主力在高位被套,来不及出逃;也可能是由于个股被主力迅速拉高后,进入主跌期,主力已在盘整时出货完毕,而剩下的只是高位被套牢的散户筹码,由于舍不得割肉,只好持股观望,所以才出现无量空跌。

股价下跌时成交量极不活跃,说明没有人卖出的同时也没有人买入,也就是通常所说的股价的空跌。

股价在前一波上涨过程中筹码始终处于集中状态,即股价在拉升过程中没有实现拉高出货的目的,而在股价下跌时,因市场投资者的持仓状态没有发生根本性的改变,即使股价下跌,卖出的人也寥寥无几。

第九章　无量空跌——滑向深渊的绝壁悬崖

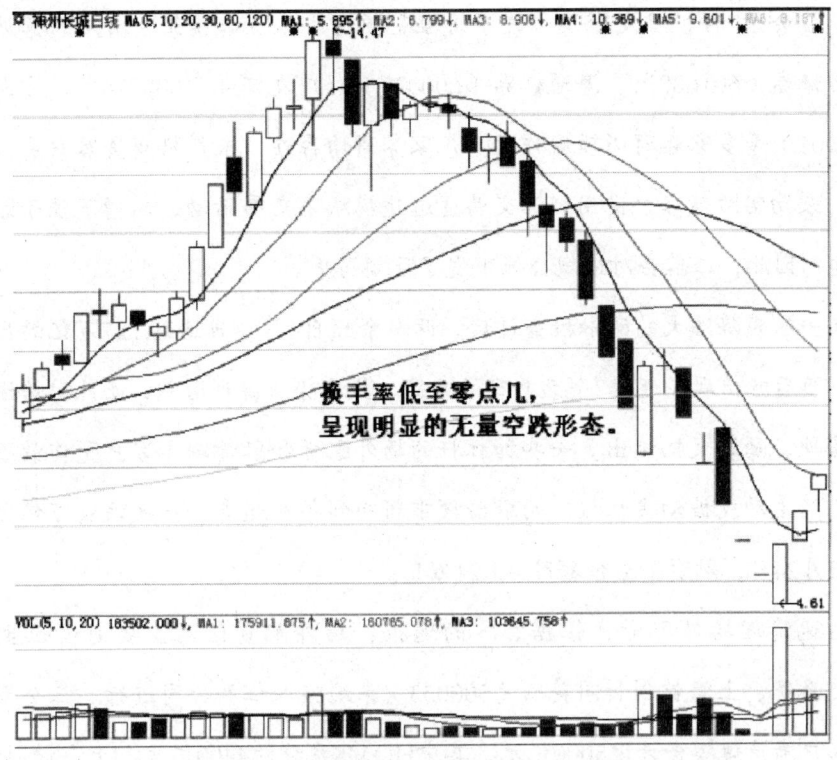

图9-1　神州长城（000018）日K线图

图9-1是神州长城（000018）在一段时间的K线走势，个股在运行到高位后股价即翻转下行，在下行的过程中量能呈现明显的缩量，换手率也只保持在零点几的程度，符合我们对无量的判断。至此个股在形态上走出无量空跌的形态。

我们看当时的个股下跌消息面因素：

6月13日，证监会宣布严查场外配资，像历次市场大跌都有触发点一样，这一政策成为压垮本轮中国内地股市狂热的最后一根稻草，连续暴跌随即出现，出乎亿万投资者和投资机构的意料。

随后数日，股市剧烈震荡下跌，尤其是在6月26日，上证指数更是重挫334点，下跌7.4%，收于4192.87点，深成指暴跌8.24%，创业板指数则暴跌8.9%，大量的配资盘爆仓被强平，引发灾难性的连锁反应。"暴跌—强平—再暴跌—更大规模平仓"的链式反应之下，惯性巨大，难以刹车。一波又一波的暴跌，如同惊涛骇浪，将投资者无情地抛入大海的深渊。

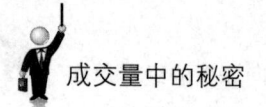
成交量中的秘密

证监会于7月12日发布了《关于清理整顿违法从事证券业务活动的意见》，但华泰证券（601688）、海通证券（600837）、广发证券（000776）、方正证券（601901）等多家券商仍顶风作案。几家券商均存在"未严格审查客户身份的真实性，未切实防范客户借用证券交易通道违规从事交易活动，新增下挂子账户"的问题。因此，证监会对违规公司下发了巨额罚单。

在一场声势浩大的两融检查过后，两融余额自6月18日达到2.27万亿的历史峰值后，随后就出现了连续7个交易日的回落。疯涨势头得到遏制，而此时恰逢股指遭遇暴挫，融资大幅流出。一些加杠杆的场外配资和融资融券客户受伤最重，大部分已经主动或被动去杠杆，两融余额重新回到年初起点，一度跌破万亿大关。截至12月24日，融资融券余额降至1.21万亿。

迅速清理场外配资，根据官方的通报，场外配资活动主要通过恒生公司HOMS系统、上海铭创和同花顺（300033）系统接入证券公司进行。三个系统接入的客户资产规模合计近5000亿元，其中HOMS系统约4400亿元，上海铭创约360亿元，同花顺约60亿元。

借助股市走牛来助力实体经济，是新时期下的主要任务。然而，在管理层力挺牛市的背景下，行情却演变成"疯牛"。由此一来，也给管理层带来了不少的"烦恼"。于是，如此疯狂的上涨行情，实则倒逼着管理层那双"看不见的手"出击。

从政策环境看，证监会开始逐步强调股市的投资风险。与此同时，也在一些领域上加大了"去杠杆化"的力度。对此，在股市"去杠杆化"压力日趋增大的预期下，对A股市场构成不小的冲击影响，同时也给疯狂的股市浇了一盆冷水。

股价的前一波涨幅不大，而且在股价回调整理后，致使原来的上涨趋势变得模糊，此时股价下跌，市场的观望情绪就成了主导。因为获利盘和套牢盘均不明显，投资者卖出意愿不强烈，而上涨趋势不明朗，买盘也不敢轻易介入，于是形成了缩量下跌的格局。股价涨幅相对有限，原来的持有者不愿意卖出，而走势太弱，其他的投资者又不愿意买入，形成了无量空跌的走势。

第九章 无量空跌——滑向深渊的绝壁悬崖

当股价出现这种无量空跌走势时，获利的机会可能也随之而来。在股价下跌过程中没有放量，说明大部分筹码被锁在高位，空跌后，股价反弹受到的阻力必然很小，抢反弹的短线资金或者盘中被套资金很容易看中这段位置做一波行情，而反弹出现的可能性和反弹的高度与空跌的幅度成正比。在无量空跌的走势出现后，都会出现一波或大或小的反弹行情，但反弹的空间可能有限，投资者需量力而行。

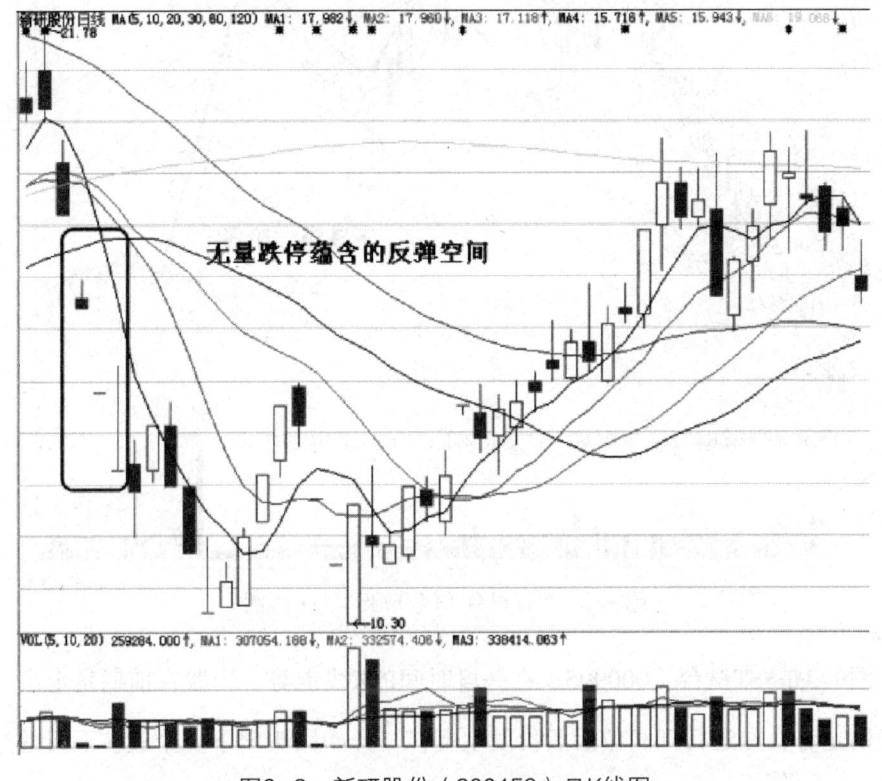

图9-2　新研股份（300159）日K线图

图9-2是新研股份（300159）在一段时间的K线走势。个股在前期的运行中走出一段无量跌停的走势，个股跌势凶猛连续走低，当时市场上没有敢于接盘的力量，个股也就在量能上表现出超级地量的形态。因为此时市场并无成交量，造成这一价格阶段是没有筹码堆积的，也就意味着在股价运行到这一位置时是没有套牢盘的抛压，这就直接地减轻了后期的拉升压力，并为以后个股的抬升预留空间。

熊市进入加速下跌的第二阶段即无量空跌的阶段，表现为市场人气明显低迷，指数或个股迫切寻求企稳，此时市场在长期下跌，投资者的投资心态被严重破坏，指数或个股维持震荡。

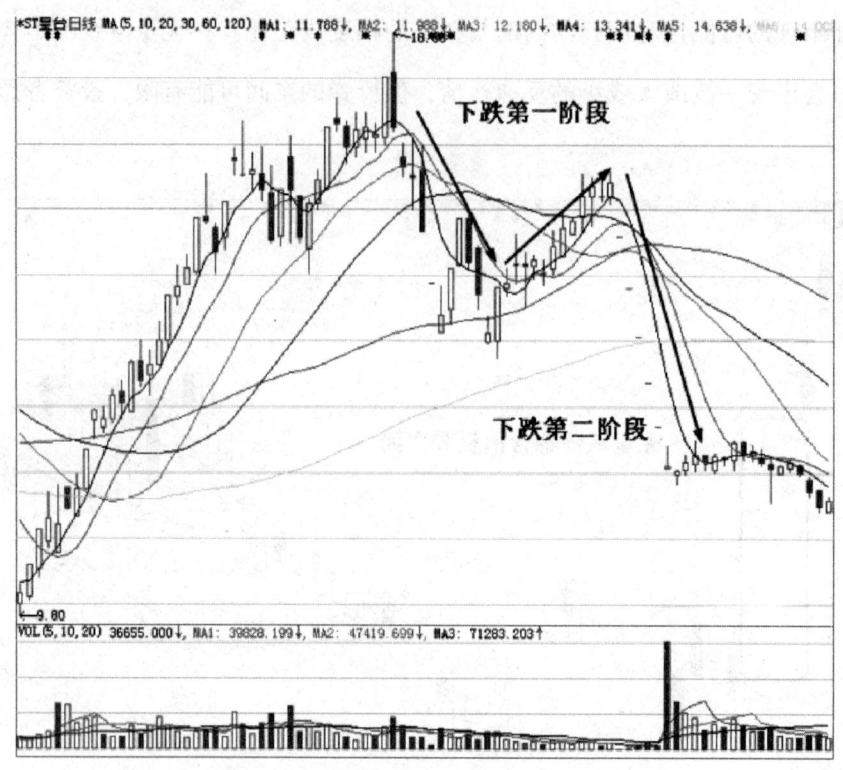

图9-3 *ST皇台（000995）日K线图

图9-3是*ST皇台（000995）在一段时间的K线走势。个股在前期是走出一个上升的走势，在运行到高位后股价发生翻转，开始回头向下。个股在下行的过程中是按照波浪理论的五浪运行方式展开。个股在一波下行中形成下行的第一浪，在第一浪之时股价出现回调，在股价回调至均线时获得抄底资金的介入，此后个股走出反弹浪，但此反弹浪的高点不会超过前期的高度。

个股在向上的过程中受到高位抛盘的影响，再次进入下行通道中，这一次看空个股的投资者更多、抛压更强，而此时因为市场的承接盘不足，股价大幅下行，但成交量较少，个股在形态上走出连续的无量跌停走势，形成下跌的第二阶段。当然即使个股不是因为利空的消息影响，此后的个股走势也会是一个缩量下

第九章 无量空跌——滑向深渊的绝壁悬崖

行的走势,个股走势大同小异,投资者需要注意分析。

一些个股在出现重大利空消息后,各路资金往往会不计成本地出逃,而多方则常常持币观望,市场承接力量极度匮乏,因而造成股价大跌而成交量稀少的现象,无量空跌也由此而来。

另外,一些在高位持续横盘的长庄股,一旦出现主力资金链断裂或该股出现重大利空消息时,这类个股就会马上崩盘,其股价更是连续跌停,并且成交量极度萎缩,呈现出无量空跌的状态。一般而言,一只庄股在主力已经全身而退或资金链完全断裂的情况下,往往在一年内都不会再有什么行情。因此交易者要注意规避这种风险。

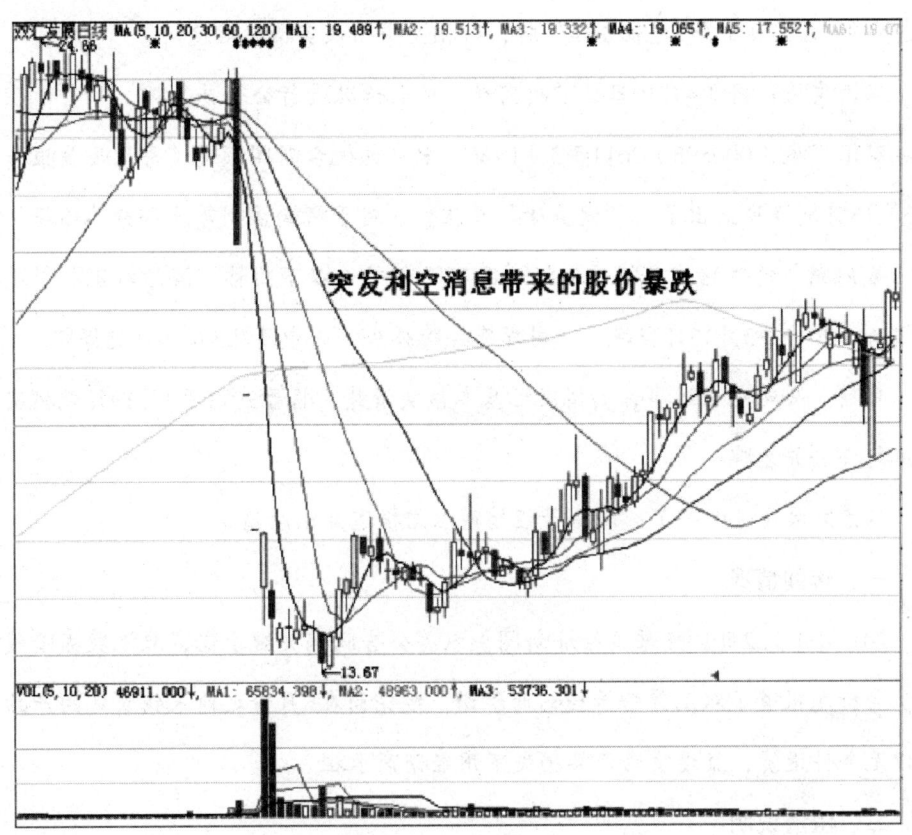

图9-4 双汇发展(000895)日K线图

图9-4是双汇发展(000895)在一段时间的K线走势。个股在前期的盘整中走出大阴线,其后股价连续无量跌停,形成标准的无量空跌形态。个股在严重空跌

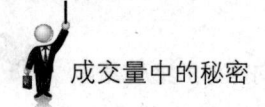

后,经过放量实现的股价回升也是符合我们以上内容的判断,投资者可以互相印证。现在我们看个股的连续跌停因素:

双汇发展:媒体披露公司相关事项,自3月16日起停牌

双汇发展(000895)2011年3月15日,有媒体以《央视3·15特别行动:瘦肉精猪肉流入双汇公司》为题,报道了有猪贩将喂食有"瘦肉精"的生猪销售给济源双汇食品有限公司的内容。由于济源双汇食品有限公司属于公司正在实施的重大资产重组中的拟注入资产,公司正就媒体所报道的内容向相关方进行核实。由于该事项存在不确定性,为维护投资者利益,避免对本公司股价造成重大影响,按照《深圳证券交易所股票上市规则》的有关规定,"双汇发展(000895)"将于2011年3月16日上午9时30分起停牌,待相关事项核实清楚后复牌。

双汇发展:将于4月19日就"瘦肉精"核实情况进行公告并复牌

双汇发展(000895)2011年3月15日,中央电视台新闻频道《每周质量报告》的3·15特别节目播出了《"健美猪"真相》,对于河南孟州等地部分养猪场饲喂有"瘦肉精"的生猪流入济源双汇食品有限公司(以下简称"济源双汇")进行了报道。2011年3月15日当晚,公司发布停牌公告,并申请从3月16日起停牌。

目前,公司对上述事件的情况已基本核实清楚,将于2011年4月19日就核实情况进行公告并复牌。

双汇发展(000895):对给予经销商承诺报道做出澄清

一、传闻情况

2011年4月22日,《每日经济新闻》以《公告隐瞒关键承诺,双汇数据暗藏玄机》为标题报道了双汇曾给予经销商承诺,经销商在5月份之前未销售完的产品,可以无条件退货,且退货的产品损失不用经销商承担。

二、澄清说明

经核实了解,现本公司就以上传闻情况说明如下:

(1)河南省漯河市双汇实业集团有限责任公司(以下简称"双汇集团")于2011年2月22日制订了《2011年肉制品滞销品处理方案》,对在保质期内或超出保质期没有销售完毕及在保质期内因质量问题无法继续销售的高、低温产品等滞销品实施退回处理程序。根据上述处理方案，滞销品包括过期滞销品、批量质量问题滞销品、新产品滞销品、生产责任滞销品四类。批量质量问题滞销品形成的退货，经公司确认后由生产单位100%承担；新产品滞销品及生产责任滞销品形成的退货，经公司确认后由生产单位100%承担；过期滞销品形成的退货，经公司确认后由生产单位承担50%；保质期内无质量问题的正常产品、人为破坏产品、因客户管理不善造成的破损等滞销品，由客户承担损失。

（2）2011年3月23日，在双汇集团召开的全国经销商大会上，双汇集团做出说明，生产日期为2011年5月1日之前的所有双汇肉制品，所有发生的退货，双汇100%承担。2011年3月24日，双汇集团下发《通知》，对上述说明作了进一步明确：从3月24日起（以滞销品申请日期为准），凡2011年5月1日之前生产但因市场滞销造成的退货产品，不论是否过期、均由双汇按100%承担。滞销品退回范围包括：①符合《2011年肉制品滞销品处理方案》的生产责任滞销品、新产品滞销品、批量滞销品、过期滞销品；②临期产品：经市场流通临近保质期30天的高温产品、临近保质期20天的低温产品，可以退回；③不符合上述条件的保质期内无质量问题的正常产品、人为破坏产品、因客户管理不善造成的破损产品，由客户承担损失。与原退货政策相比，《通知》中涉及2011年5月1日之前生产的过期滞销品退货政策由原双汇承担50%调整为承担100%，并在退货范围中新增加了临期产品；其他三类滞销产品的退货政策均保持双汇承担100%没有变化。

三、其他说明

（1）双汇集团及本公司对于滞销品实施退货处理程序是市场正常的操作惯例，本次滞销品退货政策的调整，是公司为进一步保障食品安全而采取的措施，是原有的滞销品退货政策的延续、补充和完善。

（2）双汇的鲜冻品不涉及上述退货政策的调整。

（3）2011年第一季度，涉及上述退货政策的肉制品的销售收入占公司主营业

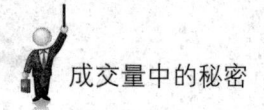
成交量中的秘密

务收入的比例约为62%。

（4）2011年3月24日~4月20日，双汇集团及本公司各生产单位日均接收肉制品退货112吨、占发货量的4%，与2011年以来日均接收肉制品退货55吨、占发货量的1.07%相比有所增加，增加的原因包括：3·15"瘦肉精"事件发生后，公司为避免造成消费者的心理负担，对3月15日以前生产的下架、不畅销产品进行回收处理、以及退货政策的调整等因素。

（5）公司已于2011年4月19日发布了《河南双汇投资发展股份有限公司公告》，对双汇集团及本公司产品恢复上架销售、日发货量、日回收货款等情况进行了说明，相关数据仍以此公告为准。

（6）公司已于2011年4月19日发布了《河南双汇投资发展股份有限公司2010年业绩快报公告》，2011年第一季度的业绩预告也已在当日发布的《河南双汇投资发展股份有限公司公告》中做出披露，公司业绩与已披露的业绩预告、业绩快报不存在较大差异。

四、必要的提示

本公司再次郑重提醒广大投资者：《中国证券报》《证券时报》《上海证券报》《证券日报》《巨潮资讯网》为本公司指定的信息披露媒体，公司所有信息均以在上述媒体刊登的公告为准。

2011年3月15日这个"3·15"特定日子里，因瘦肉精事件，有媒体以《央视3·15特别行动：瘦肉精猪肉流入双汇公司》为题，报道了有猪贩将喂食有瘦肉精的生猪销售给济源双汇食品有限公司的内容。以致股价遭受重大利空连续跌停。在此之后双汇发展迅速展开调查并做出相应的对策，没有让公司的经营出现重大问题，公司的业绩也没有出现重大的影响，此后的个股股价才开始走出缓慢的回升行情。

无量跌停，显示当时在出现重大利空消息后，各路资金不计成本地出逃，而多方则常常持币观望，市场承接力极度匮乏。

二、无量空跌操作思路

若手中持股,应当抢先出局。因为无量下跌表明主力可能已出逃,此后股价将一泻千里;若手中无股,此时千万不可杀入。因为无量下跌处于主跌期,还没有见底信号,短线决不可妄动。

三、注意事项

注意事项如下:

(1)确认股价所处的位置是否在高位,可根据该股历史走势判断。

(2)低位的无量空跌,会产生反弹的空间机会,信号是低位的放量买进。

(3)结合分时成交走势,可以帮助投资者更准确地把握走势。

(4)下跌的第二浪之后并非个股底部,还需结合均线、量能等其他技术指标来综合分析。

第十章

底部巨量——撑起长阳的底层塔基

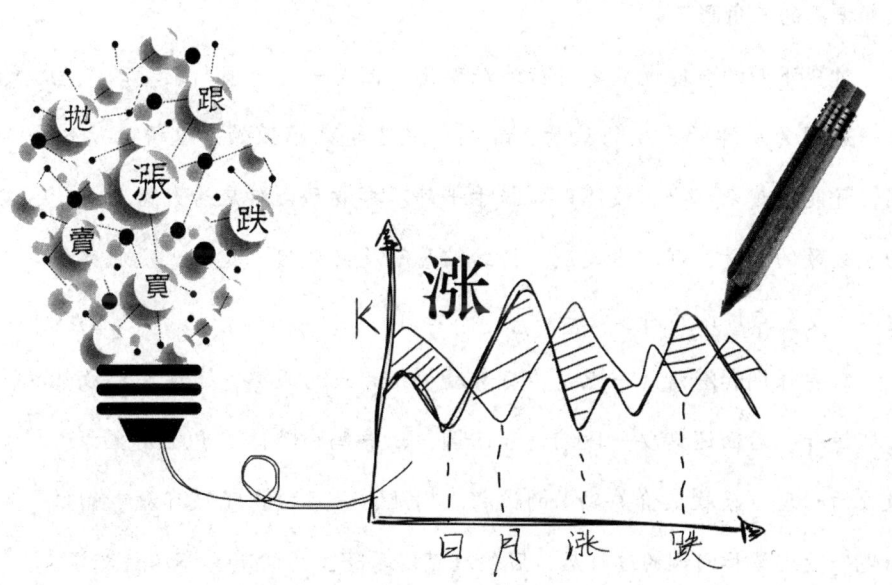

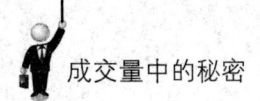

曾经有人说过:"股票在两种情况下放量,一是底部、二是头部。"这个道理众人皆知,但太多人只是一知半解,并不知道判断的标准。知道有这么回事,但是盯着杂乱无章的量线,却不知道该如何下手。现在,我们就谈一谈底部放量的技术特点。

首先,我们做一个实验,用一个网球自上而下掉落到钢丝网的经过来模仿大盘完成熊市的全过程。显而易见的是,由于势能快速转化成动能,网球第一次落网让钢丝网下陷的幅度最大,并且由于被网面拦住,第一波反弹也是最高,最有力度。随着"掉落、弹起、再掉落、再弹起"这样的过程,走出一个顶部降低、底部抬高的三角形。

对应下面的量能也随之进行波浪变化,但是一定是不断缩量的,也就是说,每一波因为反弹所产生的放量,其高度也是越来越低的。这样的反弹会越来越弱,量能也越来越小,最终网球归于平静不再波动,对应着大盘,就是通过持续的、极致的缩量,沉淀出大底。持续缩量触及大底后,就会出现底部放量,也就是本文要重点讨论的内容之一。

需要强调和澄清的一点是,底部放量指大致的底部,出现底部放量往往不会立即拉升,后面还需要一段缩量和回调,让筹码峰降低(也就是主力进一步击溃散户的心理,吸收廉价筹码)的过程。因此,一旦给出了底部放量的信号且后面出现一段缩量和回调的过程后,股价就可以跟随主力的节奏布局待涨了。

图10-1是冀东装备(000856)在一段时间的K线走势。个股在前期是走出单边下行的走势,在区间内股价出现大幅的回落,而在高位没有及时卖出的投资者也面临不小的损失。就在股价大幅回落后,个股于底部出现量能的放大迹象,这是资金介入的信号,预示着股价的后期回升走势。

第十章 底部巨量——撑起长阳的底层塔基

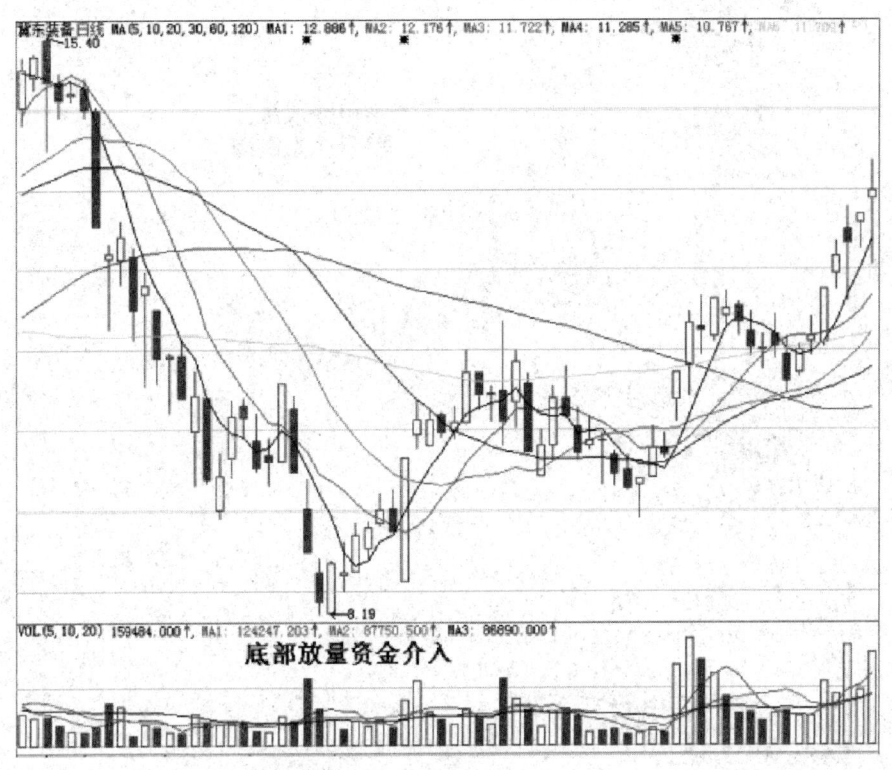

图10-1 冀东装备（000856）日K线图

因为此时的行情较弱，大资金也并未完成筹码的收集，此后的行情还将继续震荡，主力利用震荡的行情不仅能清洗筹码，又能在低位获取大量的廉价筹码，可谓一举多得。

个股经过不断洗盘后筹码高度集中，走势也就走出一个上升趋势。而在信号出现后能在恰当时机买进的投资者也将获利不错。

还有一点需要强调的是，底部放量有一个大前提，那就是熊市已经持续了一段时间，股价在相对低的位置。

若是股价还处于相对高位或者是半山腰，那时对应的量能是不能视作底部放量的。

因此，判断底部放量要注意两个方面：一要看大盘运行的情况，二要看该股所处的价格区间。如果大盘是熊市但该股已经上涨太多，其放量也不能视作底部放量。

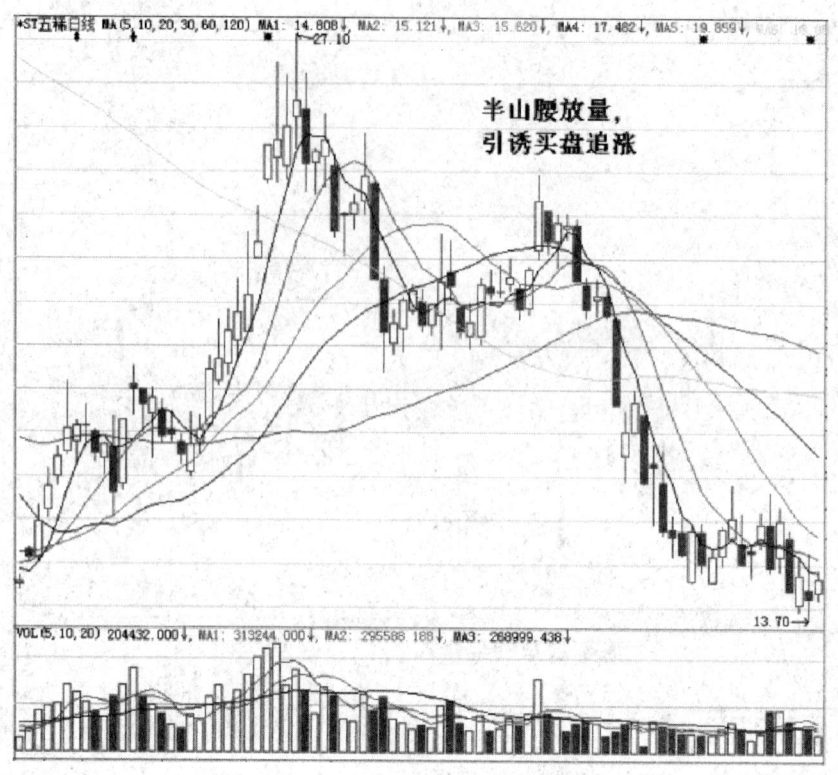

图10-2 *ST五稀（000831）日K线图

图10-2是*ST五稀（000831）在一段时间的K线走势。个股在前期走出完整的上升五浪，经过上升五浪之后股价也出现不错的涨幅。在个股完成拉升目标后，就出现了兑现的需要，而个股走势受制于兑现的压力，运行方向发生转换，走势开始转向下行。个股在下行中的运行也将以五浪的方式回跌。在第一波下行后，个股短期的抛盘压力得到释放，并获得均线的支撑走出反弹走势，但这一走势只是一波下跌行情中的反弹浪，并非长期底部的构造，这时对应在量能上的大量只是庄家对敲的大量，并非新的介入资金的大量，支撑个股继续上升的力度其实并不存在。

在经过放量之后不少的买盘追涨买进，而大资金手中的筹码进一步减少，这样再花费大力气拉升股价的愿望也进一步降低，个股的上升动力持续消耗，在个股上升走势不能持续后，更多的卖盘出现，个股走势直接进入下跌第二阶段，跌势更猛回调幅度更大。

一、底部放量的标准

底部放量需要符合以下标准：

（1）放量前出现过持续的、逐浪的缩量。

（2）周线上的放量，其量能高度必须涵盖下跌以来每周线成交量的高度。

（3）该放量周对应的股价最高点，没有超过跌势以来最低两根周线的最高点（可以超过一个，不超过最好）。

（4）该周线的放量一定要分解到日线上去看，需要日线上的放量高过前一次。

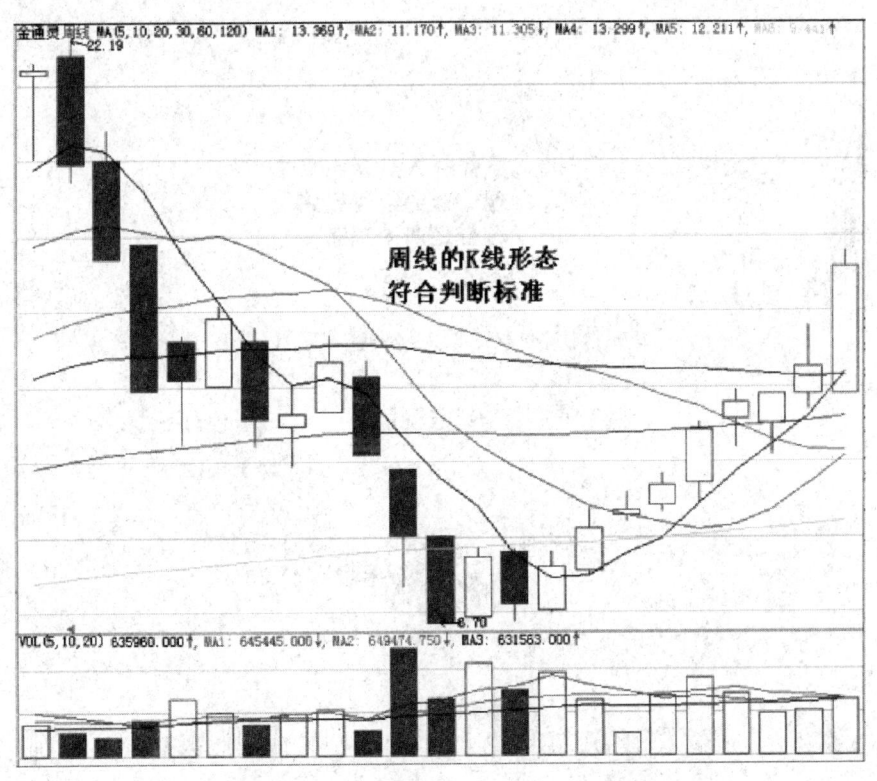

图10-3 金灵通（300091）周K线图

图10-3是金灵通（300091）在一段时间的周线走势，我们对比图中走势与我们上文提出的标准。

（1）放量前出现过持续的、逐浪的缩量；在图中我们看到个股在底部放量之前是呈现明显的缩量下跌走势。

（2）周线上的放量，其量能高度必须涵盖下跌以来每周线成交量的高度；在周线上出现多次的底部放量，这些量能的表现都是明显大于前期缩量形态的，量的释放良好。

（3）该放量周对应的股价最高点，没有超过跌势以来最低两根周线的最高点（可以超过一个，不超过最好）；在放量的阳柱上，对应的最高股价是小于前后阴线的股价的，符合判断的标准。

（4）该周线的放量一定要分解到日线上去看，需要日线上的放量高过前一次。量是价的基础，量能的持续保证才是股价的持续上升之道。我们看日线走势。

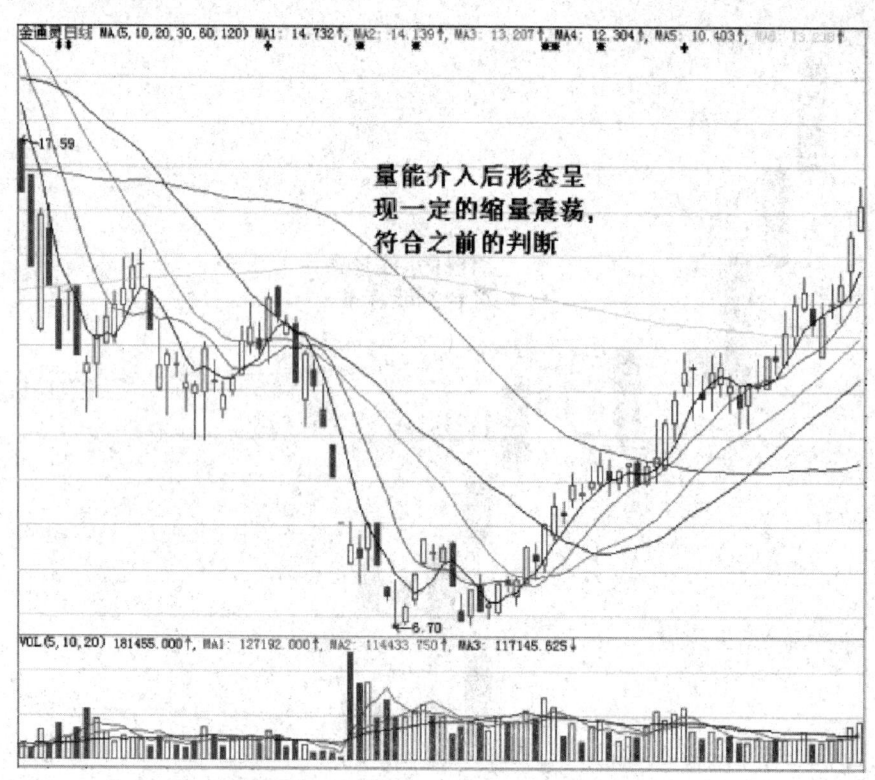

图10-4　金灵通（300091）日K线图

图10-4是金灵通（300091）在一段时间的日K线走势。在个股跌至低谷，出现大量的低位抢筹资金，在量能上个股放出巨量。这一巨量是新进资金带来的巨

第十章 底部巨量——撑起长阳的底层塔基

量,这会保证个股在后期的量能支撑。个股在巨量后走出震荡的走势,量能仍是保持在相当高的程度,这是资金在积极地完成筹码的交换,在筹码完成交换后,筹码高度集中,个股的上升行情由此展开。

对于后期个股在上升区间的量能表现,一方面是因为个股在低位获得大量的筹码,所以在高位不需要继续补充筹码,另一方面也是体现了量与价的背离,在股价发生翻转后投资者要注意规避风险。

应该如何理解这些标准呢?

(1)持续缩量的个股很多,但是如果没有后面的放量也是无效的。因此,需要用放量来确认前面的缩量,仅凭缩量入场就是降低胜算的,因为即使后面释放了底部放量的信号,如果月线上有上影线,再后面也还需要一个打压,那时才是投资者入场的安全点。

(2)底部放量一定要涵盖所有下跌以来的月线成交量,否则就只能以反弹对待。月线的放量超过下跌势以来每根月线成交量的高度,不一定需要等到该月线彻底走完,任何时候符合该条件,都可以视作底部放量的信号。日线放量可以作假,但月线的量是无法作假的,其放量具有决定性意义,月线的放量意味着有资金入场了。

(3)量增价不增,意味着入场的主力吸到的都是廉价筹码,孕育了爆发的能量。有资金入场就会推动股价的攀升,因而该月线的最高点一般都会超过最低那根月线的最高点。凡是月线上成交量超过下跌势以来每根月线的成交量,但该月线最高点连最低一根月线的最高点都没有突破的,说明主力控筹能力极强,可谓运筹帷幄,是最完美的情况。

也有个股释放底部放量信号时,只超过了前面一个月的最高点,但是等该月线彻底走完时,已经把两个高点都突破了,这种也是符合标准的,需要随时观察,不能只看最终的结果。

(4)底部放量虽然看的是月线,但是这根月线是可以被分解的。这根月线对应到日线上,如果在逐浪拉升配合下有有效的放量缩量,而且每次放量都更高,就是好的,因为需要用量能的逐步放大来阻止下跌的趋势。

所有的大牛股,都符合这些条件,都是出现底部放量后缩量洗盘,然后飞起的。通过查看月线来判断底部放量,看周线、日线和15分钟线指导具体的买卖操作,这是理解的前提。

二、底部放量个股特点

底部连续放量个股的选择,一般需注意以下几个特点:

(1)关注股价已做大幅回落的调整走势。股价在形态上已形成明显的底部,成交量在底部出现连续放大趋势,这类个股多为新资金介入个股。

(2)注意区别老庄股和风险较大庄股的区域,对于前两年已大幅上扬后反复除权个股宜回避。有些个股放量短线调整充分,但因为老庄仍在其中,除权后形成的底部仍使其获利丰富,底部放量目的在于出货。

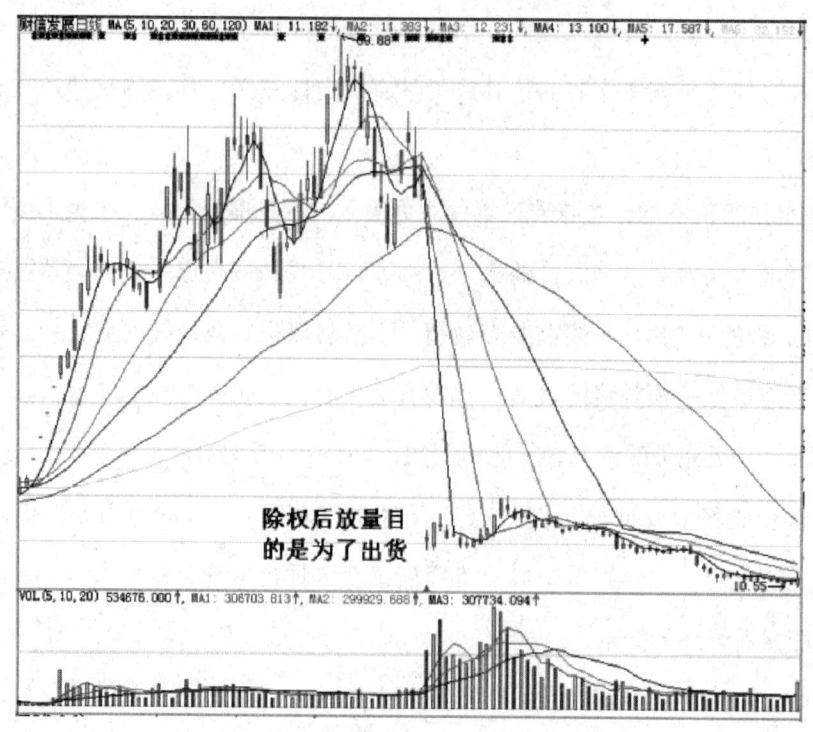

图10-5 财信发展(000838)日K线图

（3）在低价和中小盘股中寻找底部连续放量个股，这类个股在市场中弹性较好，短中线机会较多。

图10-5是财信发展（000838）在一段时间的K线走势。个股在前期走出一个长期的上升走势，且个股涨幅巨大，在股价运行到高位后个股面临抛压，股价在高位走出震荡的走势。在震荡后期个股走出除权的走势，除权后个股放出成交大量，此后股价一路下跌。

我们看个股支撑走势的消息面因素：

2015-12-08　涨停股揭秘：年报拟10转25并派现财信发展封涨停

今日走势：财信发展开盘报23.84元，截至9:35分，该股涨10.01%报23.84元，封上涨停板。

涨停原因揭秘：财信发展12月7日晚间发布业绩预告及年报高送转预案，公司预计2015年全年净利润同比增长4.62%，并拟向全体股东每10股转增25股，同时现金分红比例不低于2015年度净利润的20%。

后市分析：财信发展今日一字板涨停，后市或继续走强。

2015-12-11　涨停股揭秘：年报拟10转25并派现财信发展放量一字涨停

今日走势：财信发展推出高送转预案后连续涨停，今日放量一字涨停板。

涨停原因揭秘：财信发展12月7日晚间发布业绩预告及年报高送转预案，公司预计2015年全年净利润同比增长约4.62%，并拟向全体股东每10股转增25股，同时现金分红比例不低于2015年度净利润的20%。

后市分析：财信发展今日放量一字板涨停，后市有望继续冲高。

2015-12-16　涨停股揭秘：年报拟10转25并派现财信发展创历史新高

今日走势：财信发展开盘报35.71元，截止14:15分，该股涨10.01%报38.92元，封上涨停板。

涨停原因揭秘：财信发展12月7日晚间发布业绩预告及年报高送转预案，公司预计2015年全年净利润同比增长约4.62%，并拟向全体股东每10股转增25股，同时现金分红比例不低于2015年度净利润的20%。

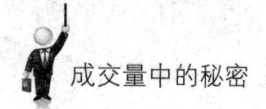

后市分析：财信发展今日强势涨停，创出历史新高，后市有望进一步冲高。

2016-01-05　涨停股揭秘：年报拟10转25并派现财信发展涨停创新高

今日走势：财信发展开盘报42.50元，截止10:30分，该股涨10.00%报48.49元，封上涨停板。

涨停原因揭秘：财信发展12月7日晚间发布业绩预告及年报高送转预案，公司预计2015年全年净利润同比增长约4.62%，并拟向全体股东每10股转增25股，同时现金分红比例不低于2015年度净利润的20%。

后市分析：该股是高送转龙头股，后市有望进一步冲高，但投资者追涨需谨慎。

在这一消息中，我们可看到的是，因为个股发布的年报拟10转25预案而带来股价的大幅上升。在股价的大幅上升之后，个股又面临着出货的压力，但个股在高位并未放出大量，而在除权之后个股走出大量，这就是大资金在借除权出货。从K线上看似是以很低的价格出货，实则是个股股价仍处于高位。庄家利用的就是除权的不连续性，而一些不明就里的投资者也就不知不觉中做了接盘侠。

三、底部放量后走势

从逻辑的角度来看底部放量以后，股价的态势只有三种走势：上涨、下跌和盘整。

有一个基础是必须知道的，股价是底部放量，所以除了部分长线筹码以外，没有获利筹码，这是一个分析的前提。作为一个大的分析前提，就可以认定普通投资者的长线筹码绝不会同时出来，所以对股价不会形成爆发性的冲击，对股价的动作不会产生太大的影响。

第一种是放量上涨。既然股价处于长期低位中，那么绝大部分的筹码肯定已经被高高地套在上面，而且手拿资金准备买进该股的投资者也一定是凤毛麟角，因此，出现大成交量的唯一理由就是残存主力的对倒，为了吸引市场资金的跟

第十章 底部巨量——撑起长阳的底层塔基

进。这里特别要说明的是，即使该股的基本面突然出现利好，放出的大量也很有可能是主力所为，因为好消息的出台并不会导致大量的高位套牢盘放血，所以底部放量上涨一般都是盘中主力所为，同时也说明该股还有主力没有"死掉"。如果我们通过长期观察可知道该股只拥有主力而非控盘庄家，那么只要底部的放量并非巨量，后市走强大盘的可能性还是极大的。如果该股是属于控盘程度较高的庄家，那么其未来走势将难以超过大盘。

第二种是底部放量下跌。市场上对于下跌谈论得比较少，因为下跌无法盈利。但下跌却会让我们亏得更多，所以我们同样有必要关注下跌。既然是底部放量下跌，实际上就是突破底部平台以后的持续性下跌，因此，放量的时机是判断的要点。如果刚向下突破就放量（跌幅在5%以内），表明有非市场性交易的成分，不一定是主力自己的对倒，但可能是新老主力的交班，或者是某张大接单要求主力放盘。不管怎么说，一开始向下突破就放量至少以后还有回升的希望。如果先是无量向下突破，在连续下跌后出现放量，那么其中会有不少市场的买单，特别是会有不少短线的抢反弹买单，但这种情况一般可以认定是主力认赔出局，后市堪忧。

第三种是盘整放量。盘整放量的情况相对复杂。比如大盘一路盘跌，股价应该也是盘跌，但现在依然只是盘整，那就说明有资金在承接，只要不是特别大的量，表明有主力护盘，但并不一定表明后市一定涨势超过大盘，这还是取决于该主力护盘的动机和资金状况。如果大盘同样是盘整，那么该股的放量盘整就是主力自己所为了，目的无非是为了吸引市场的买单。如果量实在是很大，那么也有换主力的可能，不妨仔细观察盘中每一笔的交易，分出端倪。如果大盘回升而该股盘整放量，那么多数是主力认赔出局。

既然是底部，主力放量就会增加成本，盘整就不容易理解了，一般有以下几种可能。

护盘：那就是大盘跌得不像样子，这时候就会有抛盘出来，主力护盘会增加更多的筹码，它的特点是量能不会放得很大。这与后市什么时候拉升没有必然的联系（因为主力投资也有可能失败）。

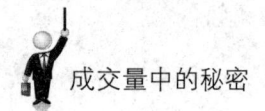

成交量中的秘密

分仓：有时候另外一个买家需要一大把筹码，而市场上的成交量又很小，因此与主力协商在某个区域接主力的筹码，这只是一次大单交易而已，股价不会受到任何影响。

换主力：如果成交量放得非常大，那么就存在换主力的可能性，它的特点就是盘中无明显目的的巨大单子换手经常出现，股价的震荡幅度不大。

四、警惕底部放量形态

警惕所谓的"底部放量"形态。"底部放量"向来被认为是股价结束调整、新资金介入的一个信号，往往意味着股价将逐步转强。近期发现，主力利用市场多数投资者对于技术分析的盲目崇拜，"反其道而行之"，转而进行"反技术操作"，利用该形态进行出货，诱人的"底部放量"反而形成了"多头陷阱"。

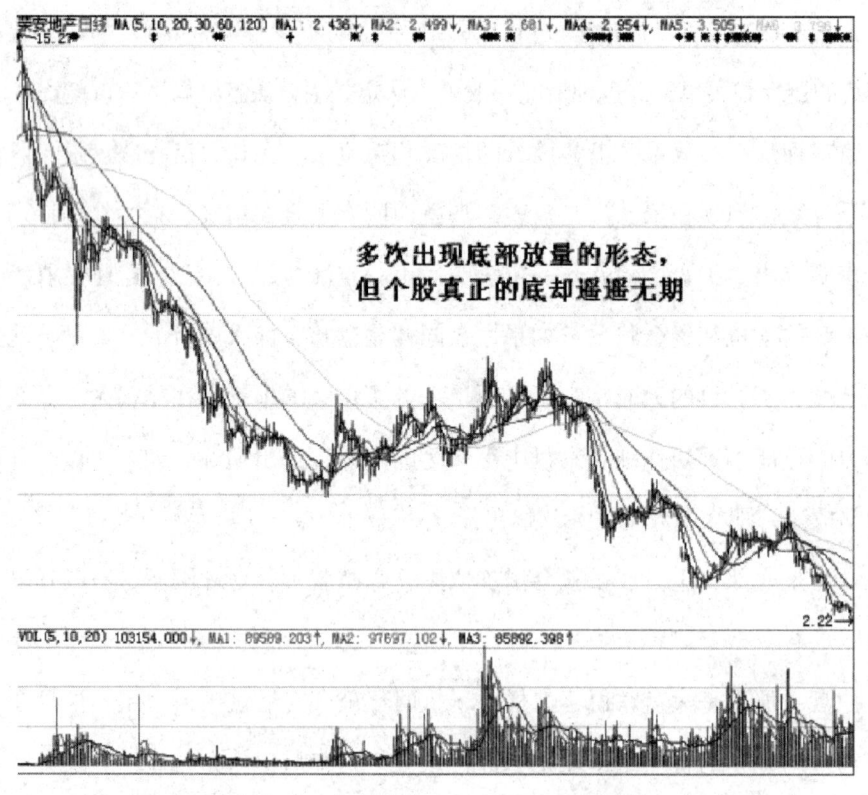

图10-6 荣安地产（000517）日K线图

第十章　底部巨量——撑起长阳的底层塔基

图10-6是荣安地产（000517）在一段时间的K线走势。自个股回调以来，曾多次出现"底部放量"现象。第一次，在个股股价跌至6元附近，跌幅过半，成交量突然放大，形成"价升量增"形态，似乎是"新庄介入"，而股价仅仅在7元附近盘整两个多月便展开新的一轮下跌。第二次是个股在新的"底部区域"盘整，并于底部突然放量，量能接近800万股，看似是"底部放量"，但股价第二天即跳空低开，新一轮下跌展开。第三次是股价在3元上方的放量启动，在启动过程中形成平台走势，量的换手超过300%，好景不长，个股走势再次跌破平台。

分析判断大盘和个股是否"底部放量"，必须从一个较长的时间跨度来看，并且必须结合当时的宏观面、政策面、企业的基本面，以及技术面的送配、除权等方面因素进行综合的、全面的分析，而不能仅仅根据当前的股价和成交量就做出"底部放量"的判断。特别是以下几种情况，"底部"其实是腰部：

（1）经过大幅除权之后，股价虽然在低位，但复权价仍高高在上，此时放出的巨量往往是庄家对倒放出来的烟雾弹，实质是诱人上钩，不可轻易上当。

（2）在长期下跌趋势中构筑的短期底部，并不说明股价已"安全着陆"，极有可能是股价的短暂反弹，反弹之后有可能展开新的一轮下跌，此时是出货的信号而不是入场的信号。判断"短底"与长期底部的标准，一般可用长期均线来检验，短底一般不会突破长期均线，而长期底部往往能站在长期均线上方，这样的底部才坚实。

（3）在长期跌势中突然持续放量，成交量比平时显著放大，但股价涨幅度极其有限，甚至大盘走势不佳，该股却逆市放量飘红，这样的"底部放量"极其可疑。

第十一章

量价背离——渐行渐近的转折点

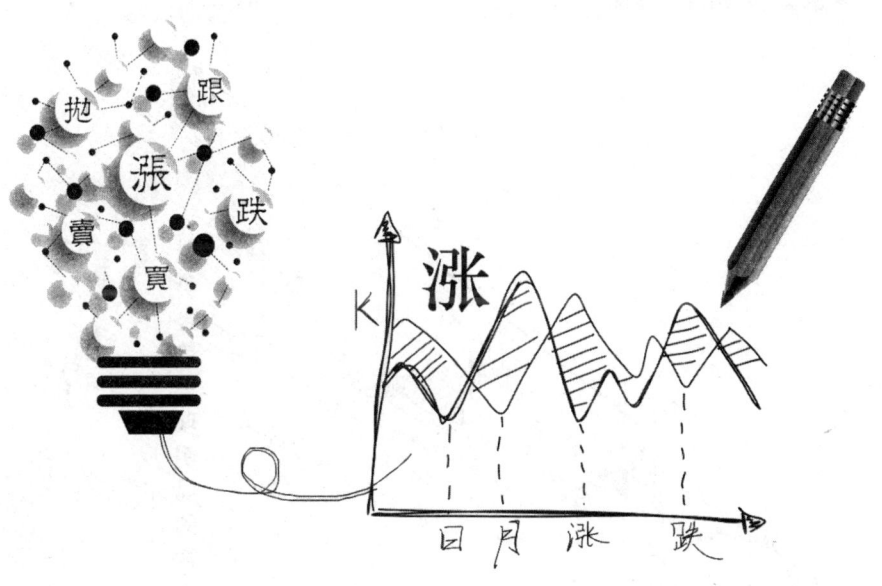

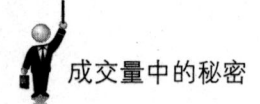

成交量中的秘密

　　量价背离是这样一种证券交易现象,当证券价格出现新的高峰时,成交量非但未增反而开始下降,也就是证券价格与成交量不成正比关系。这往往表明,广大投资者不认同这一价位,卖空将迅速出现。

　　量价背离即是成交量对股价的持续上升或者下降不配合,与股价走势出现背离的情形。量价背离一般是股价即将转势下跌或上升的信号,是卖出或买入的时机。

　　量价背离进一步表明当前的量价关系与之前的量价关系发生了改变,一般量价背离会产生一种新的趋势,也可能只是上升中的调整或下跌中的反弹。

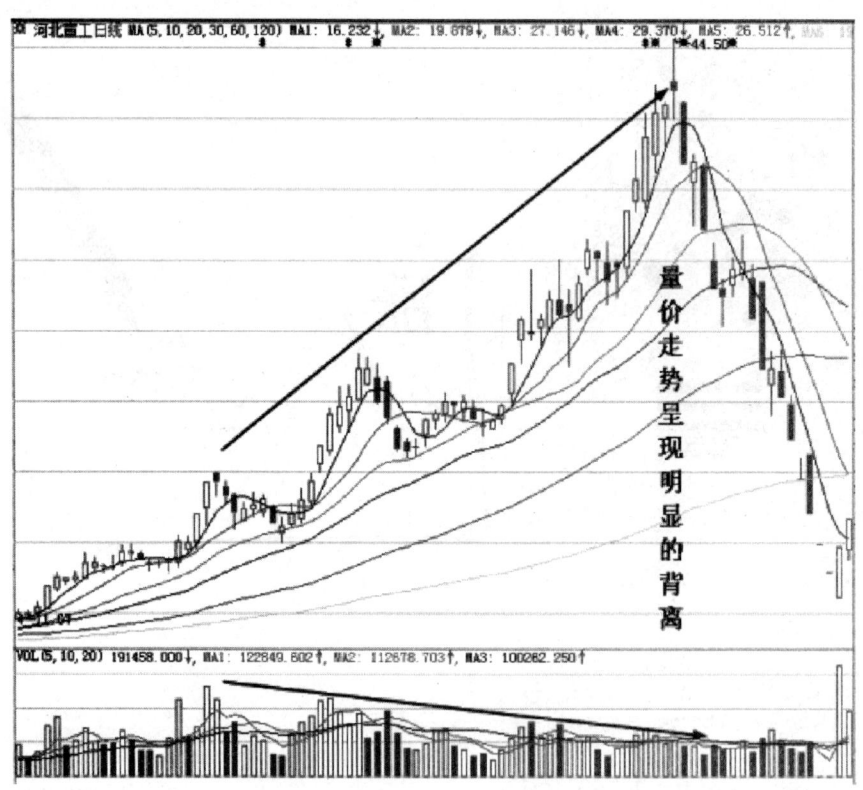

图11-1　河北宣工（000923）日K线图

第十一章 量价背离——渐行渐近的转折点

量价背离在多头市场中和在空头市场中的表现是不同的，主要体现在两个方面：

（1）价涨量减。当股价上涨相当幅度时，投资者对股票的高价位望而却步，买盘减弱，持股者开始抛出股票套现，成交量减少。随着股价继续上涨，敢于买进的投资者也越来越少，使股价在高位盘旋，这是一种反转下跌的信号。

图11-1是河北宣工（000923）在一段时间的K线走势。个股在前期走出大幅的上升走势，在上升的前一阶段量能保持着放大的迹象，股价也受益于量能的持续放大而不断上升。当股价上涨到高位后，市场中的筹码相对减少，在高位勇于追涨买进的投资者也在减少。这就导致个股的买盘减弱，而这将最终制约个股的上升高度。

随着后期股价的不断上涨，量能却迟迟跟不上，当高位的抛出筹码变多时，股价缺乏支撑力。股价的运行方向也随之反转下跌。

在这一案例中还有一点值得投资者注意：

河北宣工（000923）2015年6月15日，公司收到河北省国有资产控股运营有限公司（以下简称：国控公司）通知，2015年6月8日至6月15日，国控公司通过深圳证券交易所交易系统，以集中竞价交易方式减持公司股份209.85万股，减持比例1.06%，截至2015年6月15日，国控公司累计减持公司股份976.14万股，减持比例4.93%。

国控公司承诺从2015年5月14日开始的连续六个月内通过证券交易系统出售的股份将低于公司股份总数的5%。

以上的消息面对应的时间点正是股价的最高时，对于其中的关联性投资者可多做思考，在这里我们就不加解释了。感兴趣的投资者可关注我们的前作《吃定庄家》。

（2）价跌量增。在股价持续下跌了一段时间后，成交量不但未减少反而开始增加，则是即将发生反弹或反转的信号。若成交量的增加是由于主力机构对倒而造成的，或有利好或利空的政策消息对股价产生影响，应对以上情况重新加以修正。

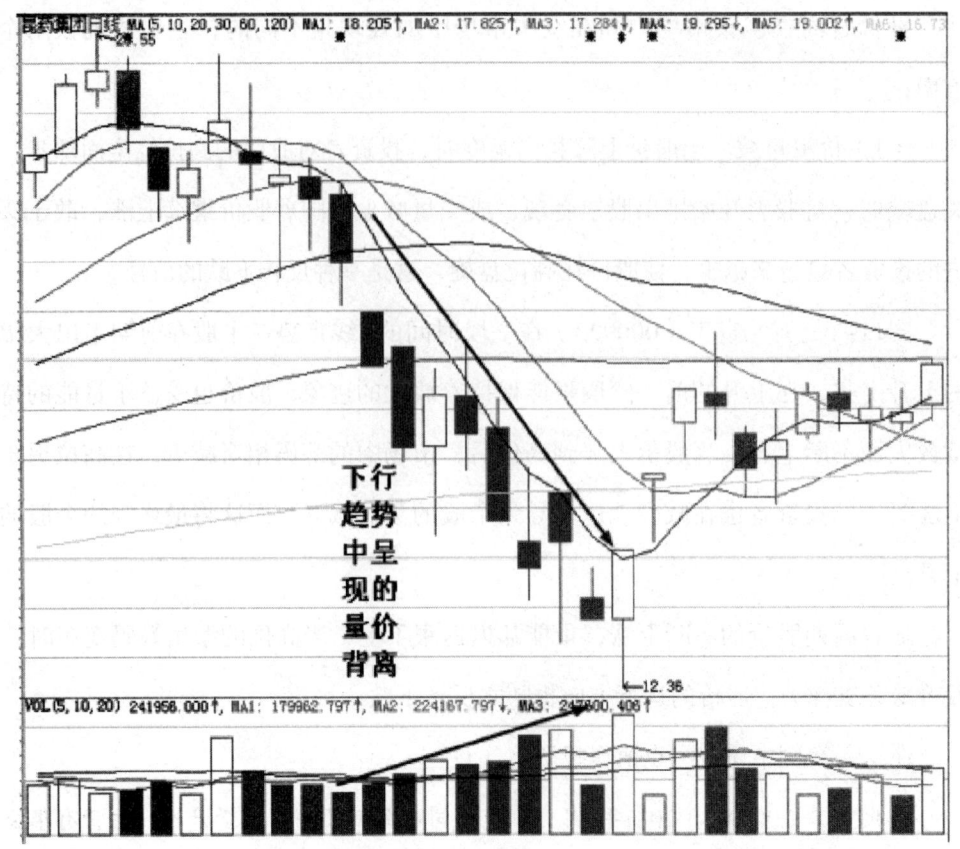

图11-2 昆药集团（600422）日K线图

图11-2是昆药集团（600422）在一段时间的K线走势。个股在前期走出一个长期的下跌趋势。在股价持续下跌一段时间后，成交量不但未减少反而出现增加的迹象，这是有资金在底部进场的信号，个股走势将孕育着反弹或反转。随着个股在低位的持续放量，入驻资金逐渐增加，个股的上升动力也在不断增强，随后个股即开始涨停式的反弹走势。

反弹的高度，对应在走势上则是均线的位置，因为此时的个股股价仍处于均线之下，仍受到均线的压制，所以投资者可视均线为反弹的卖点。

在这一案例中我们仍可查看他们的消息面因素：

昆药集团（600422）公司七届四十三次董事会于2015年7月6日召开，审议通过了以下议案：

关于收购昆明贝克诺顿制药有限公司49%股权的预案

昆明贝克诺顿是公司与美国IVAX公司于1992年合资兴建的云南省医药行业第一家中外合资企业，各占50%，贝克诺顿的外方直接持股人为美国IVAX的子公司美国贝克。2006年，以色列TEVA公司通过全资收购美国IVAX，成为贝克诺顿的外方实际控股人。公司注册资本422万美元，合资双方各占50%，合资期限为30年。

因以色列TEVA的全球战略原因，TEVA决定将美国贝克持有贝克诺顿的50%的股权全部对外转让。其中49%的股权由我司直接向美国贝克诺顿有限公司进行收购，余下1%的股权由公司设立的美国子公司KBN国际有限公司进行收购。本次预案审议内容为收购贝克诺顿49%的股权。经谈判，公司以294,000,000元人民币作为贝克诺顿49%的股权交易对价。

贝克诺顿主要产品为口服抗生素阿莫西林系列、儿童感冒用药斯耐普系列等。截至2015年4月30日贝克诺顿净资产238,668,185.74元，收购对价与对应的账面净资产股权比例权益，溢价151.40%。

昆药集团管理层拟增持45万股至125万股公司股份

昆药集团（600422）公司董事会接到有关公司管理层增持昆药集团股份的计划，公司有关管理层人员根据中国证监会有关规定和近期股市变化情况，基于对公司未来发展的信心，计划通过上海证券交易所证券交易系统在2015年7月9日起的未来3个月内增持合计450,000股至1,250,000股昆药集团股份。增持股份的资金来源由相关人员自筹。

上述高管承诺在增持期间及增持完成后6个月内不转让本次增持的昆药集团股份。

以上两则消息，一则是关于公司筹划重大事项预案，是关于收购昆明贝克诺顿制药有限公司49%股权的预案；一则是公司管理层增持的预案，是管理层拟增持45万股至125万股公司股份的预案。以上两则消息都是能为股价带来利好的消息面。此时股价大幅下跌也急需利好消息拉升股价，股价也就借着利好的消息走出涨停走势，但在此不得不说的是个股的反弹走势在消息面的利好刺激下表现仍是有限，投资者需要结合当时的市场行情来正确看待消息面因素。

以上的消息面因素也只是量价背离成因的一点，下面我们重点分析量价背离的各种成因，并结合实际案例来解答。

一、量价背离的成因

1. 价涨量减的成因

（1）现在的低换手率（就是成交量萎缩），是用前期的高换手率或交易时间换来的。

（2）主力控盘度高。这一点可通过筹码分布分析，在20%获利筹码以上都可视为主力筹码。在中国的股票市场，50%的筹码归主力所有，50%的筹码归散户所有。因此即使散户抛压，问题也不大，只要主力稍作承接，股价就可以缩量上涨。

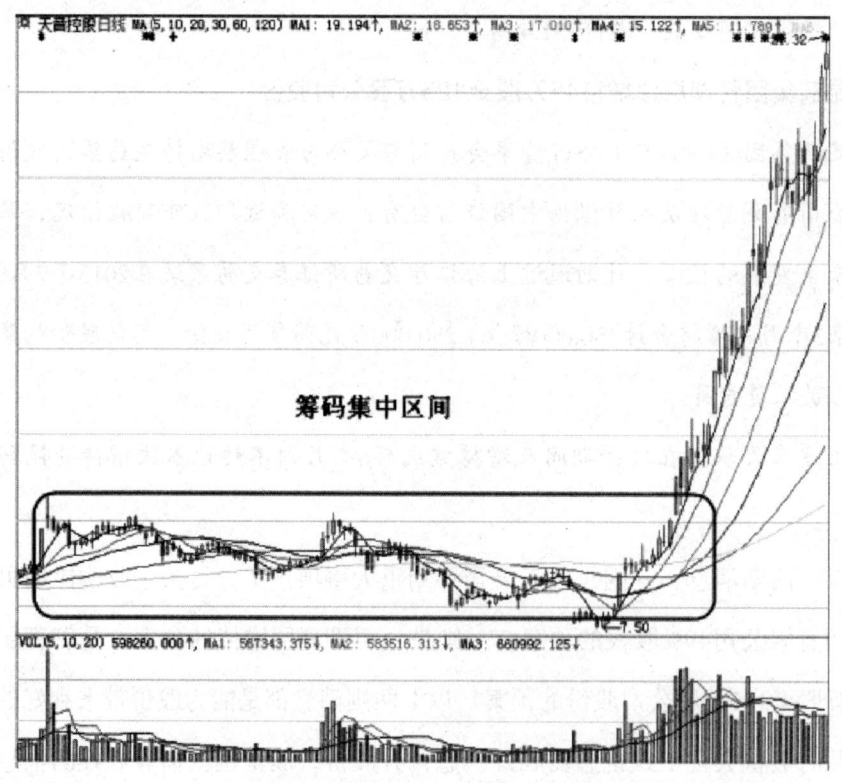

图11-3 天音控股（000829）日K线图

图11-3是天音控股（000829）在一段时间的K线走势。个股在开启上升走势之前，有一段时间是处于横盘震荡的走势中，个股在震荡中呈现量能放大，这是资金介入的痕迹。在资金介入个股后，股价并未直接走出上升走势，而是进一步洗盘，并在随后走出回落的走势。洗盘同样会让投资者交出相当大的筹码，个股的筹码集中度进一步提升。在洗盘进行得差不多之后，个股开始走出上升走势。

因为个股在前期每次走出一波上升行情后迎来的都是股价的回落，所以就造成相当的投资者在股价运行到前期的位置时就抛出手中的筹码，造成成交量的明显放大，而因为筹码的大量换手，筹码高度锁定在大资金的手中，主力资金控盘较高，这也就造成在后期不需太大的筹码即可拉升股价。此后的量能自然呈现缩量的走势。

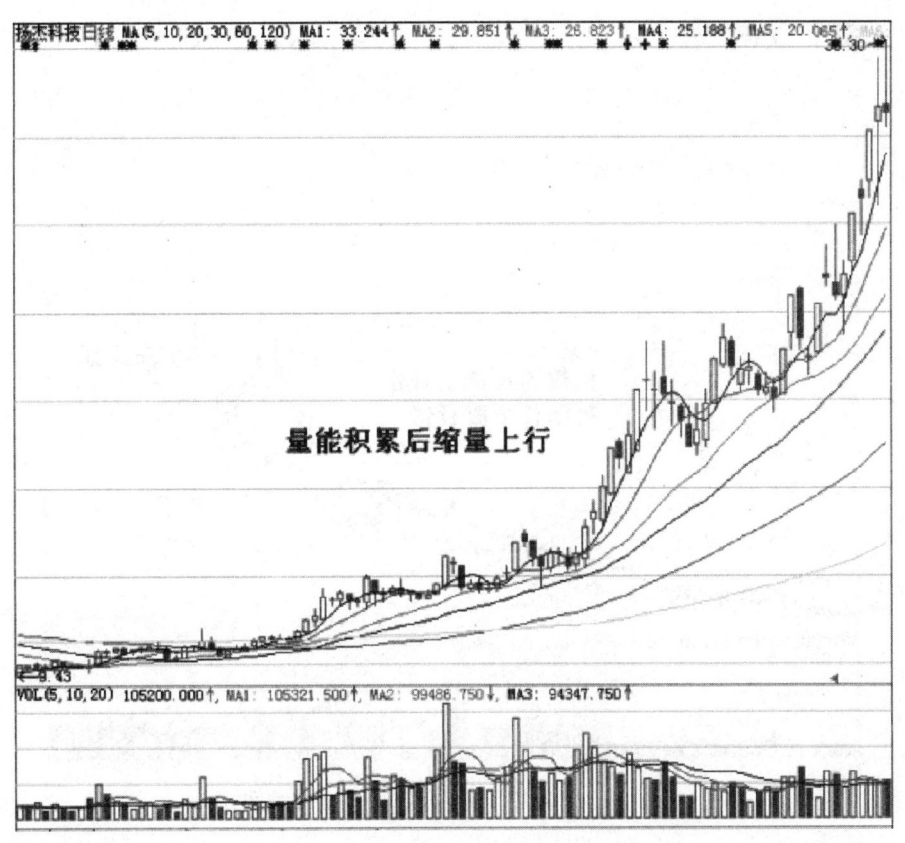

图11-4　扬杰科技（300373）日K线图

这一走势基本蕴含了前两个量价背离的上涨因素，前期的高换手率或长交易时间换来的是筹码的高度集中,主力控盘程度较高。因为个股在低位早就完成筹码的收集,此后自然不需要大资金费心吸筹,小资金拉升即可,带来的就是低换手率和相对成交量的萎缩。

(3)大盘带动。某段时间大盘指数大涨,这时就算主力没有准备拉升行情,走势也会因为大盘的带动而变得交投活跃。因为市场活跃,可供交易的筹码不断,所以在走势上形成缩量上涨的走势。

图11-4是扬杰科技(300373)在一段时间的K线走势。经过前期的放量积累后个股开启上升走势,因为前期量能的高度集中,主力只需很少的资金即可拉升股价,表现在量能上即是缩量上行。

当然支撑个股缩量上行的原因不止一条,我们看当时的指数走势:

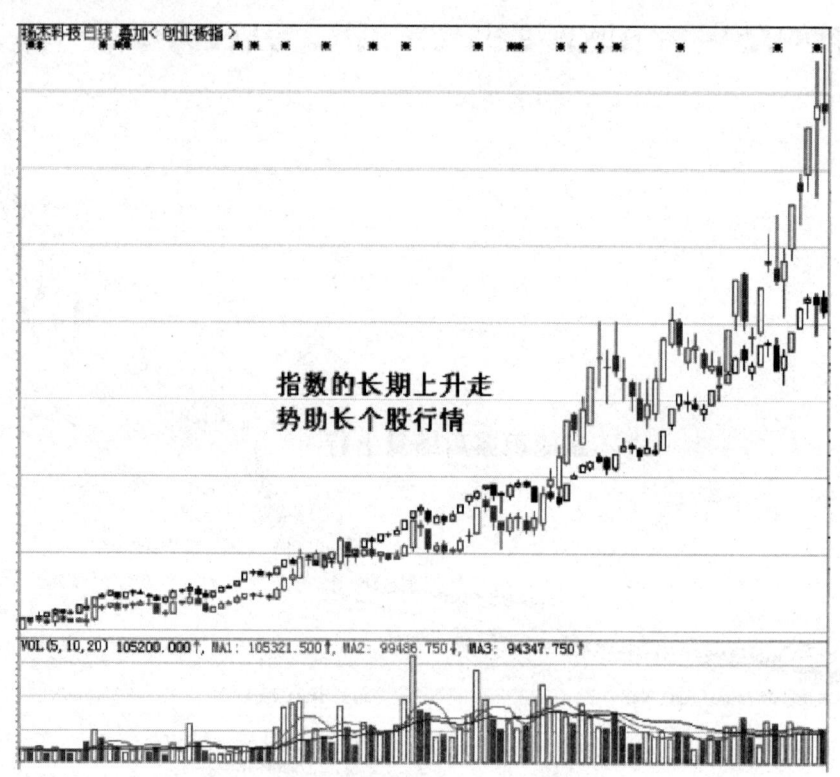

图11-5 扬杰科技(300373)日K线图

图11-5是扬杰科技(300373)同一段时间的K线走势,这一走势图叠加当时的指数走势。根据图中的走势,我们可以看到,在个股上升的大行情之下,整个

指数走势整体向上,而指数走势的整体向上又带动了个股走势的上升。

(4)散户惜售。在牛市,投资者都希望自己的股票一涨再涨,所以主力一拉升,市场没有抛盘,自然就会缩量上涨。

(5)场外资金或空方观望。没有新资金介入或没有大的抛压,就不可能有大的成交量出现。股价继续沿着原有的趋势上行,走出缩量上涨的走势。

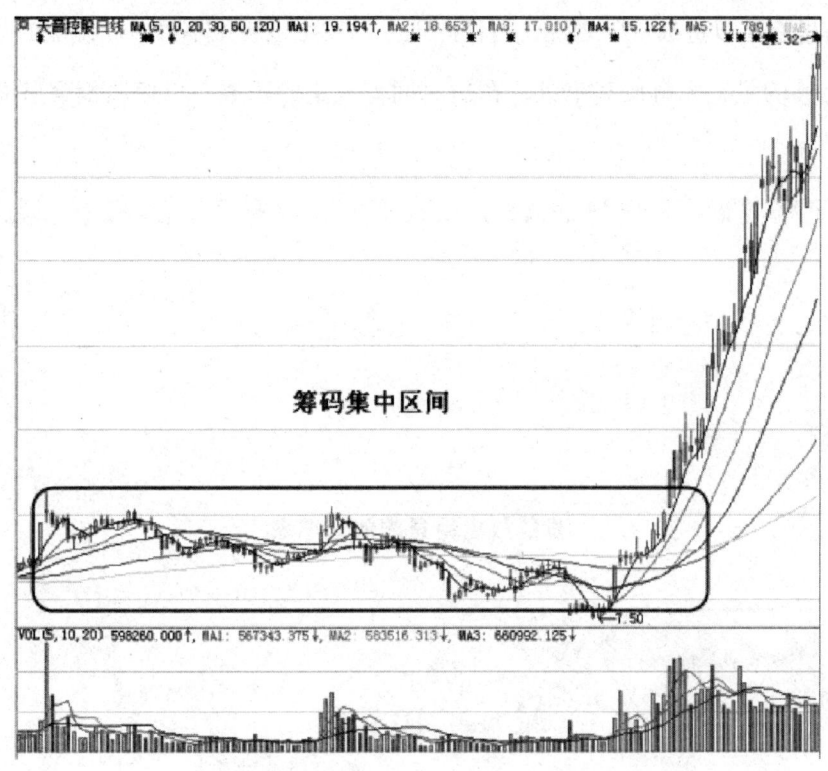

图11-6　天音控股(000829)日K线图

图11-6是天音控股(000829)在一段时间的K线走势。这个案例是我们之前使用过的一个案例。对于散户惜售和场外资金的观望本在案例上没有区分。在一波上升走势中个股慢慢走出底部,股价逐渐行至中游,这时投资者会感觉大势比较乐观,个股各项指标也都处于买进的指示中,投资者也就不会有卖出的需求。然而对于一些还没有买进的投资者则会看到股价已处于相对高位,面临的危险性较大,从而放弃买进的决定。两方的因素叠加造成个股买盘不放量,抛盘不放量,最终形成缩量上行的走势。

（6）套牢盘太重。在中国的股票市场，熊市时，有很多投资者把自己的本金抽出，用盈利的资金来炒作股票，所以他们对被套的感知不会太强烈，相信总有一天股价会涨回来，这样连本带利都会赚回来。即使是用自己的本金买股票的人，有此想法的也大有人在。

另外，在普通投资者中，止损的概念还很模糊，不论牛熊都很少止损。所以股市里有"以量破价"之说，而且此现象的发生也屡见不鲜。此说法的意思就是用足够的量，去解放套牢盘，在短时间完成量的积累，以使股价突破并继续上升。

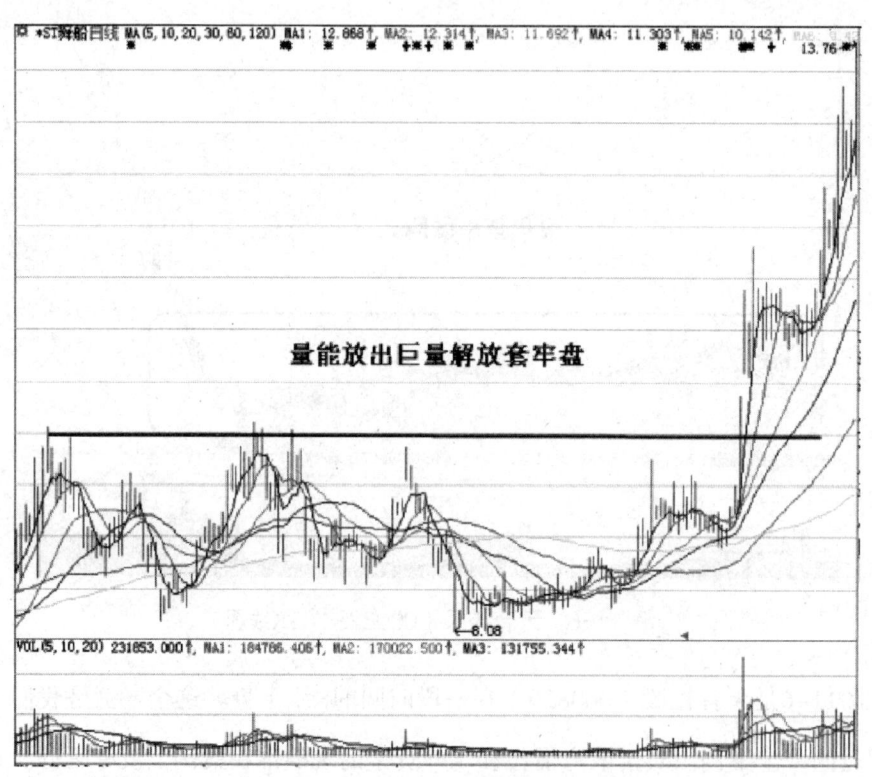

图11-7 *ST舜船（002608）日K线图

图11-7是*ST舜船（002608）在一段时间的K线走势。个股在前期走出一个宽幅的震荡走势，造成区间内筹码的大量堆积。在区间内买进的投资者也悉数被套。对于被套的筹码来说能够解套就是最好的消息，而个股在震荡后于低位盘整，这一走势进一步加深投资者想要解套卖出的心理。而个股的走势就如人们所

想,在以后的运行中连续走高,在量能上也放出巨量。这一巨量即是市场中大量套牢盘兑现的筹码,而大资金经过短短的时间就完成大量的筹码收集,个股在一波盘整后继续拉升。

(7)诱多。判断诱多有三个条件:①短线均量线下跌;②当日的成交量稍高于60日或120日均线;③当天该股票价格上涨。

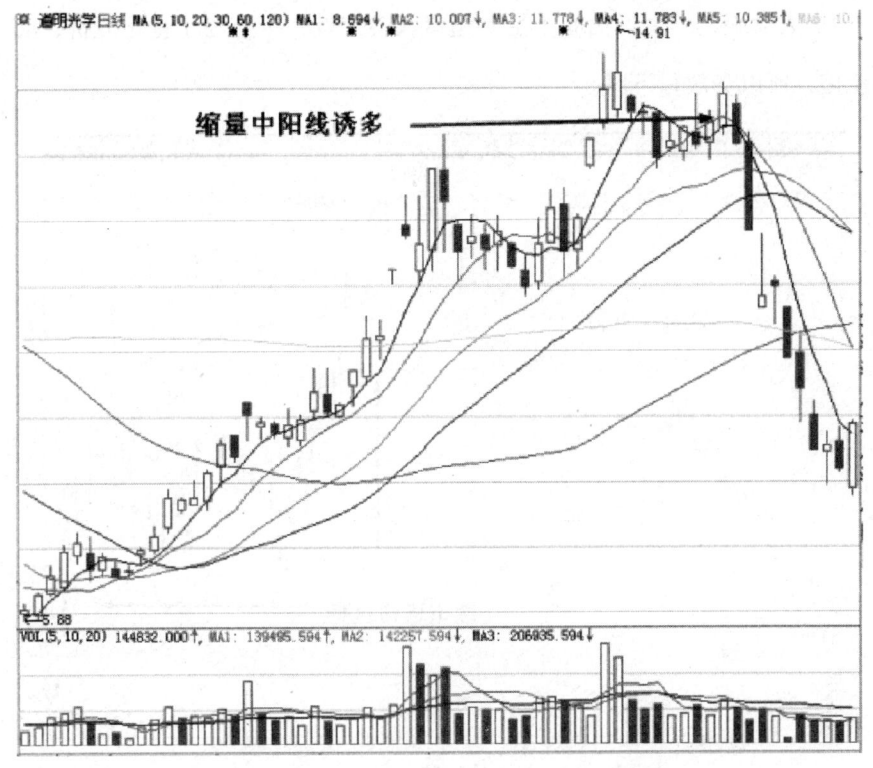

图11-8 道明光学(002632)日K线图

图11-8是道明光学(002632)在一段时间的K线走势。个股在前期走出一个明显的上升走势,当个股运行到高位后股价运行发生转折并开始回头向下,但大资金仍有相当的筹码没有兑现,也就注定个股的回落不会是一蹴而就的。个股由此在高位走出盘整的走势。盘整的走势即是资金离场的信号,同时也是资金离场的需要。个股在盘整的后期在形态上走出中阳线,中阳线的放出会吸引买盘的买进,从而实现高位出货的目的。

这一点表现在量能上则会是量能的相对放大。拉升股价需要成交量的支撑,但此时资金的目的却是为了出货,所以主力也不会花费太多的资金用于收集筹码,最终筹码的表现将是比大量较小,比低量较大的情况。

2. 放量下跌的原因

(1)熊市逃命。主力打压,散户空杀空,跑出来就是"胜利大逃亡",如股市2008年1月16日和2015年6月19日的走势。

(2)大盘调整。市场信心不足,抛盘就会加重,主力为了稳定股价,必然在低位承接,所以会放量下跌。

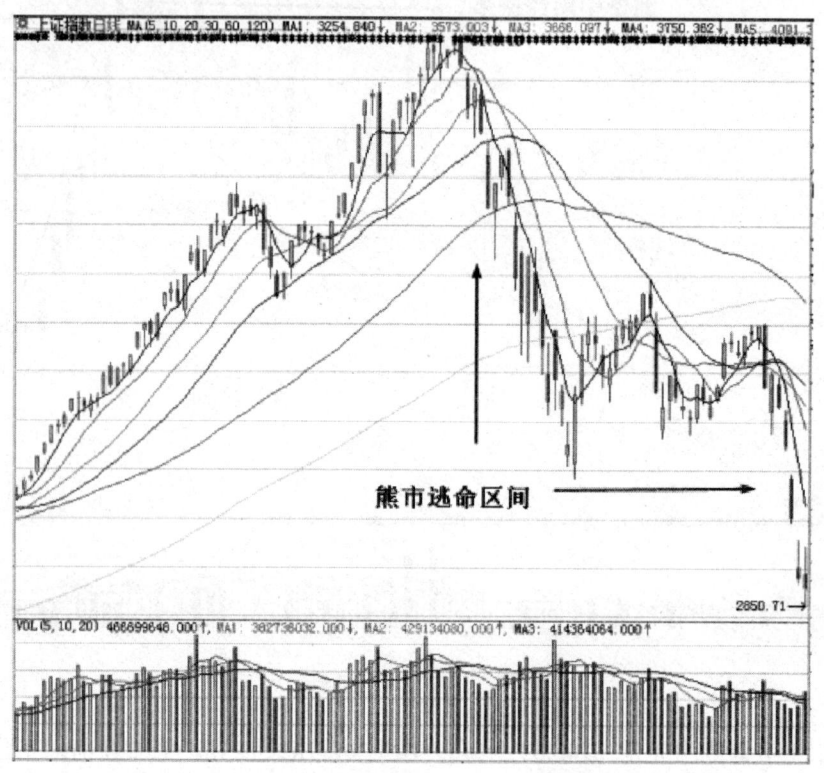

图11-9 上证指数2015年的日K线图

图11-9是上证指数2015年的K线走势。在区间内指数走出两波的大幅下滑走势,对应的市场走势是每天的千股跌停。对于这样的行情走势,投资者的唯一诉求就是及时离场,而市场也在回应这一诉求,股价不断下行。若是不能及时离场,投资者面临的损失将难以想象。

但又不得不承认,当行情运行到此处时,离场已经变成一件无比艰难的事情，一是离场的价格难以想象，二是离场的机会难以捕捉。因此这也是最后止损离场的时刻。对投资者来说最好的机会是借助技术分析的手段在高位顺利离场。

图11-10　上证指数2008年日K线图

图11-10是上证指数2008年的K线走势。指数在2007年走出大牛的行情，在指数出现数倍的升幅之后，于2007年的10月开始走出回落的走势，其后指数震荡，但指数仍是维持在均线之上，行情也还有一定的反弹力度。但在2008年5月之后，指数的走势连续放出大阴线，并跌破均线系统，至此彻底进入下行的区间，并加速下跌。

（3）主力派发后期。主力已经基本把股票派发完毕，获利丰厚，但还余少量股票，减价处理。主力已经不在乎股价的问题了，但因为筹码有限，成交量只是相对放大，所以会放量下跌。

（4）机构调仓。放弃一个股票，挪出资金再另建新仓，股价也会放量下跌。

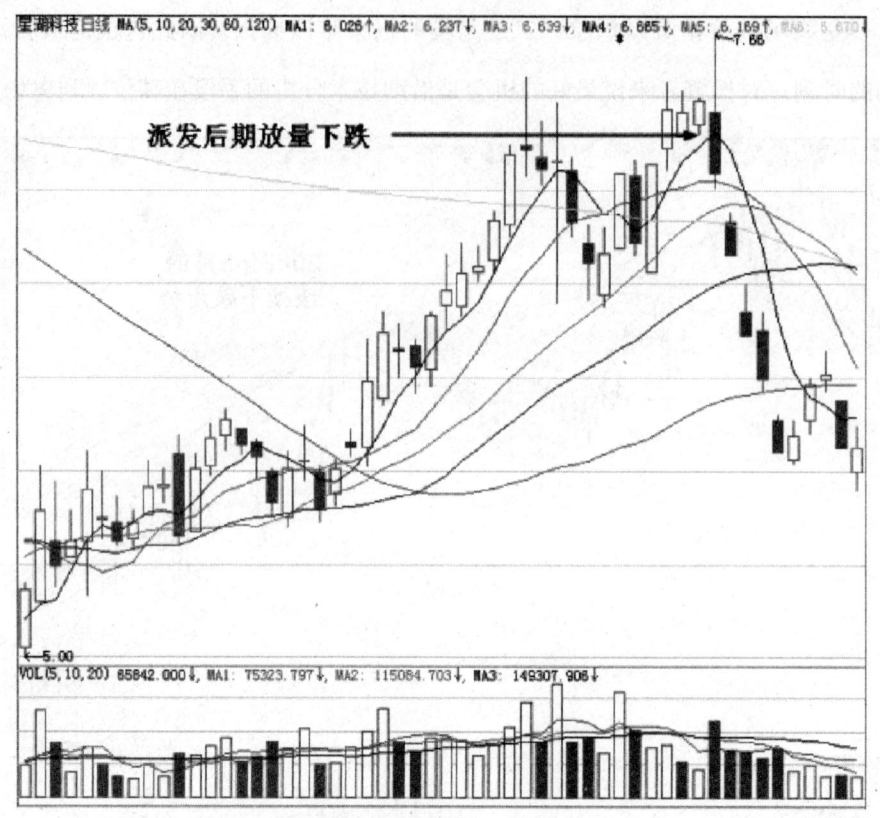

图11-11 星湖科技（600866）日K线图

图11-11是星湖科技（600866）在一段时间的K线走势。个股在前期走出一个上升的波段，股价上升之后就迎来筹码派出的需要。个股走势就此在高位走出震荡的形态，对应的量能也是巨量。经过一段时间的放量震荡，主力持有的筹码派发可观，并且获利丰厚。这时即使还余有少量股票，也可以做大幅减价处理。

对于筹码的大幅减价，理由一般有两个。一是主力的换仓。因为获利丰厚所以可以减价卖出筹码，所得资金需用于其他个股的建仓。二是即使主力此后还继续操作个股，也需要在此时大举打压股价，这样方便以后低位获筹。这一过程孕育的又是新的一轮上升行情。

（5）高送转后获利减仓。高送转之后主力获利丰厚，这时主力为了兑现收益，会有一定的减仓行为。这样所表现出的量能就是放量，而股价则是下行走势。

第十一章 量价背离——渐行渐近的转折点

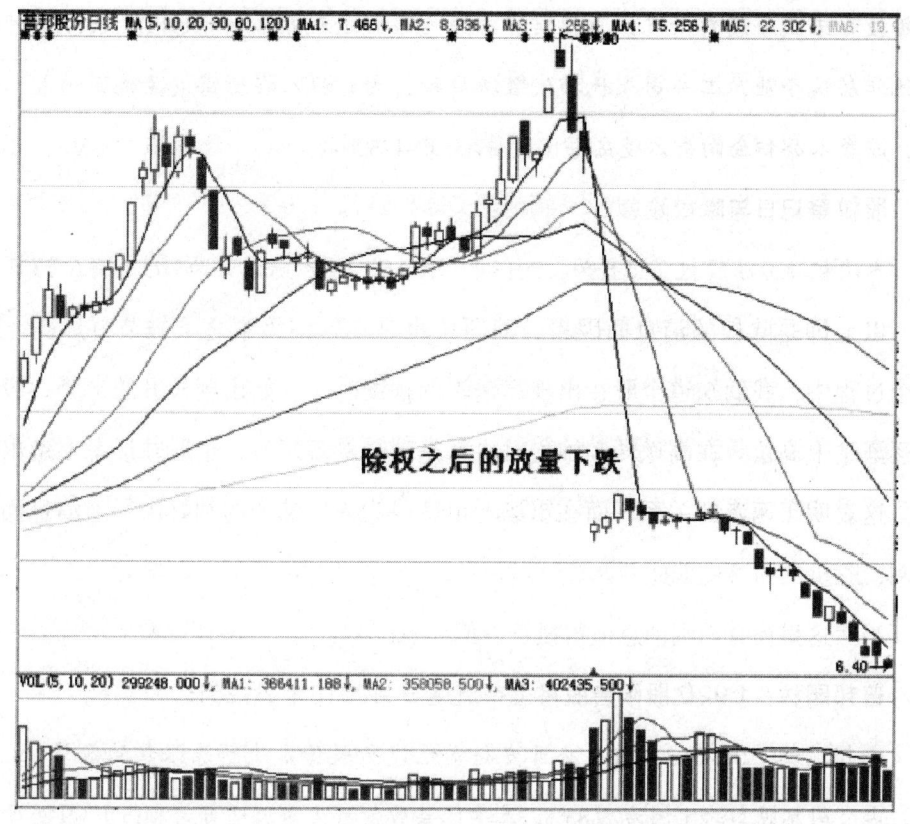

图11-12 普邦股份（002663）日K线图

图11-12是普邦股份（002663）在一段时间里的K线走势。个股在前期走出一个上升走势，期间虽然波动但在均线的支撑下仍是走出新高，但个股在新高之后连续走出大阴线，随之而来的就是个股除权。除权之后，个股在形态上走出放量的阴线，此后股价加速下行。

我们看当时的消息面因素，看高送转消息是如何被使用的。

普邦园林10转14.95派0.62元，除权除息日6月1日。

普邦园林（002663）公司2014年年度权益分派方案为：以公司现有总股本645,966,000股为基数，向全体股东每10股派0.617830元人民币现金（含税；扣税后，QFII、RQFII以及持有股改限售股、首发限售股的个人和证券投资基金每10股派0.556047元；持有非股改、非首发限售股及无限售流通股的个人、证券投资基金股息红利税实行差别化税率征收，先按每10股派0.586939元，权益登记日后根据投资者减持股票情况，再按实际持股期限补缴税款；对于QFII、RQFII外的其他非居民企业，本公司未代扣代缴所得税，由纳税人在所得发生地缴纳）；同时，以资本公积金向全体股东每10股转增14.947520股。

股权登记日与除权除息日

本次权益分派股权登记日为：2015年5月29日，除权除息日为：2015年6月1日。

以上即是除权的消息面因素，而股价也是在这一因素之下被节节炒高。在整个过程中，我们知道个股在出现高送转的预案时，开始出现拉升的走势，股价也逐渐站上高位。在高送转实施之时也就是消息兑现之时，个股在形态上走出阴线。这表明了两者的关系，而在市场上也就成为人们熟知的利好出尽。消息面的退潮，股价的回落也就此开始。

当然这里还有一则消息值得投资者们注意：

普邦园林：1.92亿股限售股可上市流通日为2015年3月25日

普邦园林（002663）首次公开发行前已发行股份本次解除限售的数量1.92亿股，占公司总股本的比例为29.83%；本次限售股份可上市流通日为2015年3月25日。

普邦园林：披露股东黄庆和减持情况

普邦园林（002663）公司于2015年5月19日接到本公司持股5%以上股东黄庆和先生的《简式权益变动报告书》，黄庆和先生于2013年5月20日至2015年5月12日通过深圳证券交易所大宗交易方式减持公司无限售条件的流通股份24,106,250股，累计占公司总股本的4.90%。减持后黄庆和先生无限售条件的流通股份19,618,750股，占公司总股本的3.04%。

以上的两则消息则是明显的利空传闻，而发生的时间段也是在高送转的时间段内。投资者可以仔细揣摩利好与利空之间的关系。当然这一点在我们的前著《吃定庄家》中也有论述，感兴趣的投资者可参考阅读。

（6）波浪顶。股票的走势都是呈连续的波浪状态。在波浪顶部，主力做部分的派发，再于低位承接，由于存在差价，资金可以得到增加，而持有的股票数量不变（或资金不变，股票数量增加），所以会放量下跌。

上述情况，有时是由一个原因引起的，有时是由多个原因共同叠加后的结果，这就需要综合和具体地分析。

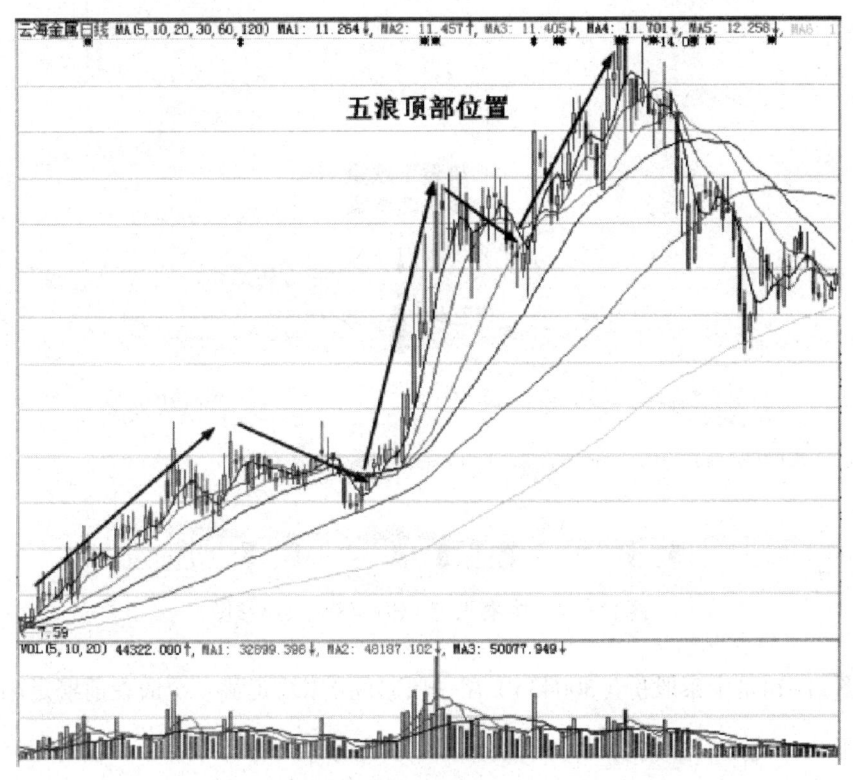

图11-13　云海金属（002182）日K线图

图11-13是云海金属（002182）在一段时间的K线走势。个股在区间内的走势是呈连续的波浪状态，经过五浪的上升，于五浪顶部的位置实现趋势的翻转。个股于波浪顶部位置做出筹码的派发工作。对于高位的筹码派发，其目的可能是大资金获取差价的操作，在回调之后承接低位的筹码，这样个股在后期还有更大的上升空间，这一点体现的就是波浪理论的"浪里有浪"。

当然还有一点，即是个股经过五浪的大幅上涨，大资金早已获利丰厚，此时的目标就是兑现筹码。这样也会在量价上走出放量且股价下跌的走势，而这就变成股价运行趋势的反转，投资者需注意回落的风险。

（7）震仓。有时资金会在洗盘的过程中做出放量下跌的形态，其目的是造成主力派发的假象，让投资者交出筹码。这一过程持续的时间不会太长。

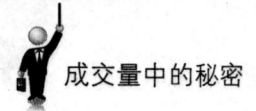

成交量中的秘密

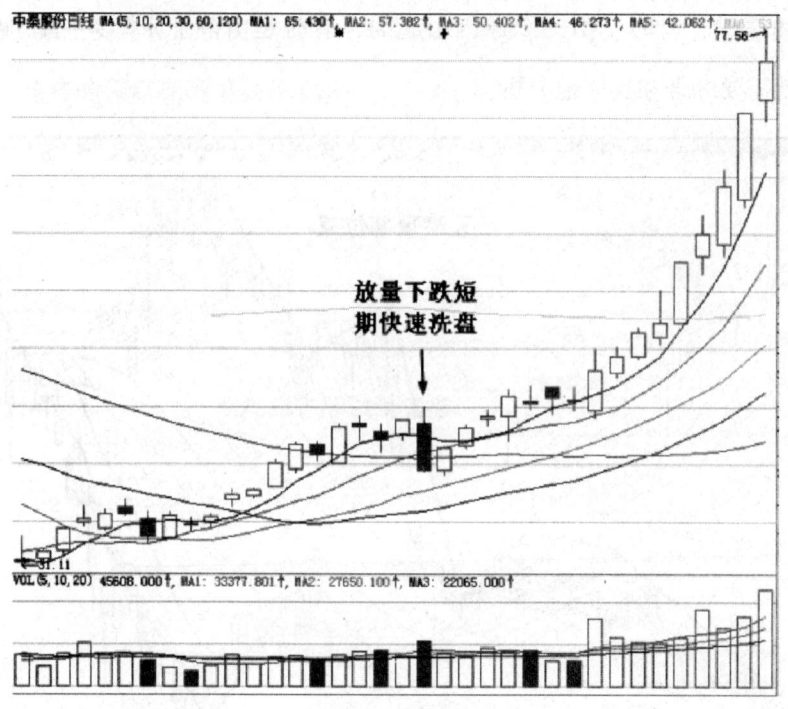

图11-14　中泰股份（300435）日K线图

图11-14是中泰股份（300435）在一段时间的K线走势。个股在前期走出连续的小阳线，这是资金进场吸筹的信号。在完成这阶段的吸筹后，个股的运行进入洗盘的环节。个股在洗盘中走出放量的中阴线，这是借走势的迅速恶化来打压筹码，以此造成主力派发的假象，并借机低价收集筹码。因为这只是一波洗盘的动作，打压的动作不会太大（此时主力资金已介入，不会让散户有更低价位介入的机会），持续的时间也不会太长。

经过洗盘后的筹码集中度进一步提升，这为以后的行情拉升提供助力。投资者可注意以后的个股走势，并择机介入。

二、日K线卖出技巧

日K线的卖出技巧如下：

（1）股价创出新高收带上影线的阳K线，但成交量锐减。股价创新高，说明已经过一轮波段涨幅，这轮涨幅从突破10日均线算起至少有20%以上的涨幅，在这种情况下，股价当天创出新高后，盘中受到获利盘的卖压而出现回落。因此，当天的K线以带上影线的阳K线报收，但成交量相对前一交易日出现明显的萎缩，说明主力已经在盘中出货，股价即将见顶回落。此时应及时果断卖出。

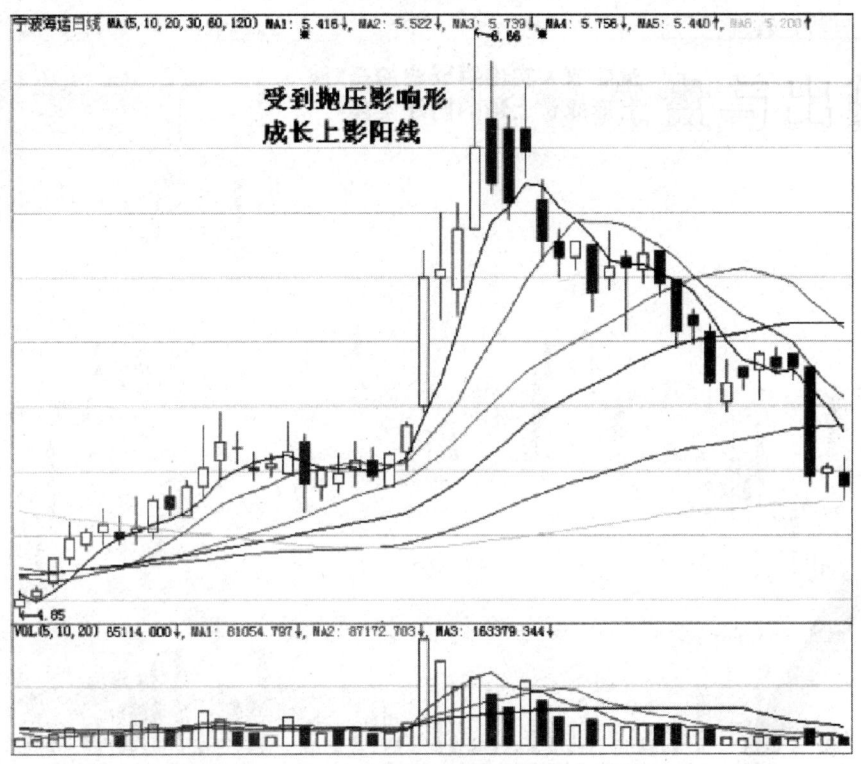

图11-15　宁波海运（600798）日K线图

图11-15是宁波海运（600798）在一段时间的K线走势。个股在前期的运行中走出一波向上的走势，在上升走势中个股的涨幅不错，股价从低位的不足5元一直站上高位时的6.8元以上，涨幅在30%以上。在这种情况下，股价在创出新高后，受到获利盘的卖压而出现回落。至此在当天的K线收出带长上影线的阳K线。

（2）个股在量能上的萎缩表明，在拉升时个股并未出现放量的迹象，这是典型的拉升出货的量能表现。个股的长上影形成则是明显的抛盘抛压所致，预示着股价即将见顶回落。投资者此时应及时果断卖出。

股价创新高收带长上影线阴K线，成交量暴增。股价创新高说明已经经过一轮高达20%以上的单边波段涨幅。在这种情况下，股价于当天创出新高后，盘中出现卖压而回落，当天的K线以带长上影线的阴线报收，但成交量相对前一交易日却出现剧增，这说明主力已经在盘中疯狂抛货，股价即将见顶回落。此时，应当及时果断卖出。

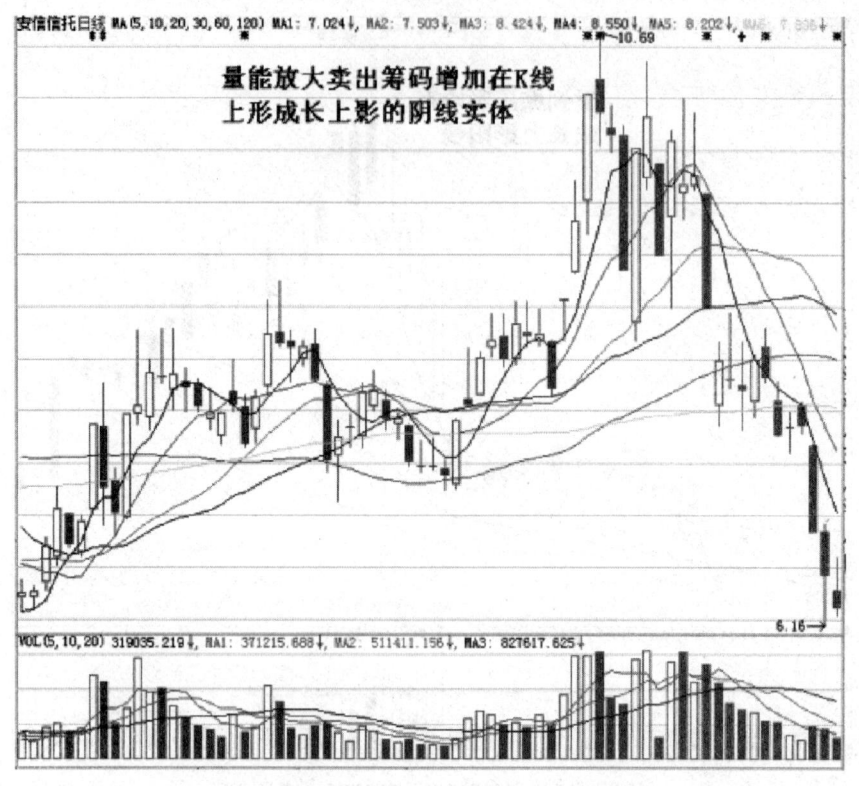

图11-16　安信信托（600816）日K线图

图11-16是安信信托（600816）在一段时间的K线走势。个股在前期走出的是一个震荡式的上升走势，个股的上升走势带动股价大幅上涨，股价从低位的6元左右一直站上高位时的10元以上，涨幅在80%以上。股价的大幅上升带来的必然是获利盘的高位兑现，个股就此在高位走出震荡的走势，在K线上走出长上影的阴线走势。

当天的K线以带长上影线的阴线报收，成交量也维持在一个巨量的水准上，这说明主力已经在盘中疯狂抛货。而这一点又可以从股价的涨幅上判断，个股的涨幅越大带来的高位兑现的需求越强烈。股价承受的压力更大，走出的形态自然更差，表现出的量能也会更大。

（3）股价创新高收小十字星K线，但成交量暴增。股价当天创出新高后，盘中受到获利盘的卖压而出现回落。由于跟风买进的投资者相对积极，盘中产生窄幅震荡整理。因此，当天的K线以带长上下影线的十字星报收。但成交量相对前一个交易日却出现明显放大迹象，这说明主力已经在盘中反复震荡出货，股价即将见顶回落了。此时，应当及时果断卖出。

（4）股价创新高收大阳K线，但成交量锐减。股价于当天反复震荡盘升创出新高，并收盘于最高价附近，当天的K线以大阳线报收。但成交量相对前一个交易日明显萎缩，说明当天的上涨主要由主力在盘中对敲完成，而实际情况却是在盘中悄悄出货，股价攻克乏力，即将见顶回落。此时，应于次日及时果断卖出。

另外补充两点：

（1）K线量价背离适用于日线及其以下直到1分钟级别的微观波动，对于周线及其以上的波动有效性会打折扣。也就是说，K线量价背离主要应用在以日线、小时、分钟为主导的短线、超短线中，根据不同的操作级别来做判断，更长的周期级别则需要结合更多因素去做判断。

对于股票来说，如果是持股三天以下的超短线，应以60分钟线为主，结合30分钟线、日线辅助就足够判断；如果是持股一月以内的中短线，则可以凭日线去做判断。

（2）在横盘震荡期出现的无背离阳量柱并非要立刻买入，通常会在同周期有回调或横盘震荡出现后，根据子周期判断末端再买入。只有在突破后攻击形态下出现的无背离阳量柱，才可立即在子周期寻找相应买点介入。

第十二章

坐底量价——发现坐底量价模型

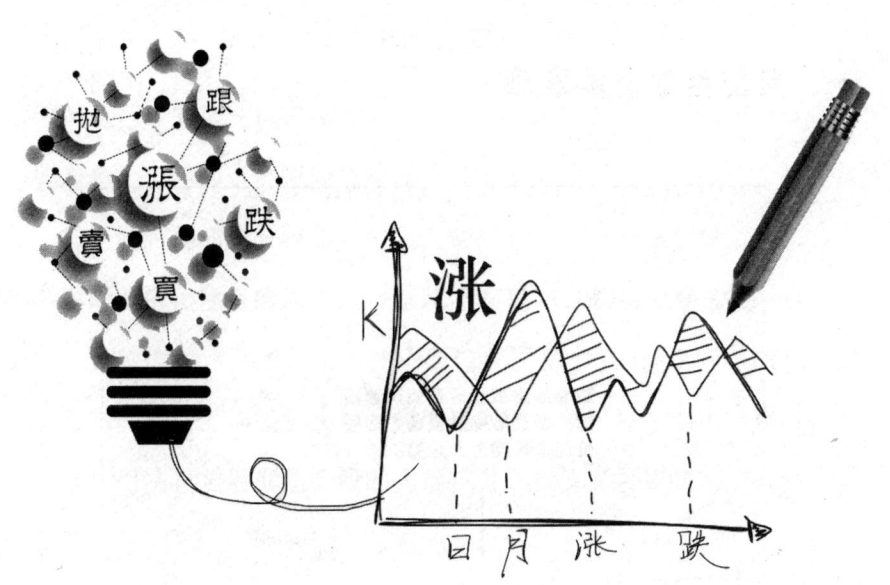

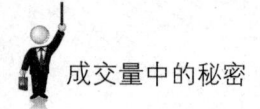

股票技术分析中常常会提到量价关系,在底部时候量价经常是如何表现的呢?一只股票价格的涨跌与其成交量的大小存在一定的内在关系。一般而言,当股价经过大幅下跌之后,出现阶段性底部区域放量,这表明有资金在此区域回补筹码,即"先有量后有价"。

从均线系统对比分析,当大盘均线系统继续呈空头排列向下运行时,个股均线系统经过修复却呈多头排列向上运行,此时说明股价先于大盘站稳均线系统。如果大盘此后趋于平稳,这只股票将会有一波上升行情。

以上两点都是很典型的底部量价形态,我们就承接这一点,简单介绍几种典型的股票坐底量能表现。

一、典型坐底量能表现

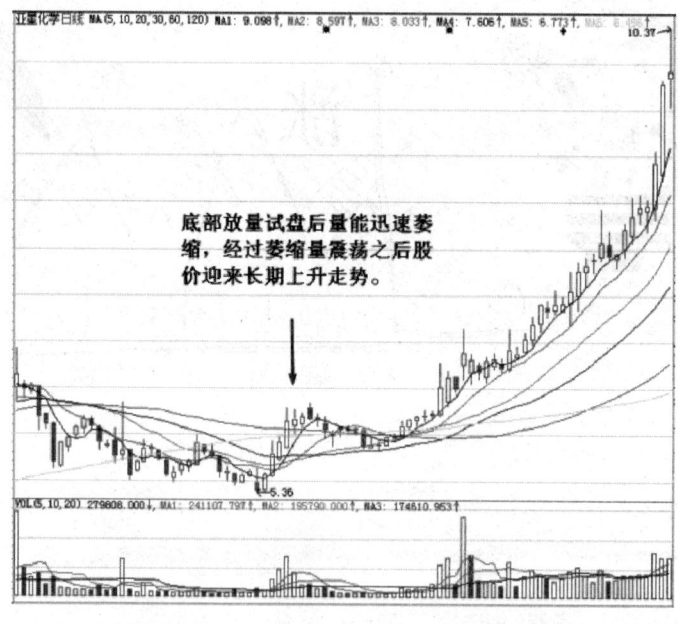

图12-1 亚星化学(600319)日K线图

第十二章 坐底量价——发现坐底量价模型

（1）蜻蜓点水型。在底部构造过程中，出现小幅上涨，然后做一次试探性的放量（换手过5%），试盘后回落洗筹，成交量快速萎缩到前期水平而价格坚固，量线回调时就是最佳进场点，强烈上攻一触即发。

图12-1是亚星化学（600319）在一段时间的K线走势。个股在前期走出一个下行趋势，在下行的走势中逐步探底。在股价于低位震荡中，个股走出放量的试探性上攻，对应的量能换手在8%以上。经过放量的试盘之后，大资金明白市场的浮筹抛压的轻重，这就为以后的拉升打下基础。

个股在试盘之后并未轻易拉升，而是在盘面上走出缩量盘整的走势，筹码经过缩量盘整之后进一步集中，个股的上升动力更胜。在股价缩量回调至均线位置，个股因获得均线的支撑开始上升走势。投资者的买点也就会到来。

（2）三竭量超型。在下跌过程中，随着跌幅加大，成交量不断放大，三次阳线放量，一次比一次大，虽然暂时失败，但强烈反攻一触即发。

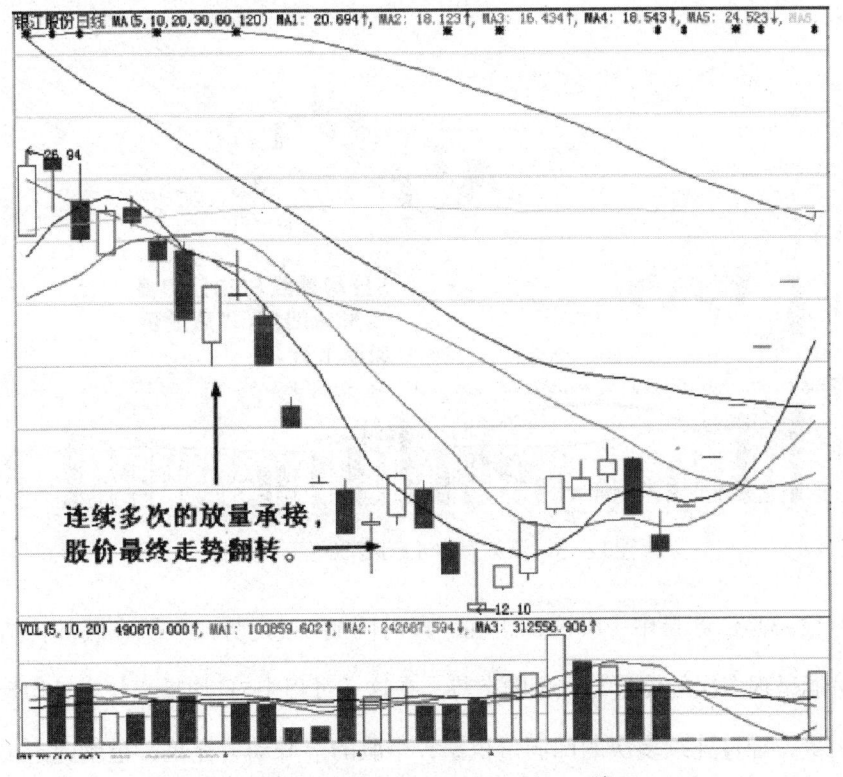

图12-2 银江股份（300020）日K线图

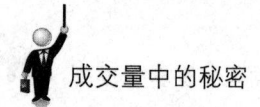

图12-2是银江股份（300020）一段时间的K线走势，个股的前期走出一个迅速下跌的走势，股价在短时间内跌幅巨大。随着股价的不断下行，在低位的承接盘也越来越多。表现在形态上即是多次出现的放量阳线，这些阳线虽然并未直接带来股价的反转走势，但经过量能的不断积累最终会带动股价的攀升，而对应个股后期的连续涨停走势即是最好的体现。

（3）双凹洞量型。在底部构造过程中，5日均量线上穿20日均量线，成为凹洞量也叫成交量圆底。股价恢复上涨后，再次缩量回落，当再次出现凹洞量时，就是双凹洞量为底部结束标志。凹洞的水池越深，上涨力量越大。

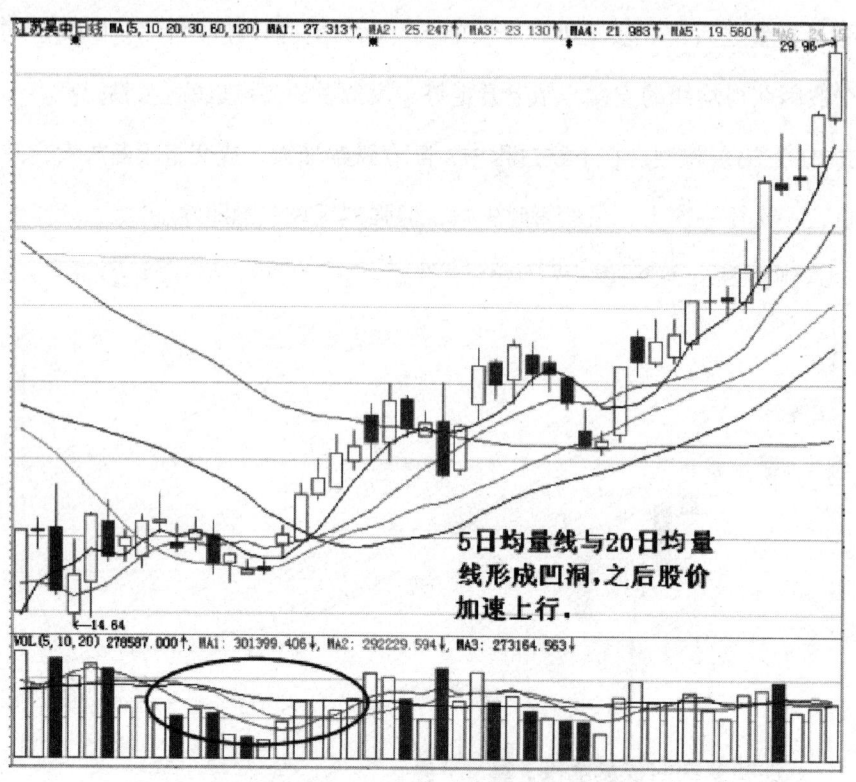

图12-3　江苏吴中（600200）日K线图

图12-3是江苏吴中（600200）在一段时间的K线走势。个股在底部构造过程中，量能呈现多次的缩量与升量的态势，在这一过程中5日均量线与20日均量线构成凹洞量，经过连续多次的凹洞量积累，个股的上升动力充足，也就此走出上升走势。

凹洞量的形成即是量能的升缩变化所致,而这一过程对应的是个股的吸筹动作。个股的吸筹时间越充分,筹码越集中,在随后的上升中也就越强势。

(4)三上三下型。在底部构造尾声,出现脱离底部的标志性上涨3%的换手加中阳线(涨停最好),然后快速放量5%以上,做尝试性进攻,再回落时用三天时间回到启动量1/3左右,就是标准的量价组合三上三下,是经典的底部量价结构。

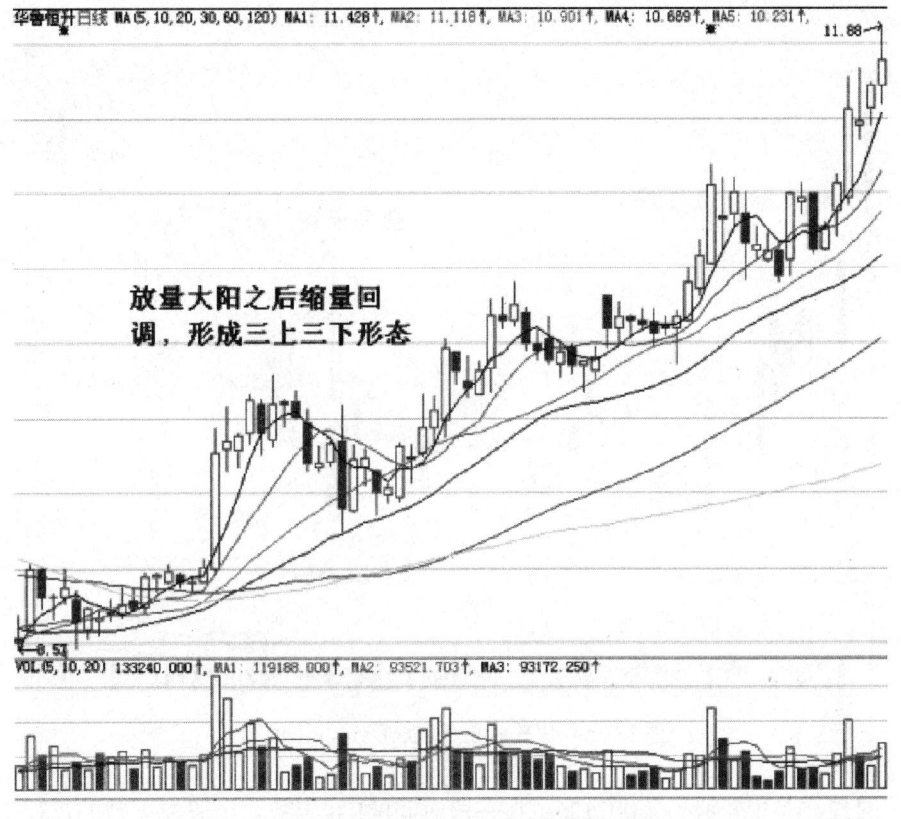

图12-4 华鲁恒升(600426)日K线图

图12-4是华鲁恒升(600426)在一段时间的K线走势。个股在底部构造的尾声,出现脱离底部的标志性上涨大阳线,股价快速拉涨8%以上,量能也明显放大,这是资金在做尝试性进攻。在一波的进攻之后,资金对市场力度了然于心,于是在盘面上做出洗盘的动作,回调的幅度在1/3左右,量能的表现也回到启动量1/3左右,形成标准的量价组合三上三下形态,个股底部反转的量价形态也就此形成。

（5）穿越量加孤星型。在下跌过程中，先出现缩量的跳空星线，然后再伴随向下跳空的孤岛形态。孤岛出现的同时放出穿越20日均量线的星线，然后在随后的运行中出现连续缩量的形态，表明抛压已经接近尾声，是反涨前兆，是经典底部量价结构。

图12-5　银轮股份（002126）日K线图

图12-5是银轮股份（002126）在一段时间的K线走势。个股在下跌的过程中，出现先缩量的跳空星线，在跳空星线之后再次跳空回收，至此跳空的孤岛反转形态形成。在孤岛形态出现的同时量能放出穿越20日均量线的形态。这进一步保证了个股的后期走势。个股在随后的上升中出现连续缩量的形态，表明抛压已经接近尾声，是股价反转即将上涨的前兆，投资者可注意形态下的投资机会。

（6）临界温度型。在漫漫阴跌过程中，放出3%左右的苏醒量，并出现中阳越过长期下跌趋势线。突破后回落至趋势线附近，就是最佳介入点。最强的是平移代替回落，这种带量过趋势线，意味着会出现波段反攻行情。

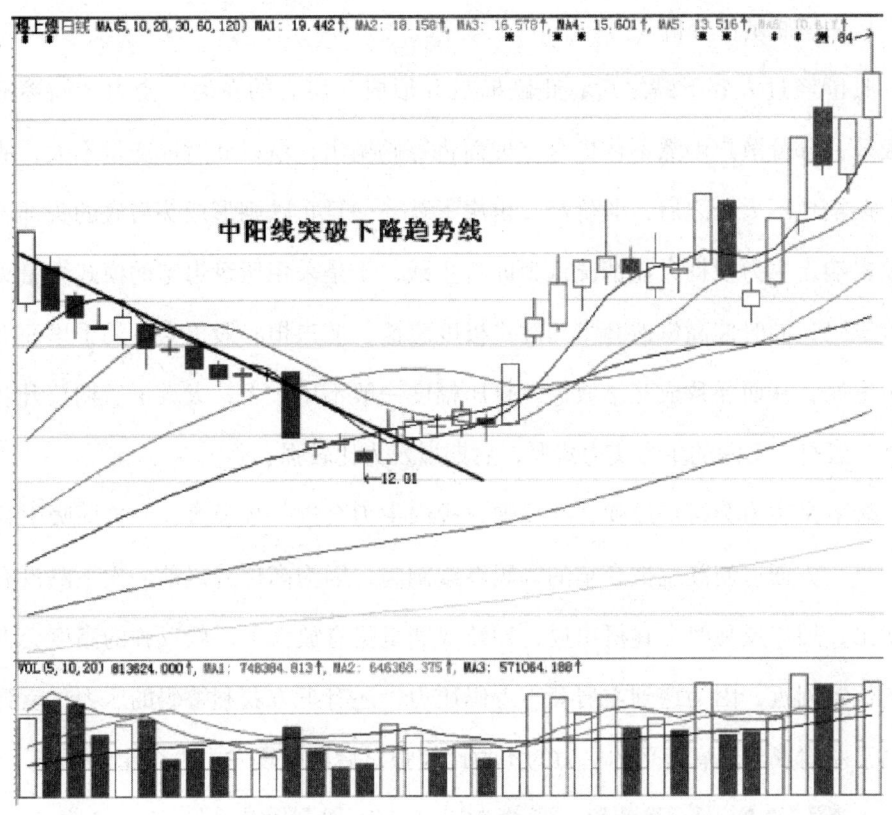

图12-6 煌上煌（002695）日K线图

图12-6是煌上煌（002695）在一段时间的K线走势。个股在前期走出一个阴跌的走势，在阴跌的过程中形成一个下降趋势线。下降趋势线又会对股价的走势产生压制。随着股价的回落，个股在低位获得资金的关注，并在形态上走出中阳线的走势，个股涨幅在5%以上，量能也随之放大。

个股的中阳线突破趋势线的压制，也将逐渐走出回升的走势。个股走势平移出趋势线后经过一段时间的调整，再次出现波段上攻行情。

二、典型底部形态量能表现

股票最重要的是量和价，量和价是分析的根本。今天我们就从量和价的角度分析，为什么这些典型底部形态是底，而这种底又预示着什么样的市场机会？

1. 头肩底量价分析

股价经过大幅下跌之后，止跌横盘并形成头肩底的左肩，主力开始逐渐参与吸筹，部分散户因熬不住横盘整理而将筹码抛出，所以此时成交量不大，股价上下振幅也不大。之后，股价经过再次下跌，一旦止跌则形成头肩底的头部，在下跌末端，主力根据大盘情况认为即将止跌，于是采用压盘逼空的模式大量买入廉价筹码，同时使高位被套牢的散户极度恐慌，散户担心股价会一泻千里而大量割肉出局，从而导致成交量放大。打压幅度一般不用太大，太大了后期拉升会困难，一般打压不深的主力实力雄厚，后期爆发力比较强。

接下来主力会缓步反弹，在反弹过程中主力会进一步吸筹，一方面吸引跟风盘，另一方面迫使高位被套牢的筹码继续割肉，因为高位筹码前一次下跌没有及时卖出，所以反弹时会趁机出局，导致成交量略有放大，一般反弹的高度会在左肩的位置附近，因为遇到左肩套牢筹码压力，还有下方获利筹码的压力，反弹高度高于左肩或与左肩持平的主力的实力比较强，后期的爆发力也会比较强。

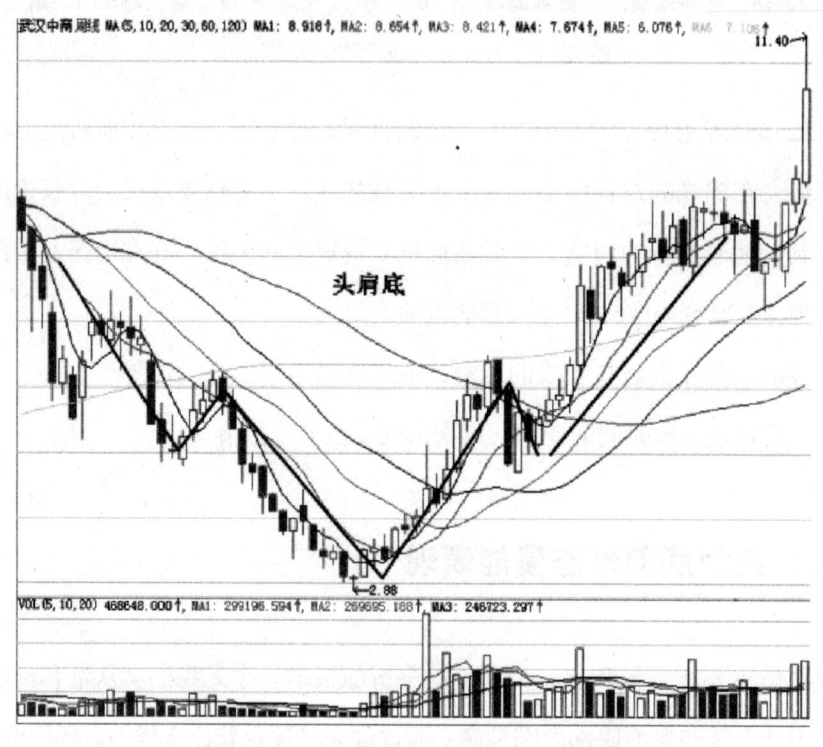

图12-7　武汉中商（000785）日K线图

最后就是头肩底的右肩形成过程。构筑右肩的目的，一方面迫使高位被套牢的筹码彻底割肉，另一方面迫使左肩保本或稍有获利的筹码出局换手，吸纳新鲜血液，再一方面清洗下方获利筹码和主力调整好仓位，右肩横盘时间一般与左肩持平或略大为宜，不用太长。当右肩成交量萎缩到了极点开始缓步放量或突然放量时就是最佳买入时机。

图12-7是武汉中商（000785）2007年12月~2009年6月的周K线走势。个股在2007年12月走出一个高点，此后进入长时间的回调。在回调的过程中不时有资金在逐步介入，形成头肩底的左肩和顶点，此后股价出现放量走高的走势，在回调中资金持续介入，形成右肩。这时，整个头肩底形态完成，个股的资金吸筹与力量对比也出现不同。股价此后迎来新的上升空间。

2. 潜伏底量价分析

第一种潜伏底情况是股票前期经过大幅下跌，跌幅超过30%，大部分筹码在高位被严重套牢。当股价止跌时伴随有资金明显介入迹象，其主要特征是成交量突然放大，但上涨并不持续。接下来以小幅震荡的方式进行长时间横盘，成交量大幅萎缩，其目的是迫使高位被套牢的人忍受不了煎熬而不断割肉出局。当高位套牢盘割肉完毕，主力就开始启动。

这种潜伏底启动一般都是突然放量启动，但由于散户成本和主力成本是一样的，所以启动一般不持续，会有一个启动回抽的过程。回抽是缩量的，其目的是清洗一部分获利盘，吸纳一部分场外资金跟风盘，提高散户成本，为后期拉升做准备，回抽完毕再次放量就会持续拉升。

图12-8是浦东金桥（600639）在一段时间的K线走势。个股股价在前期出现大幅下跌，跌幅超过30%。在股价大幅回落后逐渐有资金介入，表现在成交量上就是成交量不断放大。因为吸筹是一个长期的过程，加之主力资金也不太希望太早暴露实力，所以股价的上涨并不会持续，而是以小幅震荡的方式进行长时间横盘，这迫使高位被套牢的人不断割肉出局。当套牢盘不断割肉，筹码逐渐集中后，主力的拉升动作就会开始。

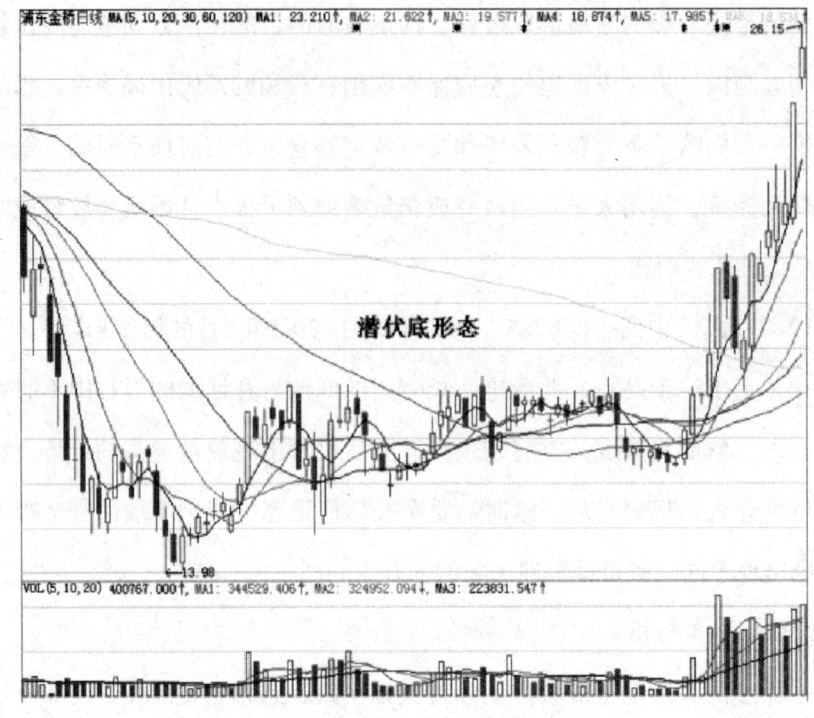

图12-8　浦东金桥（600639）日K线图

第二种潜伏底情况是股票的前一波涨幅不大，筹码在高位密集堆积，此时主力并未大规模出货。但由于大盘下跌或利空的原因开始下跌。由于前一波涨幅不大或后期还有足够的空间，在下跌过程中有新的主力参与，其中有主力明显放量吸筹的痕迹，所以跌幅不大，一般在20%左右，然后进入横盘缩量吸筹阶段。当套牢盘割肉完毕，主力就会放量启动拉升，由于吸筹区离前期高点比较近，所以这种潜伏底的启动拉升一般都会比较持续，没有启动回抽的过程。

3. 双底量价分析

双底形态的形成是由于价格长期下跌后，一些看好后市的投资者认为价格已很低，具有投资价值，期待性买盘积极，价格自然回升，但是这样会影响主力资金吸纳低价筹码，所以在主力资金的打压下，价格又回到了第一个低点的位置，形成支撑。这一次的回落，挫伤了投资者的积极性，形态呈圆弧状。双底形态内有两个低点和两次回升，从第一个高点可绘制出一条水平颈线压力，价格再次向上突破时，必须要伴随活跃的成交，双底才算正式成立。

量能特征是在第一个底形成之前量能萎缩到不能再萎缩的过程，这种量能伴随着股价的急速下跌，第一个低点后的反弹高点量能比前一段时间量能有所增加，但不是连续放大，属于间歇性放量。第二个底形成后的再次上涨，量能应该明显放大，大于底部所有阶段的成交量，并且在突破双底形态颈线时，量能伴随着中阳线急剧放大。

4. 双底形态构成要素的条件

（1）双底形态的第一个低点的成交比较活跃，第二个低点的成交却异常沉闷。并且，第二个低点的外观，通常略呈圆弧形。所以，W底形态有左尖右圆的特征。

（2）双底形态的第一个低点与第二个低点之间，两者至少必须有比较长的距离，市场中有时候会出现短期的双底走势，这不能算作W底，只能算是小行情的反弹底，且常为一种诱多陷阱。

（3）双底形态的第二个低点最好比第一个低点低，这样可制造破底气氛，让散户出局，从而形成一个筹码相对集中的底部，以利于主力资金的拉抬。股价第二次触底的价位，一般不低于第一次触底点，最低不能低过3%。

双底形态形成的时间有明确要求，不能小于1个月。形态出现时所持续的时间越长，对于后势上升支撑的力度就越大，若双底形态构筑完成同时3个月，远远大于1个月的标准形成时间，那么它的反转力度将明显大于正常双底形态的反转力度。

5. 双底形态的买点

（1）第一买点。由于双底形态两低点之间具有对称关系，我们就可以在第一个底符合基本条件的情况下，把接近第一个底的价格作为介入点。这种买点只能被认为是试探性的买点，必须注意合理的仓位控制，一旦失败马上止损，即使在双底形态失败的情况下也至少会有10%以上的利润。如果成功就意味着买在上升趋势的起点。

（2）第二买点。放量突破颈线位时为第二买点。

（3）第三买点。股价突破颈线回抽试探颈线支撑有效，再次放量上攻时为第三买点，这样的买点准确率更高。

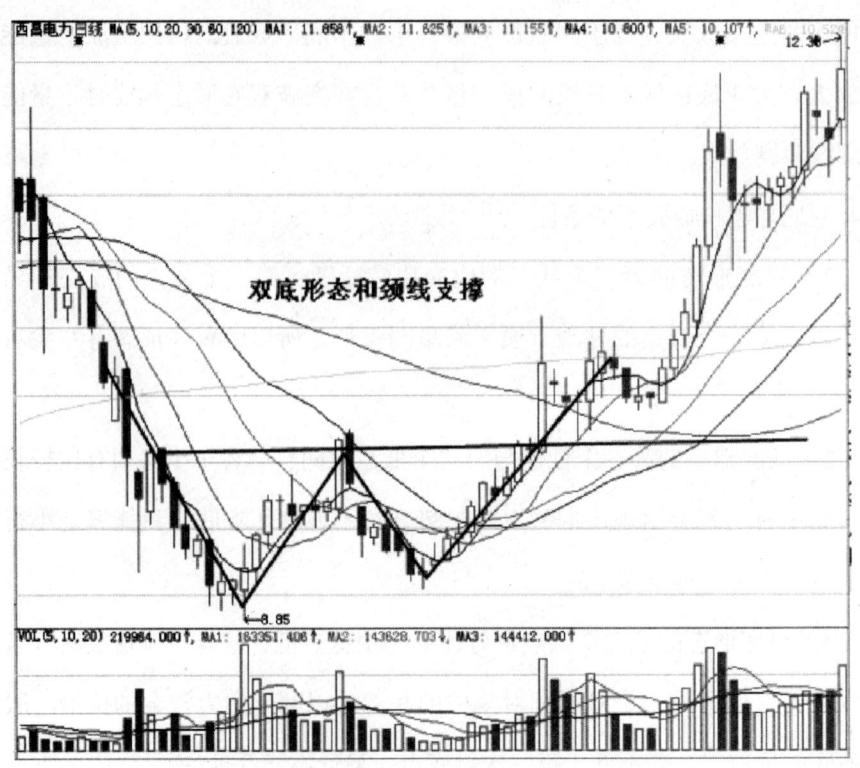

图12-9　西昌电力（600505）日K线图

图12-9是西昌电力（600505）在一段时间的K线走势。个股在回调的过程中形成一个完整的双底反转形态。在形成双底的过程中，资金的介入显而易见。当个股在形成右底后，放量突破颈线，形态完成，后期行情看好。一般投资者可在个股突破颈线位置回抽确认时买进，此后的利润空间相当可观。

从实战角度来说，大多数双底走势都会有一个回抽过程，因此一般不必担心股价冲破颈线后一路上涨，再不回头而踏空。即使在交易中真的遇到股价冲破颈线后一路拉升的情况，也可在股价上升趋势明显后适量介入。

第十三章

洗盘量价——量价区分洗盘与出货

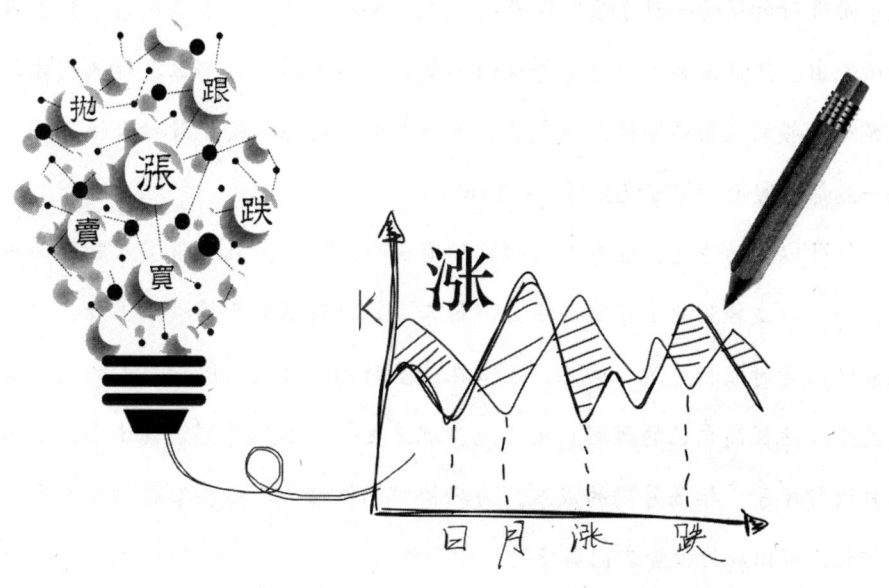

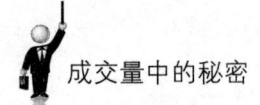 成交量中的秘密

股价经过一段上涨之后,主力一般都要洗盘,一方面是要清洗下方的获利盘,减轻后期的获利抛压,另一方面要清洗上方的套牢盘,让投资者在低位割肉出来,乘机获取廉价筹码。这样低位赚钱的人卖出,承接的人买进,可以提高散户成本,减轻主力后期拉升的压力,且主力在洗盘期间调整自身的仓位,这才带来个股后期的拉升走势。

不得不承认没有一只股票的形态是一模一样的,每一只股票的形态、量价关系是各不相同的,这又成为操作的难点。

洗盘是指主力收集到一定的股票筹码后,为防跟风盘或原持有股票的人搭顺风车而进行打压的一种手法。洗盘的"洗"字很形象,洗衣服是为了把衣服里的污垢洗出。洗盘是为了将持有筹码的不安定分子洗出来,那么怎样他们才愿意出来呢?一般的做法是制造恐慌气氛,也就是向下打压。看见股价大幅下挫,持有人一般都会害怕,就可能会将筹码抛出。

经过以上的论述,注意洗盘的目的有三个:第一,让低价买入股票的中小散户出局,以减轻股票上升时的压力。第二,让持股者的平均成本上升,以使庄家在最终出货时顺利逃跑。第三,庄家在洗盘时高抛低吸,降低自己的持仓成本,最大限度地提高自己的盈利。主力洗盘就是把低成本的筹码震荡出来,通过其他账户进行换手,抬高筹码的成本,为轻松拉高做准备。这些准备的发生又必然有其前兆,可以成为投资者们离场的参考条件。

一、庄家洗盘的征兆

庄家洗盘的征兆如下:

（1）在股价拉升前，股票成交量分布不规则，平日的成交量很小，偶尔会放出巨量，这些巨量一般靠庄家对倒形成。这些个股在大盘急跌时，抛盘很小，价格已不再下跌，可能突然一笔大抛单将股价打低很多，但股价很快又被拉回。

（2）股价几乎不随大盘走势波动，自成一派，尤其是在大盘震荡时更是如此。在此期间买卖盘价位间相差很大，只有某几个重要价位有买卖挂盘，其他价位几乎没有挂盘，此时该股还不受人关注。

（3）庄家的洗盘动作，往往意味着大幅拉升就要开始。一般情况下，庄股拉抬前十分平静，价格波动小，价值区间日趋收窄，面临突破。随后庄家开始发力上攻，主动性买盘介入。这些盘面变化很明显，股民朋友只要仔细观察就不难发现。

（4）洗盘阶段K线会走出几个明显的特征：大幅震荡，阴线阳线夹杂排列；常常会出现带上下影线的十字星；洗盘过程中，图形大体显示为三角形整理、旗形整理和矩形整理等形态。

（5）洗盘阶段股价也一般维持在持股成本之上。若投资者无法判断，可关注10日和20日均线（20日均线一般是庄家的成本区域），非短线客则可关注30日均线。

二、庄家洗盘手法

有的投资者在买进股票后，由于信心不足，常常会被庄家洗盘洗掉，事后懊悔不已。炒股的人务必熟知庄家的洗盘技巧，庄家的洗盘方式不外乎以下几种：

1. 高开杀低法

庄家的高开杀低法经常发生于股价高档无量而低档接手强劲之时，投资者可以看到股价一到高档（或开盘即涨停），即有大手笔杀跌，而且几乎是快杀到跌停才住手，但股价并没有跌停，或者是在跌停位不断出现大笔买盘。此时缺乏信心者会低价沽出，庄家统统吃进。所以，当投资者看到某股低位大量成交时，应勇于大量承接。

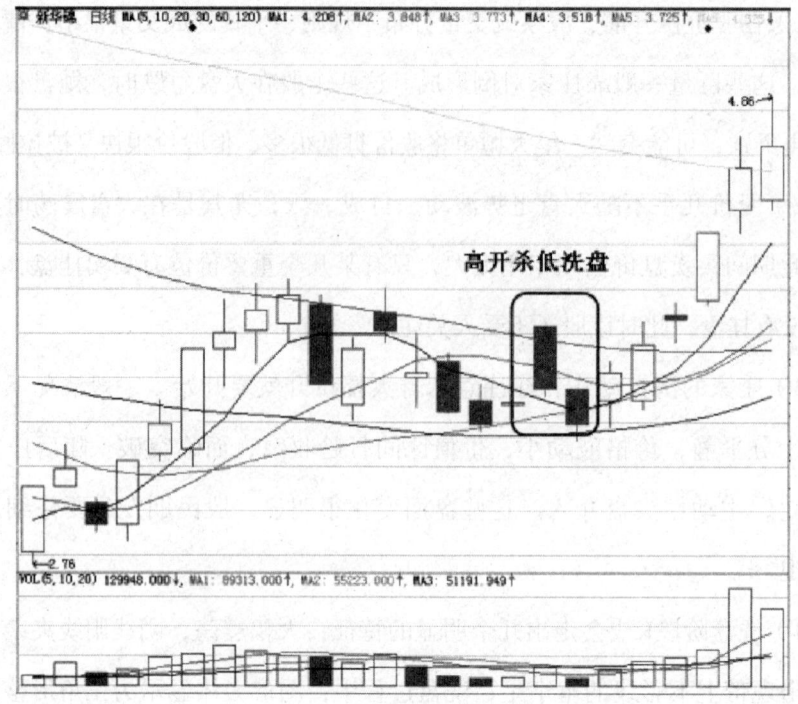

图13-1 新华锦（600735）日K线图

图13-1是新华锦（600735）在一段时间的K线走势。个股在11月27日收出一根全天振幅8.88%的长阴线，但实际为一根假阴线。第二天继续收出阴线。这两根阴线成交量萎缩，可以判断庄家并没有抛出筹码，高开的长阴线只是为了吓跑散户，庄家利用出货形态将图形做得更漂亮一些，明显这是庄家在上涨途中的一次高开低杀式洗盘，是一次绝佳的介入机会。在12月1日，个股出现高开中阳收复失地，为旭日东升K线组合形态，投资者应更加坚定跟进。随后该股连续飙升，短线获利巨大。

2. 跌停挂出法

跌停挂出法是庄家一开盘就以跌停挂出，看到跌停打不开，散户深恐第二天再跌停，会以跌停位卖出。待跌停位卖出的股票到达一定程度而不再增加时，主力迅速将散户的抛单吃光，往上拉抬。其拉抬的意愿视所吃进的筹码多寡而定，通常要拥有大量的筹码时，庄家才会展开行动。若筹码不够，第二天可能还会如法炮制，投资者应趁此机会低价买进。

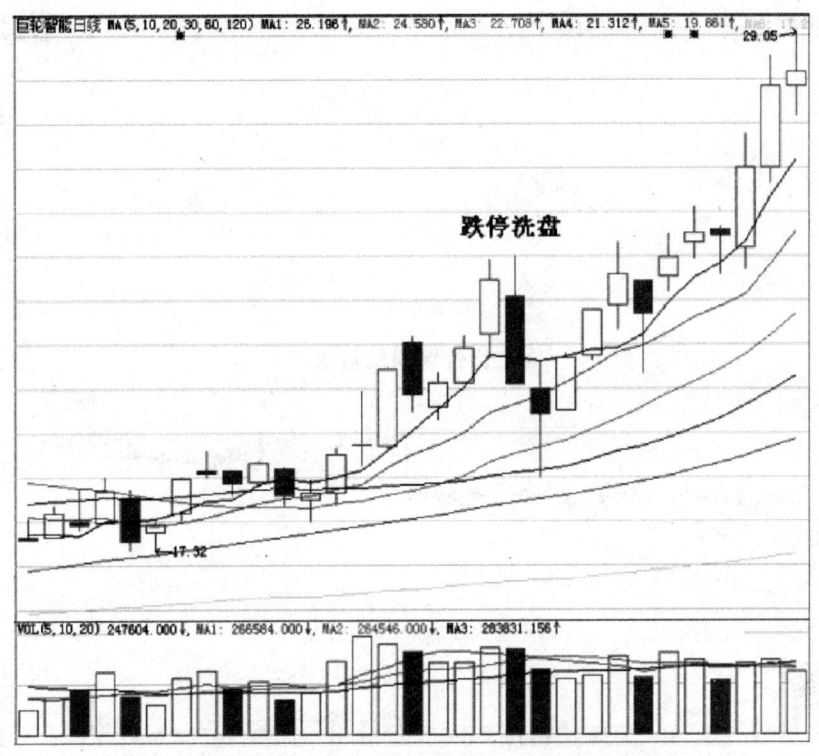

图13-2　巨轮智能（002031）日K线图

图13-2是巨轮智能（002031）在一段时间的K线走势。个股在运行中出现一个跌停板走势，个股的走势瞬间危险万分。不少的投资者就因为这个跌停板而卖出个股，与个股后期的拉升收益就失之交臂。若是投资者注意分析，就会发现在跌停板下还隐藏值得注意的两点：一是跌停缩量，也就意味着这并不是主力的出货行为；二是跌停之后该股并没有往下破位，而是小阴小阳K线不断修复这个跌停破坏的形态。当后面均线多头排列再度进攻时，就可以判断出这样的跌停只是跌停式洗盘。而洗盘之后就是个股的大幅拉升，投资者可以在其后大胆介入，等待短线暴发。

3.固定价位洗盘法

固定价位洗盘法的特征是股价不动，成交量却不断放大。其洗盘的方式是庄家会一整天让股价静止，股价久盘不动，大部分人会不耐烦地抛出，全部落入庄家的手中，散户只有追高或抢高的份。

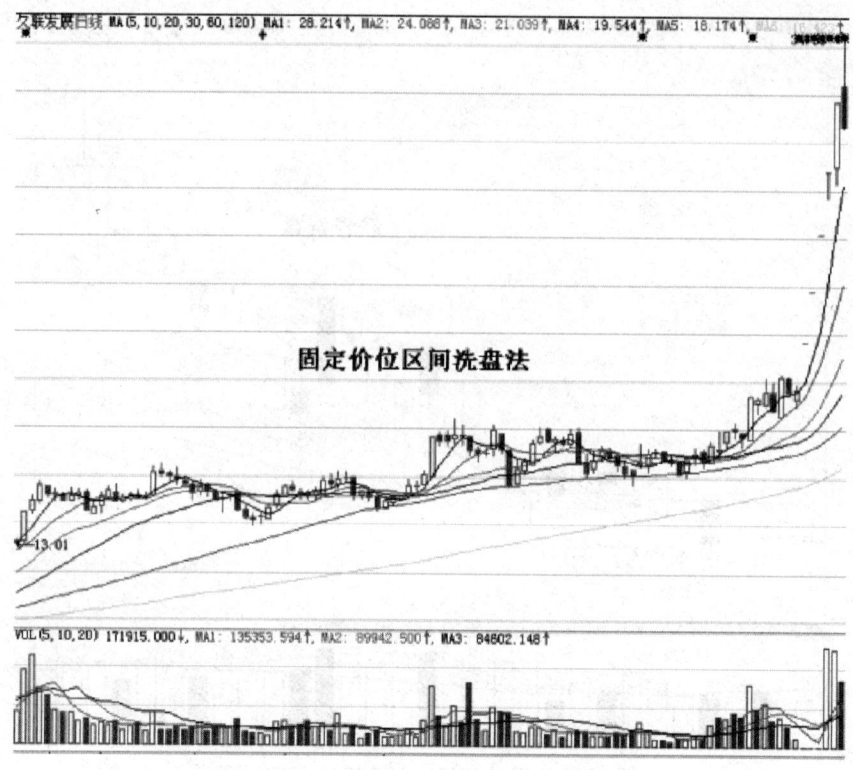

图13-3 久联发展（002037）日K线图

图13-3是久联发展（002037）在一段时间的K线走势。个股在运行中采取的洗盘办法就是固定价位洗盘法，其利用股价的长期横盘不动，以实现筹码换手的目的。股价的长期不动就会让一些短线客离场出货，而这些离场的筹码就会全部落入庄家的手中。随着筹码的不断集中，个股的洗盘动作也会随之进入尾声，拉升走势也会如期而至。

4.震荡洗盘法

震荡洗盘法是以大幅震荡的方式高出低进，迫使散户低出高进，反复多次以后，使盘中的浮动筹码减少。

图13-4是中船科技（600072）在一段时间的K线走势。个股在一波上升走势之后走出宽幅的震荡洗盘走势，大资金利用宽幅震荡的走势做高出低进的操作。一方面可以通过这一方式降低持股的价位，另一方面又可以迫使散户低出高进，最终迫使投资者在双向失误中痛苦离场。而散户的离场筹码又会为大资金所得，

筹码进一步集中,孕育的就是后期的拉升走势。

图13-4　中船科技（600072）日K线图

5.打压洗盘法

打压洗盘法是庄家凶狠地往下猛砸盘,拉出一根长长的阴线,让人误认为后市无戏,然而这种跌势不会继续下去,往往在一周内甚至第二天,跌势就停止了,让上一天抛股者莫名其妙。

三、洗盘阶段量价分析

1.窄幅震荡洗盘量价分析

股价经过一段上涨之后,主力经常通过窄幅的震荡达到洗盘的目的。窄幅震荡洗盘一般是强势股的特征,是主力资金实力雄厚的表现,其底部吸筹比较充分,控盘程度很高,这样才能控制股价窄幅震荡。在股价窄幅震荡期间,主力惜

售并没有抛售底仓，只是散户之间在进行换手，所以上下振幅不大，一般在10%左右。主力成交量与启动时比较大幅度缩量，当缩量到了极限再次放量时即为买入时机。

2. 宽幅震荡洗盘量价分析

宽幅震荡洗盘一般是主力吸筹时控盘程度不高，资金实力不雄厚的表现。正因为如此，在启动拉升一段时间后，一方面主力自身需要高抛，回笼一部分资金为后期拉升使用，另一方会遇到大量散户获利盘的抛压回吐，主力承接不了，从而导致上下震荡较大，一般在15%左右，甚至更多。其成交量表现为下跌缩量，上涨放量，但缩量时并不是特别明显，因为主力跟散户都有抛出，放量不会特别明显。

因为主力资金不雄厚，宽幅震荡不如窄幅震荡，震荡时间很长，有的长达几个月。在宽幅震荡洗盘中，第一次打压缩量，第二次打压要比第一次更加缩量，才算比较好，说明洗盘比较成功，交易清淡，浮筹很少，后期拉升将相当可观。每一次打压不创新低，每一次反弹不创新高，往往形成三角形的整理形态，只有当再次成功突破震荡平台并且放量时才能安全介入。

3. 打压洗盘量价分析

打压洗盘一般为长线主力做盘模式，其底仓也不轻易出局，拉升一段，打压一段，每次打压都不创新低，拉升打压幅度一般在10日均线附近，尽量不超过20日均线，是比较理想的。拉升时都创新高，很少暴涨暴跌，慢悠悠地往上涨，打压的目的是分批清洗部分获利散户，分批提高散户成本，让部分散户和自己共同长线持股以赚取一定的利润，达到持续稳定上涨的目的。所以其打压是缩量，缩量不大，上涨是放量，放量也不大。这样的股票高抛低吸都不好做，买点在10日、20日均线介入。

四、量价关系判断洗盘出货

"量是因，价是果；量在先，价在后"是量价关系的基本含义，成交量是股

价变动的内在动力。由此，人们推导出多种量价关系的规则，用于指导具体的投资。在实战中，人们发现根据量价关系买卖股票时常常会出现失误，尤其是在根据成交量判断庄家出货与洗盘方面失误率更高，不是错把洗盘当出货，过早地卖出，就是误将出货当洗盘，该出不出，痛失出货的良机。如何根据成交量的变化准确判断庄家是在出货还是在洗盘呢？

一般说来，当庄家尚未准备拉抬股价时，股价的表现往往很沉闷，成交量的变化也很小，此时研究成交量没有什么意义，不能看出庄家的意图。一旦庄家放量拉升股价，其行踪就会暴露，此时研究成交量的变化就具有非常重要的意义。如果能准确地捕捉到庄家洗盘的迹象并果断介入，往往能在较短的时间内获取理想的收益。实践证明，根据成交量变化的特征，可以对庄家是不是在洗盘做出较为准确的判断。

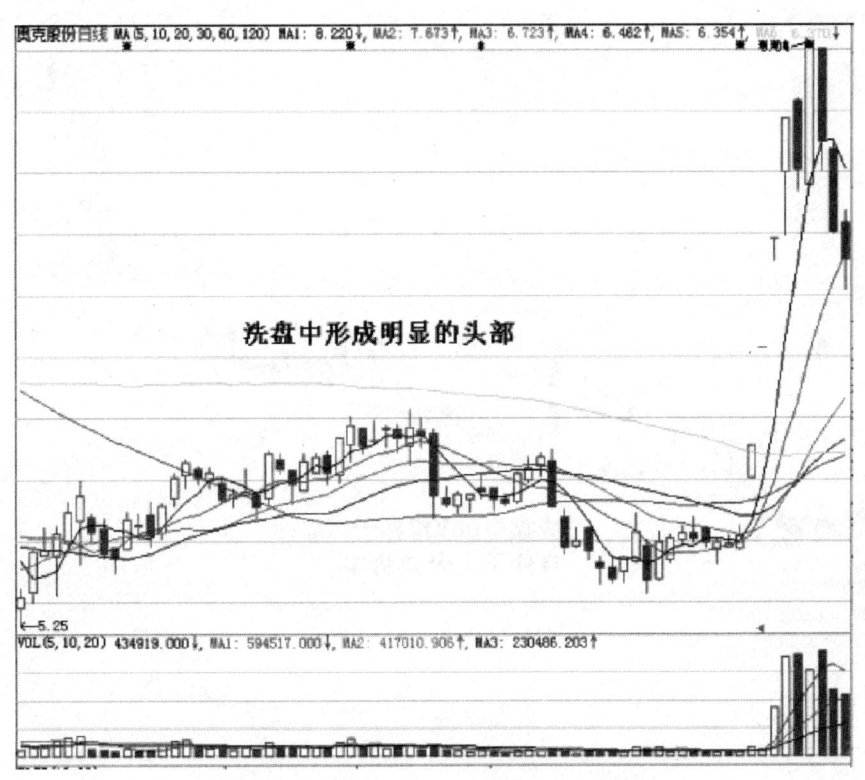

图13-5　奥克股份（300082）日K线图

由于庄家的积极介入，原本沉闷的股市在成交量明显放大的推动下变得活跃起来，出现了价升量增的态势。庄家为了给后市的大幅拉升扫平障碍，不得不将短线获利盘强行洗去，这种洗盘在K线图上往往表现为阴阳相间的震荡。由于庄家的目的是让一般投资者出局，因此，股价的K线形态往往会成为明显的"头部形态"。

图13-5是奥克股份（300082）在一段时间的K线走势。个股在前期出现一波吸筹的走势。经过一波的吸筹后，个股筹码迅速集中。集中的筹码支撑个股此后走出上升走势。在这波吸筹动作中出现一定程度的股价攀升，这样也就会出现不少的获利盘，这些获利盘的存在对股价的拉升产生不确定的影响，大资金于是在吸筹的后期对获利筹码进行清洗，利用的就是连续的大阴线，股价破位来达到筹码换手的目的。这一过程在形态上则形成洗盘阶段的头部形态。

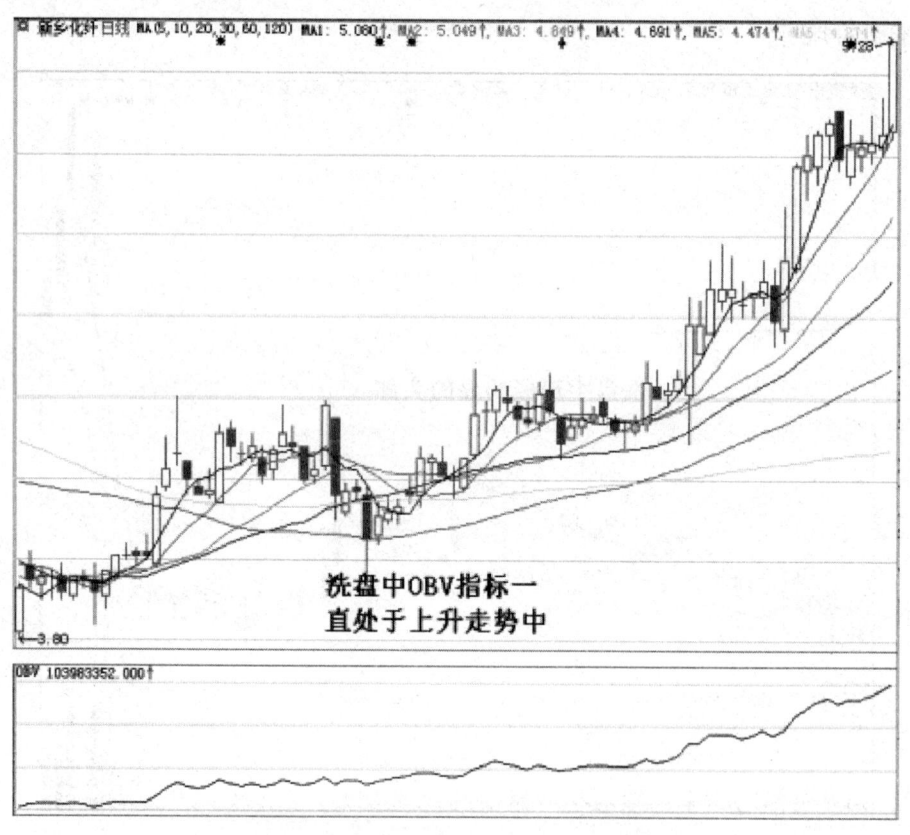

图13-6　新乡化纤（000949）日K线图

庄家洗盘时，作为研判成交量变化的主要指标OBV、均线也会出现一些明显

的特征，主要表现为：出现大阴巨量时，股价的5日、10日均量线始终保持向上运行，表明庄家一直在增仓，交投活跃。此外，成交量的量化指标OBV在股价高位震荡期间始终保持向上，即使瞬间回落，也会迅速拉起并创出近期新高。这说明单从量能的角度看，股价已具备了上涨的条件。

图13-6是新乡化纤（000949）在一段时间的K线走势。从图中的走势我们看到，在个股洗盘的阶段OBV的量化指标仍是保持向上。这说明在洗盘的阶段，个股从量能的角度看已具备了上涨的条件。个股后期的上升走势都在情理之中。

在庄家洗盘阶段，K线组合往往是大阴不断，且收阴的次数居多，每次收阴时都伴有巨大的成交量，好像庄家正在大举出货。其实仔细观察就会发现，出现巨量大阴时，股价很少跌破30日均线，短期均线对股价构成强大的支撑，庄家低位回补的迹象一目了然。

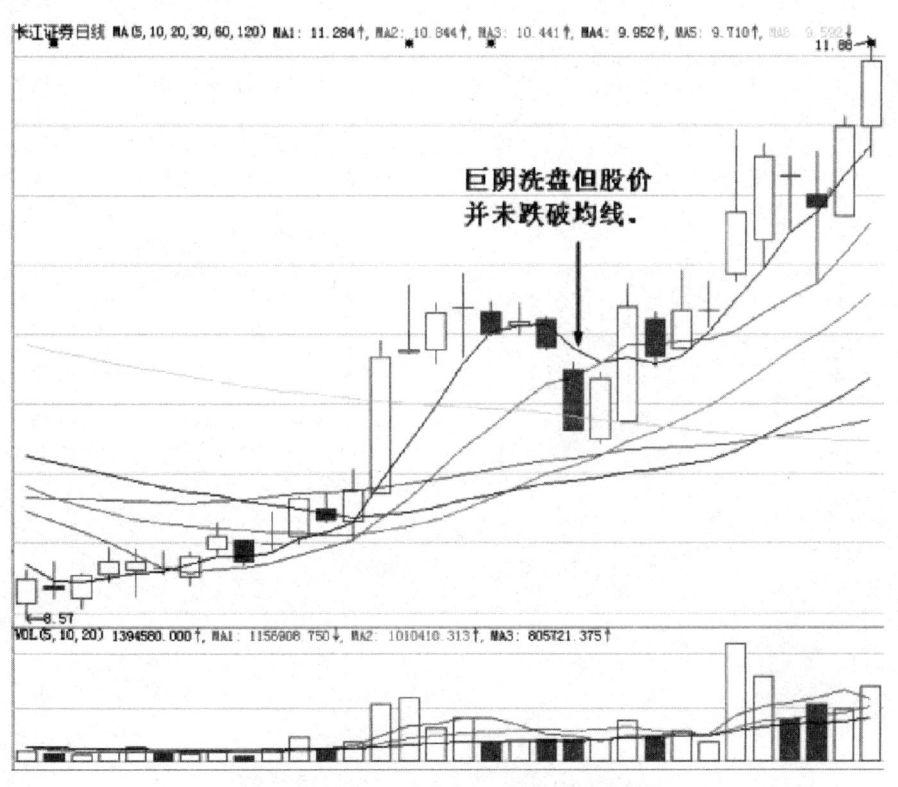

图13-7　长江证券（000783）日K线图

图13-7是长江证券（000783）在一段时间的K线走势。个股在上升走势中出

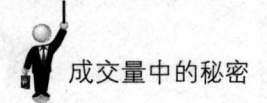
成交量中的秘密

现一波洗盘走势,在形态上连续走出阴线,股价回落明显。但若我们分析股价与均线的关系,就会发现个股的股价并未跌破20日均线,这意味着个股仍是处于上升走势中。经过洗盘后的筹码将更加集中,个股的上升走势也有望继续加速。

第十四章

出货量价——量变与时间与幅度

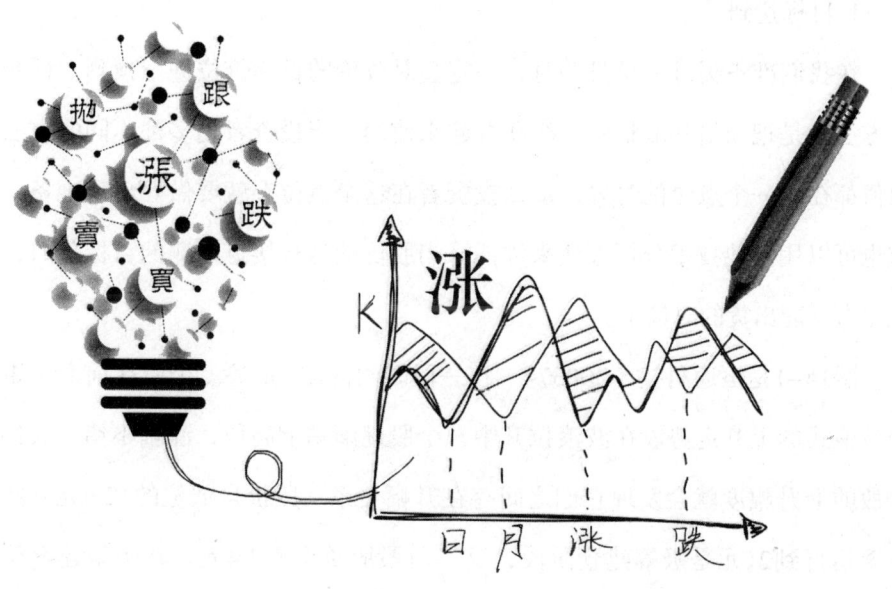

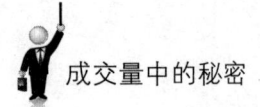

成交量中的秘密

庄家的招式往往虚虚实实，有时欲涨先跌，有时以退为进，走势扑朔迷离，让投资者难辨真伪。庄家让散户感觉非常神秘，散户对庄家是又恨又爱。散户要想"与狼共舞"就必须了解庄家的基本操作手法，出货阶段量价的典型特征。本篇以识破庄家的量价为武器，揭开庄家普遍操盘手法的神秘面纱，广大投资者可根据以下情况来识破庄家的意图和目的，从而有效规避风险或把握入场时机。

一、庄家出货的征兆

1. 目标达到

在我们准备买进一只股票时，一定会对股价的目标价位进行预测。预测的最好方法就是把加倍和取整的方法联合起来使用。当投资者用多种不同的方法预测数值都在某一个点位的时候，那么投资者在这个点位上就要做好出货准备。当然这也可以用其他技术分析方法来佐证。当股价的运行接近预测的目标位时，也就是主力可能出货的时候了。

图14-1是恒通科技（300374）在一段时间的K线走势。个股在前期是走出一个波浪式的上升走势。在波浪拉升中，个股逐渐站上高位，涨幅不错。我们研究个股的上升幅度就会发现它们之间存在升幅关系。股价自低位的12.6元开始上升一直运行到21元是吸筹建仓阶段，这一阶段股价上涨8.4元。在吸筹建仓阶段之后，股价经过短暂的洗盘便开始拉升。拉升的幅度则是从19.1元到32.2元，股价上涨13.1元。

股价拉升的13.1元与前期吸筹的8.4元价差构成1.55倍的涨幅，这一涨幅基本接近波浪理论的1.5倍的涨幅。投资者可在实战中注意应用。

第十四章 出货量价——量变与时间与幅度

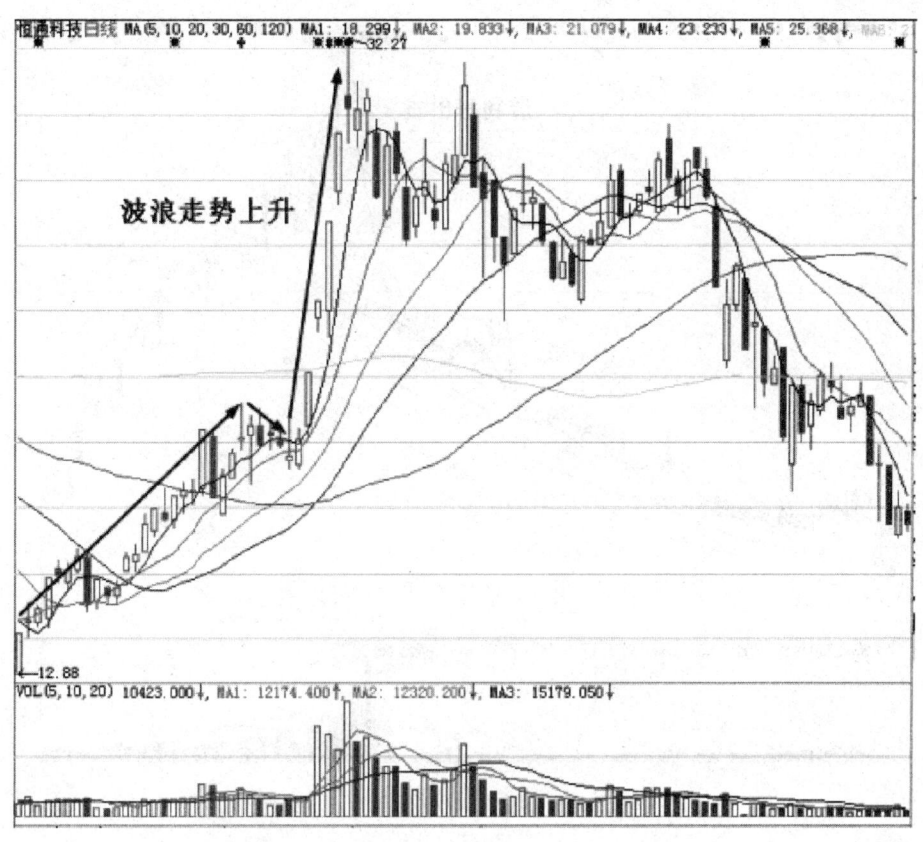

图14-1 恒通科技（300374）日K线图

2. 该涨不涨

市场公布了预期的利好消息，基本面要求上涨，但股价不涨，这就是出货的前兆，这样的例子在股市里多如牛毛。

图14-2是瑞和股份（002620）在一段时间的K线走势。个股在运行中走出截然不同的两波走势。前期，个股走出单边上涨的走势，区间内的升幅可观，运行到高位后股价出现连续的涨停，其后个股走势逆转，股价进入单边回落的走势中。

在这一波走势中有两则消息面的影响，我们看具体的内容：

瑞和股份：2016年度利润分配拟10转25派2元

2016年11月21日公告，公司预披露2016年度利润分配方案拟10转25派2元，具体利润分配预案需经董事会审议及股东大会审议通过后方可实施。

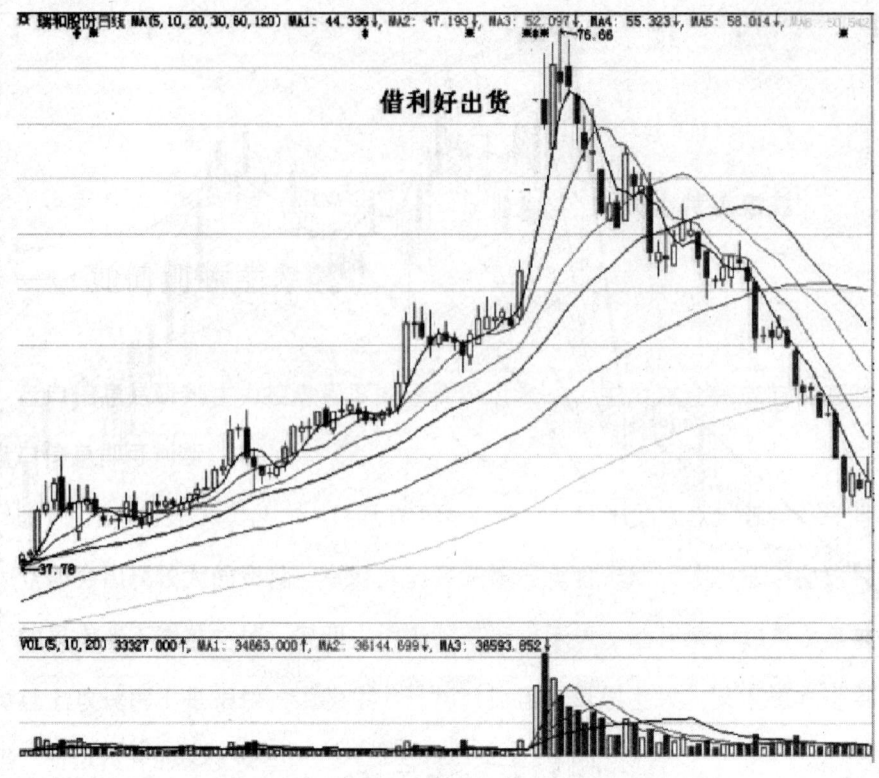

图14-2 瑞和股份（002620）日K线图

瑞和股份：控股股东减持公司股票

2016年11月10日公告，公司控股股东李介平通过大宗交易方式于2016年11月8日减持300万股公司股票，自2016年7月15日至本次公告披露日止，累计减持比例为公司总股本的2.069%。本次减持完成后，李介平先生仍为公司控股股东和实际控制人。

在这两则消息中我们知道，一则消息属于利好消息，另一则属于利空消息。公司的控股股东减持公司股票是对公司股价的明显不认可，这必然带来股价的大幅回落。就在这时公司放出消息，实行高送转预案，利用一则利好来抵消利空的影响。这样还能保证减持筹码在高位兑现，可谓一举多得。在减持后股价最终将回归到它该有的位置，而高送转也不过是个数字游戏。

3. 正面消息增多

正面的消息增多，就是报刊、电视台、广播电台里的消息增多，这时候也是主力准备出货的时候。上涨的过程中，媒体上一般见不到多少消息，但是如果正面的宣传开始增加，说明庄家萌生退意，需要出货。

4.传言增多

若你正在操作一只股票，突然这个朋友给你传来某某消息，那个朋友也给你说个某某消息，又一个朋友又给你说某某消息，这就是主力出货的前兆。

二、出货的技术面特征

1.K线走势特征

在出货阶段，股价在高位，K线组合常常出现阴阳相间，大阴、中阴K线的数量不断增多，阴K线的数量多于阳K线的数量，股价向下跳空缺口而不能回补，K线组合形状多为长阴墓碑、三只乌鸦、平顶及下降三部曲等。

图14-3　得润电子（002055）日K线图

图14-3是得润电子（002055）在一段时间的K线走势。个股在前期是走出长期的上升走势，股价在区间内也取得巨大的升幅。在取得巨大升幅的同时，个股的运行也进入出货阶段。个股在高位连续走出两个大阴线，这是典型的长阴墓碑形态，随后即开始回落走势。对此，一般投资者可在形态成立后做出卖出操作，避免后期的回落风险。

2. 均价线特征

股价经过大幅的上涨，5日均价线从上向下穿越10日均价线，形成有效死叉时，股价头部形状出现。5日均价线、10日均价线及30日均价线在高位形成价压时，后势看淡。60日均价线走平或向下掉头，表示股价中期转势在即。

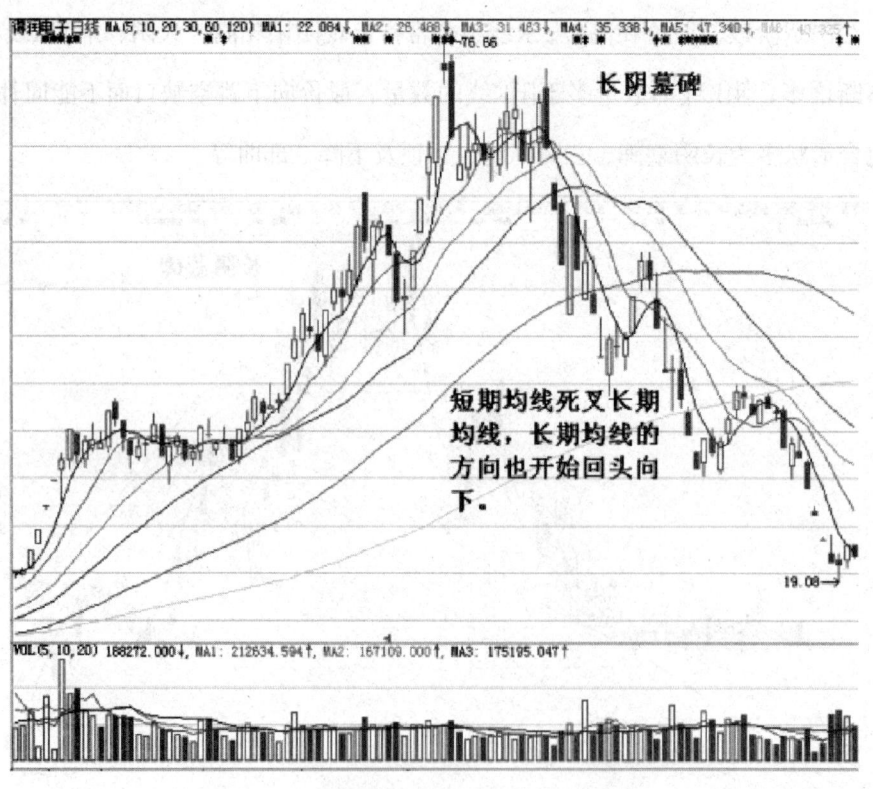

图14-4　得润电子（002055）日K线图

图14-4中走势仍是得润电子（002055）的K线走势。从图中走势我们可以看到，个股走势在长阴墓碑形态之后即进入回落走势中，对应当时的均线系统也出现回头的走势。在形态上短期均线死叉，中期均线的回头向下则是中期趋势的变

坏。投资者也可以据此做出卖出操作，避免后期损失。

3. 成交量特征

股价经过大幅度的上涨，成交量突然在顶部急剧放大，股价转而向下；股价不能再次上涨，但成交量放大，此为量价背离现象。这些都表明庄家正积极出货。

股价处在升势中，突然滞涨而下跌，成交量大幅增加，说明庄家急于派货。在上涨的高价区间，股价仍然上涨，但成交量不能有效放大，说明市场高位缺乏承接盘，后势不容乐观。

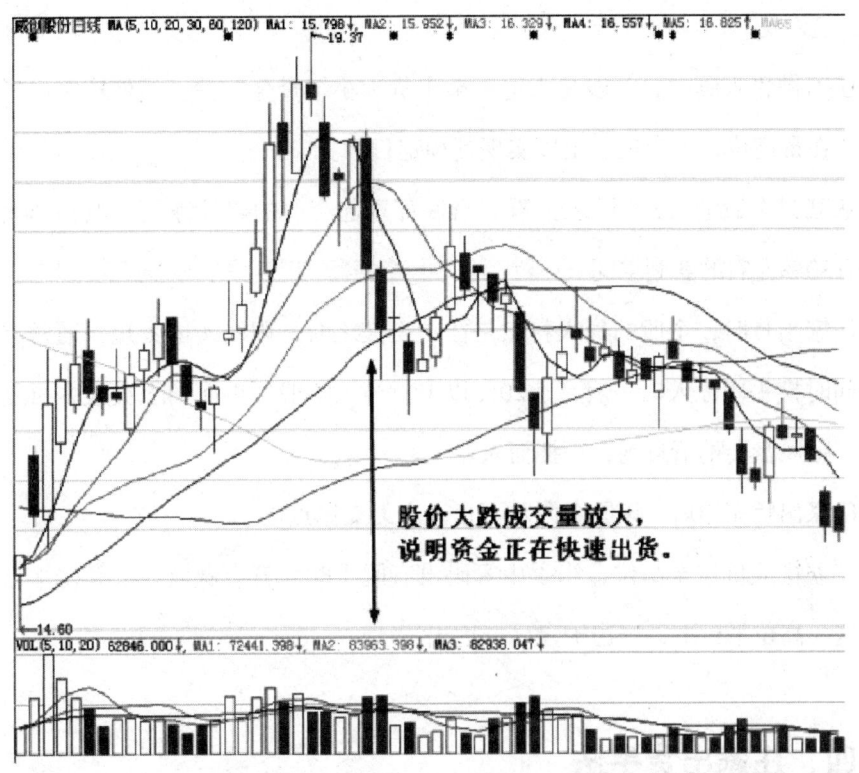

图14-5 威创股份（002308）日K线图

图14-5是威创股份（002308）在一段时间的K线走势。个股经过前期的上升后股价于高位出现转折，在回头向下的过程中在K线形态上出现连续的大阴线，对应的市场量能也是出现明显的放大。这说明在这一价位有大资金在巨量出货，而股价因为受到量的抛压开始进入下降通道中。个股的运行方向发生变化，投资者要注意规避风险。

三、庄家出货的市场特征

经过仔细观察和归纳,庄家出货时的主要市场特征有以下几种:

经过一段时间的横盘,庄家卖出大部分筹码后,便再次快速拉抬股价,令其创出新高,制造出再次向上突破的假象。

庄家主要利用市场看好该股,投资者期待还将会有一波上升行情的心理抛售筹码。

庄家抛售筹码时,一般是大笔资金出货,小笔资金拉抬。虽然庄家出货的价格并非在最高位,但套现后足以实现其预定目标。

从某只个股的日K线图表上看,自底部算起个股的累计涨幅一般相当大,通常具有80%左右的获利空间。

庄家出货时,个股的最大特点是往上突破之时,阳线实体太短,通常有上影线,同时换手率惊人,一般高达20%以上。当该类股票再次向上突破并再创新高之时,跟风盘会不请自到,一拥而入。

庄家出货完毕后,该股会阴跌不止。毫无支撑点位。

庄家把股价拉至高位,当手中筹码没有脱手时,就会做成一个高位平台,并且在这一高位平台上,一边护盘,一边出货。

四、庄家出货手法

庄家出货的有以下几种具体的操作手法:

1. 高位横盘出货

当庄家推高股价实现了较大的盈利以后,接下来的问题便是在高点进行出货。庄家出货时K线形态的变化是多种多样的,但其波动都有明显的相似性,只要投资者把握住了这些顶部形态的共性,回避风险还是比较容易的。

第十四章 出货量价——量变与时间与幅度

一般而言,在股价到了顶部区间后,最常见的是高位横盘出货。股价在高位保持一定时间的震荡,总会使很多投资者认为股价属于正常调整,然而,一旦投资者入场,庄家便可以成功地完成出货。如果大势环境好,一般庄家让其股价在高位停留的时间较长,庄家大部分的筹码都可以成功地卖在高位,从而使收益变得更大。

这种出货方式的好处是:一是股价下跌不大,投资者恐慌感小一些;二是能继续迷惑和吸引那些没有买进的投资者;三是主力利用较长时间横盘能更好地把货在高位出完。

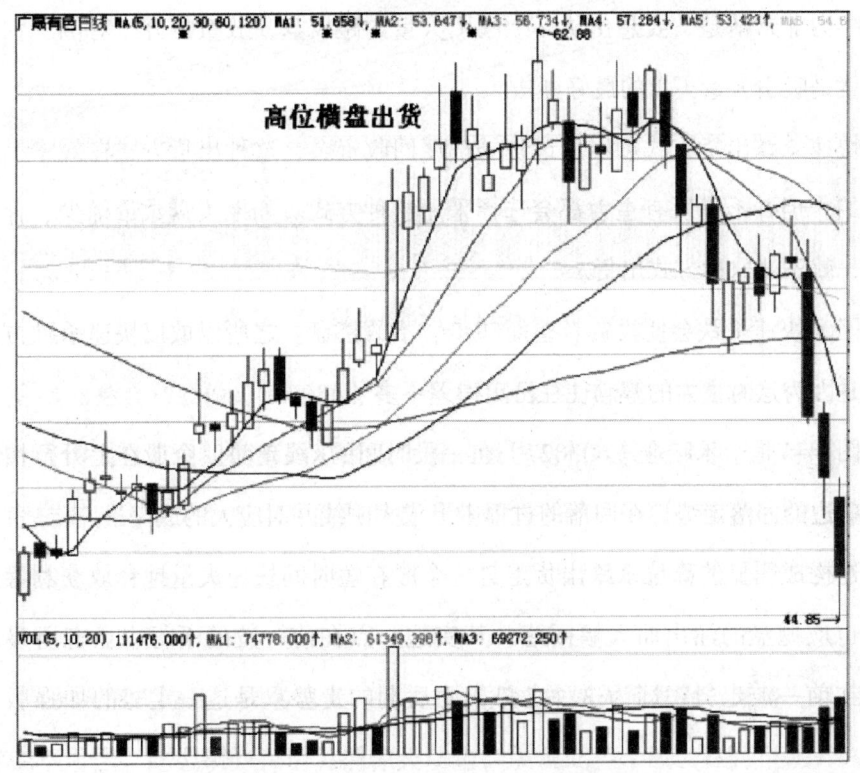

图14-6 广晟有色(600259)日K线图

图14-6是广晟有色(600259)在一段时间的K线走势。个股股价运行到顶部区间后,在高位保持一定时间的震荡,这样就会让很多投资者认为股价属于正常调整,积极入场建仓,而庄家便可以在高位成功地完成出货。

我们知道,正常的量价配合关系是:价升量增、价跌量缩和价平量平。像价

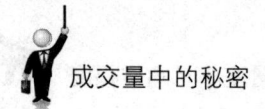

升量减、价跌量增都属于不正常状态。价升量减往往出现在强势里的主升段，是主力控盘或投资者惜售导致的。价跌量升如果发生在底部一般是由散户恐慌导致大量割肉、主力顺势接盘所致。在顶部是主力以欺骗的手法，把自己的高价筹码又交还给了追高的散户。

一般而言，个股在底部必须要有成交量放大的配合才会有上涨的希望。在顶部的个股出现放量滞涨或缩量滞涨都不是好事，量大、换手率高说明主力很容易跑掉，量小说明没有量能配合股价很难再涨。

2. 高位杀跌出货

主力非常清楚，要想出货必须吸引大量的跟风盘，放量拉升（对倒）、快速上涨就是吸引大量买盘的最好办法。

快速杀跌出货方式可以用最快的速度回收资金，这种出货方式在效率上还是很高的，但并不是所有主力都会选择采用这种方式。如果买盘数量稀少、存货又很多，就不能这种方式出货。

因为快速杀跌会使投资者望而却步、不敢接盘。之所以敢以快速杀跌方式出货，是因为这时主力的筹码往往已出得差不多了。

图14-7是千禾味业（603027）在一段时间的K线走势。个股在上升行情之后走出单边的回落走势，在回落的过程中形成大阴线并对应大的成交量。

这构成明显的高位杀跌出货走势。个股在短时间快速大量地释放获利筹码，股价也应抛盘的涌出而大幅回落。其实这一点在前一波的下行中已有所显示，个股在前一波走势中即为这种走势，而后期的走势只是这一走势的加强版和升级版。

快速杀跌最显著的特征：一是头部的形状往往是倒V字形的尖顶；另一个标志是顶部出现非常扎眼的"一根大实体的阴线"。

如果再有较大成交量放大的配合更增加了主力出货的可靠性。

所以判断这种出货方式并不难，关键是遇到这种情况，投资者要坚决卖掉手中的股票。

3. 短线操作出货

市场上有很多短线资金，虽然他们的资金实力并不十分雄厚，但由于主力把握时机得当，总会发动一次次短线上涨行情。也因资金有限，所以有了一定的上涨空间就会快速兑现。投资者遇到这种股票一旦没及时卖出，便会很快被套在高位上。

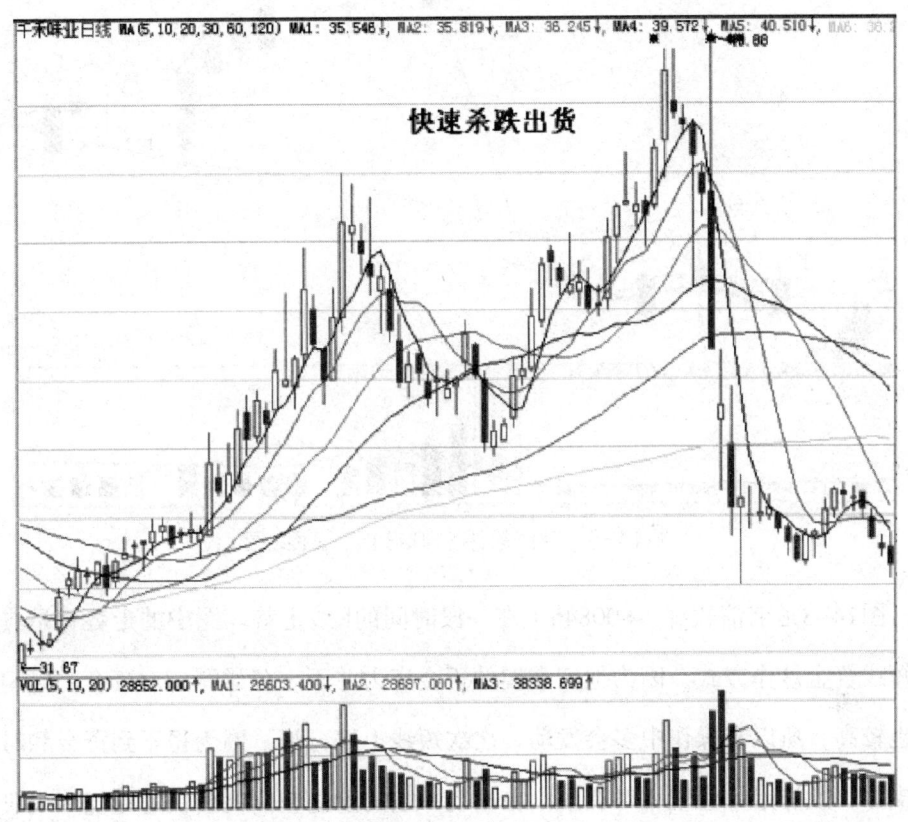

图14-7　千禾味业（6003027）日K线图

顶部技术特征是：上涨周期短，先是用一两根放量的大阳线，吸引散户的跟风盘，投资者一旦买盘入场，庄家就立即顺势出货。这种股票主力出货快，投资者也要以快制快，否则就吃亏了。

由于主力介入的资金不多，所以成交量放得并不是十分密集，成交金额也非常少。由于介入资金有限，所以股价上涨时大实体阳线很少，一般来说，这种股票涨幅不会很大。

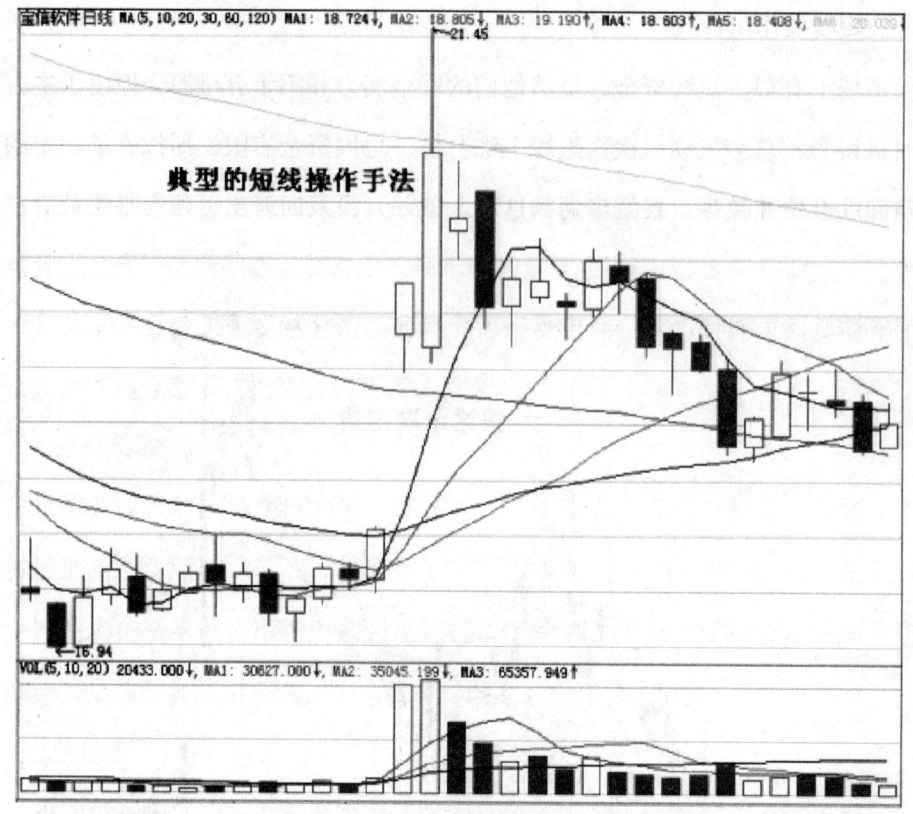

图14-8　宝信软件（600845）日K线图

图14-8是宝信软件（600845）在一段时间的K线走势。图中的走势就是典型的短线资金炒作方式，因为他们掌握的资金实力并不十分雄厚，对资金的时间要求也较高，所以在操作中多会发动一次次短线上涨行情。因为得不到资金和时间的支撑，上涨走势也就相对有限。在出现一定的上涨空间就会快速兑现，个股的行情也就迅速结束。投资者一旦涉及此类股票就极有可能被套在高点。

4. 其他几种出货方式

（1）利用利好消息出货。

即利用管理层利好政策或上市公司利好消息出货，当然也有庄家虚构、编制的假利好消息出货。应该说主力最会利用天时、地利等条件吃货或出货。强势时，股票涨幅可观，主力利用"利好消息"趁投资者狂热地买入时出货；弱势时，主力利用利好消息继续出货。所以投资者在遇到利好消息时，一定要利用反向思维，思考利好消息对应的是什么？

（2）利用轮涨出货。

大盘下跌时，一些强势题材股逆势上涨，当大盘企稳反弹时，涨幅较大的这些题材股开始补跌，即主力开始出货逃跑。"二八"轮涨现象，即中小盘股已上涨一段时间，一旦大盘股开始上涨，这些中小盘股资金就可以乘势出货，走势开始下跌。

还有一种情况是，大多数股票都跟随大盘开始新一轮大幅下跌后，还有一些个股会再涨上几天后，才开始补跌。所以投资者遇到这种情况，一定要做到心中有数，绝不能盲目跟风。

图14-9 达实智能（002421）日K线图与上证指数叠加走势图

图14-9是达实智能（002421）在一段时间与上证指数的叠加走势图。从走势图中我们能看到指数与个股的不同走势，在幅度上个股是远远的大于指数的涨幅，而对应的上升回落的时间点也是各不相同。个股在指数还处于弱势时走出震

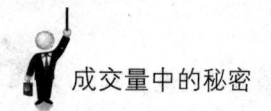

荡上升的走势，而在指数开始走出抬头的走势时，个股已进入回调的阶段。这两个不同的走势构成明显的二八分化，而一些个股正是借一些股票的拉升、指数的上涨来完成筹码出货。投资者要注意规避此类风险。

（3）利用高送配除权后的填权出货。

公司大比例分红或公积金转送消息公布之后，主力通常已将股票炒得很高，散户此时也不愿意跟风买进。一旦股票大幅除权，股价马上会下跌，主力利用填权行情的炒作和散户喜欢追涨的心理，在除权后开始大幅拉抬股价，造成大量买进的假象，主力趁机出货。

总的来说，主力为了达到洗盘或出货的目的，一般都会想方设法诱骗中小散户跟风来追涨或杀跌，而这里的追涨杀跌是主力让散户在高位追涨、在低位割肉杀跌。所以作为散户要擦亮自己的眼睛，识破庄家设置的陷阱，使自己的利益最大化。

五、量变与时间与幅度

股价在某一价位附近反复整理，成交量萎缩，供求关系就会趋于平衡，对于吸货阶段的股票来说，此处已很难拿到更多筹码，主力通常会拉升股价，采用拉高手法继续吸货，但此时盘中自然会出现散户获利盘，为清洗获利筹码，主力会及时洗盘。

拉高股价时会很容易测试市场抛压的轻重以及投资者持筹心态，从盘面看，拉高股价时的成交量与股价升幅是判断主力洗盘时间长短与幅度大小的重要依据。对于吸货阶段的股票，拉升时主力一般不会对敲，而是对上档抛压逐一消化，此时成交量的大小是主力判断市场筹码多少的重要依据，也是我们判断主力后市何去何从的重要线索。

图14-10是赤天化（600227）在一段时间的K线走势。个股于上市当天走出高开低走的走势，对应的量能呈现急剧地放大。这说明个股筹码在这一价位上多

空分歧较大，一部分筹码急于兑现收益，造成筹码的大量堆积。受制于筹码的兑现，之后个股走出回落整理走势，经过近一个月的震荡，成交量明显减少，说明此处供求关系趋于平衡，抛压比较恒定。

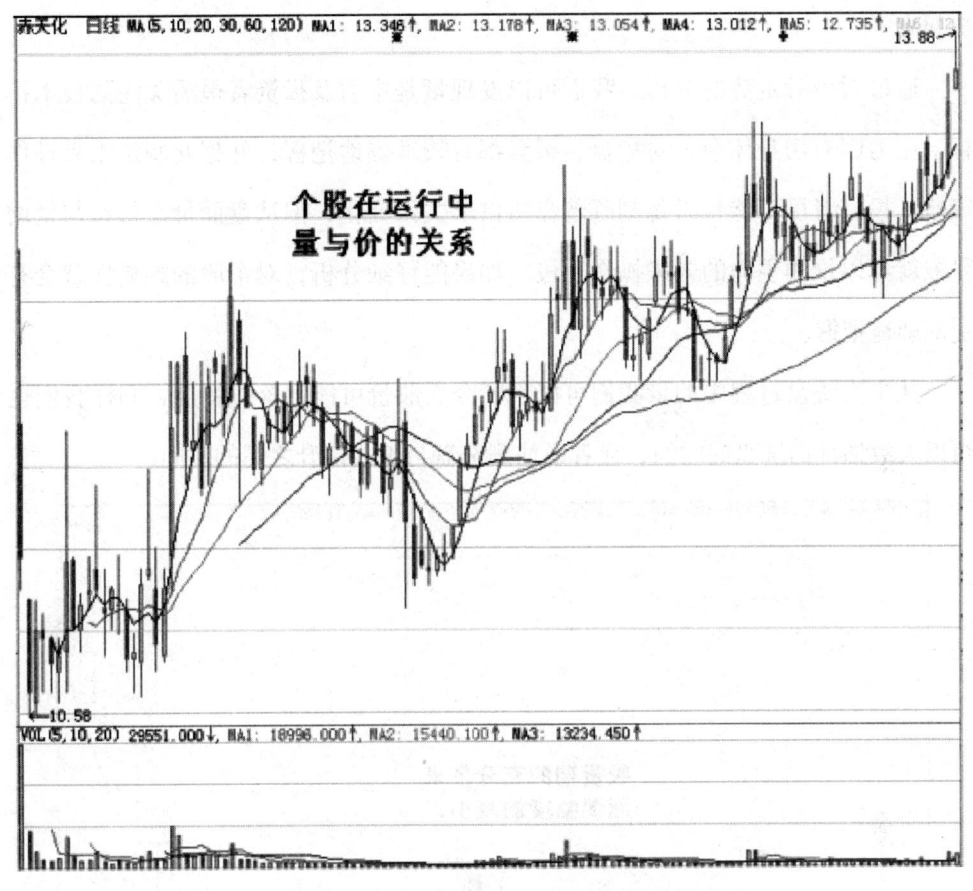

图14-10　赤天化（600227）日K线图

在个股抛压减轻的情况下，一部分主力想再次收集筹码，就采用拉高手法拉升股价收集筹码。经过连续三个交易日的拉升，股价回升到成交量的堆积区，成交量明显再次放大，显示市场浮筹较多，个股再次在高位走出震荡走势，成交量的表现也逐渐微弱，表明投资者信心不足，而股价得不到量的配合，个股再次进入回落走势。

经过这一回合的较量，主力资金想要拉升股价的希望落空，但这也让主力资金了解到投资者不看好股价的想法。这样也就可以在更低的位置拿到更廉价的筹

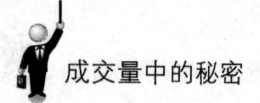

码。而更廉价的筹码、更集中的筹码带来的是更大的升幅空间。

个股调整到起初盘整的位置，之后又反复震荡盘上，继续吸收筹码，经过多次的震荡洗盘，筹码迅速集中，个股开始走出震荡上行的走势，最终股价创出历史新高。

通过对该股走势的分析，我们可以发现量是主力及投资者最需关注的技术指标，主力因有切身体会，对抛盘、买盘都有较准确地把握，并据此制定未来操作策略，投资者虽不能每时每刻盯着盘口供求关系变化，但从盘面价涨价跌与量增量减就可以推测主力的未来操作手段。如果能仔细分析，对个股的趋势性就会有更准确地把握。

从主力洗盘过程中的量我们可以判断今后股价可能回落的幅度，同样我们也可以大致估计出洗盘的时间，或者说估测洗盘与正式拉升之间的时间。

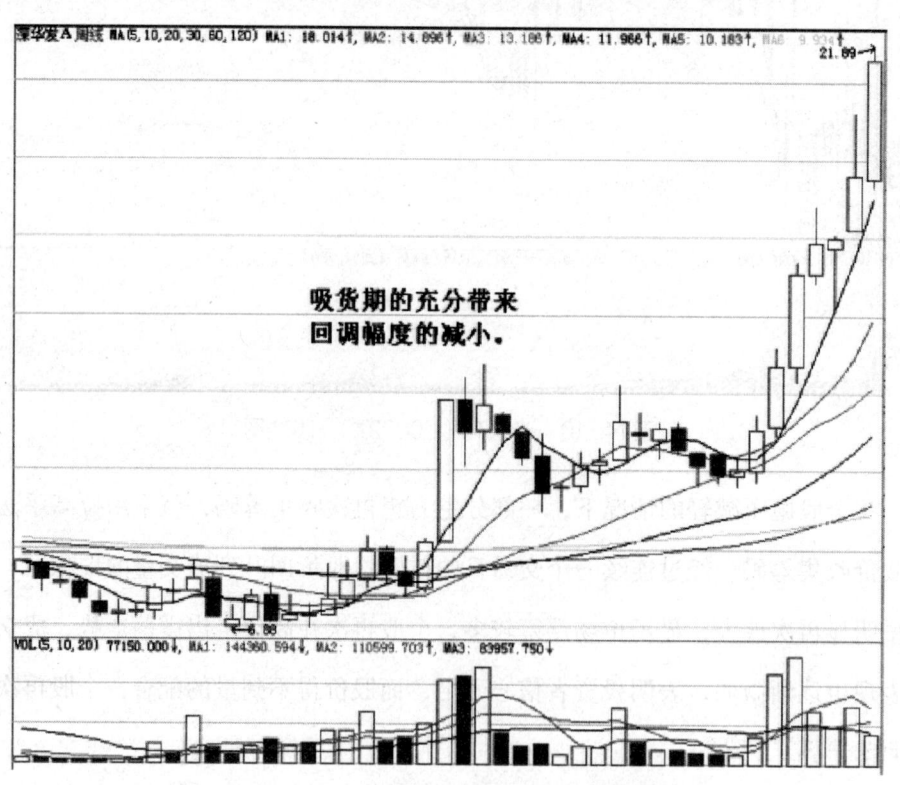

图14-11　深华发A（000020）日K线图

图14-11是深华发A（000020）在一段时间的K线走势。个股在7~10元的箱体

内震荡了整整一年，从其量的变化看，主力明显在不断吸筹，与一般的主力手法相同，在低位吸筹充分后股价走上一个台阶，并在12元的位置继续盘整。在震荡的过程中股价波动频率开始减缓，这是一个筹码已相对集中的重要标志。其对应量能特征则是股价连续上涨时成交量减少，持续下跌时成交量也缩减，这说明个股的市场浮筹较少，预示着个股的吸货阶段将基本结束，股价会较快步入拉升阶段。而对应的个股洗盘的必要性已经不大，一旦股价上扬，很有可能就会步入快速拉升阶段。

从量的方面衡量主力洗盘时股价上涨与回调的幅度和洗盘时间的长短是一个很好的出发点，但量大、量小却是一个模糊的概念，要想更准确判断股价未来的趋势，还要综合判断个股基本面情况，包括流通盘、股东持股量等，还有对盘口变化情况、主力习惯手法等综合研判，才会得出一个总体的印象，在这个总体印象之下，根据量价变化会得出较准确的判断结果。

第十五章

建仓拉升——识别主力资金强弱

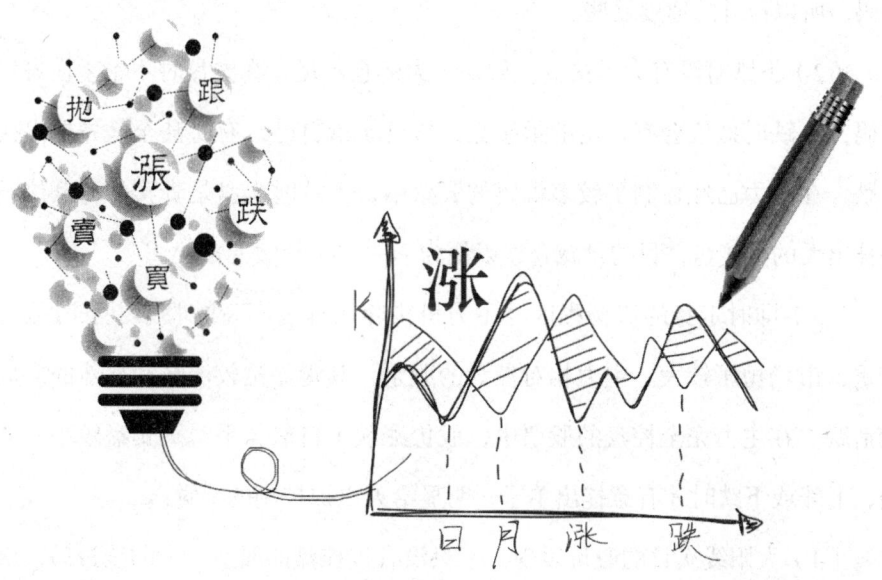

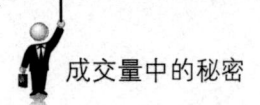
成交量中的秘密

一、如何判断主力建仓

盘口信息是研判主力控盘程度的重要渠道之一,主力建仓完成与否有时仅通过盘口信息即可判断。

(1)拉升时挂大卖盘。一只股票不涨不跌时,挂出的卖盘较正常,一旦拉升时,立即会出现较大的卖盘,有时甚至是先挂出卖盘,然后才上涨。在这种情况下,如果卖盘不能被吃掉,说明主力吸筹不足或不想发动行情;如果卖盘被逐渐吃掉且上攻速度不是很快,说明主力已相对控盘,既想上攻,又不想吃进更多的筹码,所以拉升的速度慢些。

(2)下跌时没有大承接盘。如果主力建仓不足,在洗盘时不希望损失更多的筹码,下跌时低位会有一定的承接盘,自己卖给自己,有时甚至是先挂出接盘再下跌。在主力已经控制了较多筹码的股票中,下跌时卖盘是真实的,低位不会主动挂出大的承接盘,目的是减仓,以便为下一波拉升做准备。

(3)即时走势的流畅程度。主力机构介入程度不高的股票上涨时显得十分滞重,市场抛压较大。主力相对控盘的股票,其走势是较流畅和自然的,成交也较活跃。在主力完全控盘的股票中,股价涨跌不自然,平时买卖盘较小,成交清淡,上涨或下跌时才有意挂出单子,明显给人以被控制的感觉。

(4)大阳线次日的股价表现。一只没有被控盘的股票,大阳线过后,次日一般会成交踊跃,股价上蹿下跳,说明多空分歧较大,买卖真实而自然,主力会借机吸筹或派发。如果在大阳线过后,次日成交清淡,波澜不惊,多半说明已被控盘,主力既无意派发,也无意吸筹。

二、拉升方式

从拉升的形态上大致可分为以下几类：①震荡拉升；②台阶式拉升；③单边上扬式拉升；④火箭式拉升。

（1）震荡拉升式。对于操作基本面无重大题材或者市场监管部门监管力度加大以及主力资金不够充裕或实力较差时主力大都采用震荡拉升方法。

该拉升方法主要采取低吸高抛的方法，以波段操作博取利润差价为目的，以时间换取空间为手段进行运作。在市场上经常表现为低点和高点逐步上移，走出比较规律的宽幅上升通道。主力可在上升通道的下轨积极吸纳筹码，在上升通道上轨附近进行高抛。股价呈现出较规律的震荡上扬走势或者是向上倾斜的平行箱体。主力正是通过这种反反复复低吸高抛的措施在二级市场上获取丰厚的利润。

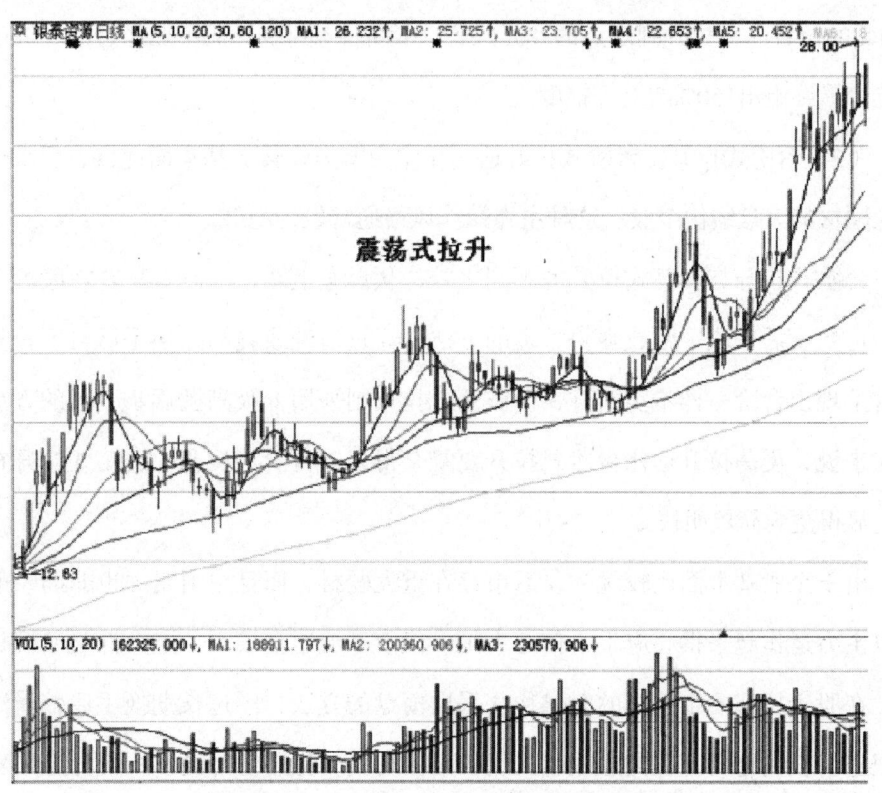

图15-1　银泰资源（000975）日K线图

这种拉升方法将各类风险化整为零，可谓好处多多。它既回避了来自管理层的监管压力（因为升幅总是不大），又节约了资金成本，还能回避由于项目基本面过于一般，没有重大题材而招致猜疑等不利因素。

图15-1是银泰资源（000975）在一段时间的K线走势。该股从2014年12月3日的低点12元附近，历时半年的时间，经历数波拉升，最高于2015年6月中旬震荡拉抬至28元左右，总涨幅高达150%。该股第一波行情是从2014年12月3日的12元附近起步，拉升到12月18号的18.3元附近，上涨50%左右。股价从18号以后震荡下滑，于2015年1月13日下探到13.3元附近；第二波行情是从1月13日的13.3元开始缓步上扬至2015年3月2日的20.2元，升幅高达60%。之后，个股一路探低至2015年3月13日的17元附近；经过消化震荡后股价再次走出上升走势，并于2015年4月30日走出22.28元的相对高位。在此高位之后股价再次回调，并形成低点股价在18.4元左右。个股在形成低点后走出最后的拉升走势，也是最大的拉升走势。股价从18.4元的位置一直拉升到高点的28元位置，股价涨幅60%，而个股经过这数波的拉升走势最终走出150%的上升幅度。

（2）台阶式拉升。台阶式拉升适用于主力实力较强、基本面优良、后市存在重大题材的大盘绩优个股。这种主力操作风格通常较为稳健。

台阶式拉升与震荡式拉升的不同之处，从形态上看，台阶式拉升在股价上涨了一定幅度后采取平台或强势整理的方法，经过清洗或赢利盘换手后再度拉升，股价呈现出台阶一样步步高升，而震荡式拉升则采用低吸高抛逐步上行的方法。相对来说，震荡拉升远比台阶式拉升要复杂得多。台阶式拉升比震荡式拉升在走势上显得更为简单明快。

由于个股基本面比较优秀，后市存在重大题材，而且主力实力也非同一般，所以主力运作起来得心应手，信心十足。但由于流通盘较大，主力性格又沉稳老练，在股价拉到一定涨幅的时候往往采取横盘的方法，经过长期换手后，清洗下档跟进的获利筹码。在大盘或者人气较旺的时候，主力适时抛出一部分筹码压制盘面；在大势或者人气较差的时候，主力又适当地买进一部分筹码进行护盘，由于长时间股价处于横盘状态，保持不涨不跌的态势，从而促使下档早期跟进的获利盘出现焦躁不安的情绪，信心不坚定者草草出局，信心坚定者继续持仓，而看好后市的新多头此时兴高采烈地入场买进。这样经过充分换手，采取不断提高他人投资成本的方法，为下一波拉升行情打下坚实的基础。

反复运用这种手法在日K线形态上就形成了股价像楼梯一样逐级上升趋势。这样的拉升方法还有一大优点，由于前期股价在低位徘徊时间较久，无形中给大部分投资者造成了一种心理定式。当股价从低位启动上升到一个新的境界时，一般投资者站在相对高位开始有点恐高症，觉得已经赚钱了或者有风险了，不认可新的价位。主力采用这种横盘方法的目的就是，经过长期横盘从而形成新的价值中枢，进一步获得大众投资者对新价位的认可和赞同，这一切都是发生在潜移默化中，由量变到质变。

图15-2 烟台冰轮（000811）日K线图

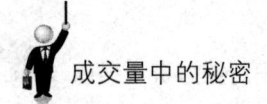
成交量中的秘密

图15-2是烟台冰轮（000811）在一段时间的K线走势。个股在上升前期是一个长期的横盘走势，时间长达一年之久。主力资金在吃饱喝足之后将股价从13.5元一鼓作气拉升到16元的位置。个股在16元的位置走出一段震荡走势，之后个股再次进入拉升走势中，这时股价从15元的位置一直拉升到17.4元的位置。在个股拉升之后仍是走出调整的走势，之后个股继续走出上升走势，股价从16.4元的位置站上18.5的高位。个股在整个上升走势中即是这种盘整拉升的走势，最终构成个股的台阶式上升走势，股价也从低位的13元左右站稳到高位的近19元的位置，涨幅可观，买进的投资者则是获利不错。

（3）单边上扬式拉升。单边上扬式拉升往往受时间的制约性比较强。比如大行情进入中后期，或距离利好公布时间比较近，等等。

在拉升过程中，主力往往一气呵成，中间没有比较明显的大幅度洗盘动作。绝大多数采用依托均线边拉边洗式。主力拉升思路明确，股价走势轨迹明显。常常走出单边上扬的独立上升态势。主力开始大幅度洗盘之际，也标志着拉升行情结束之时。此拉升方法有以下三个显著的标志：

第一，在行情初期，股价常常走出极小幅度的阴阳交错，慢牛爬坡的缓慢走势，此阶段是主力建仓或增仓阶段。

第二，拉升阶段比建仓阶段有所加速，经常依托均线系统边拉边洗，拉升前期和中期，主力在早盘将股价推高之后，就任其自由换手，不过多去关照股价，使股价常常出现自由落体之势，在回落至下轨线处或者必要的塑造图形时，主力再度护盘，重新吸引多头买盘。主力走出极为规律的走势，以吸引多头资金积极买进股票，起到助庄的作用。

第三，单边上扬式拉升，后期往往以快速拉升、疯狂刺激多头买盘使人气达到高潮，这也是行情见顶的信号。这种拉升方法在大多情况下都是受客观条件制约的，主力常以中线操作为主。绝大多数主力控盘要占到流通盘的30%~40%，涨幅多以50%~100%不等，很少有超过100%的涨幅。

第十五章 建仓拉升——识别主力资金强弱

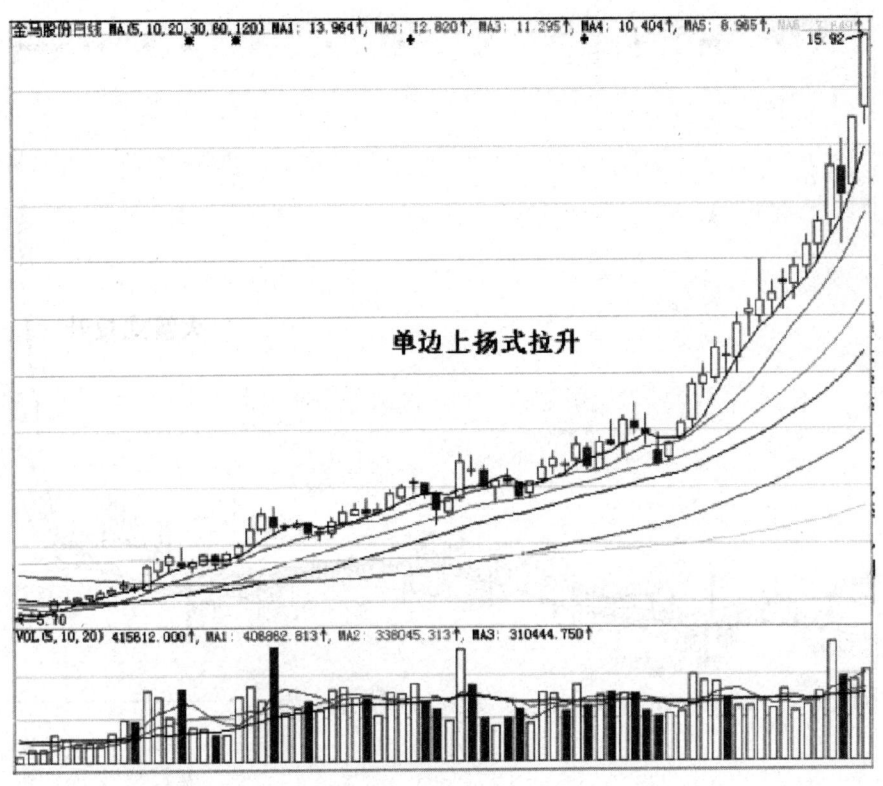

图15-3 金马股份（000980）日K线图

图15-3是金马股份（000980）在一段时间的K线走势。主力在运行之初用时三个月吸纳大量流通股的筹码。因为个股的吸货期相对较长，也就意味着筹码的集中度较高，这就为个股以后的拉升打下良好的基础。个股在前期的缓慢攀升中是沿均线走势慢慢上升，这说明控盘资金的实力和对筹码的掌控力非常强大，从这一点也能判断出个股的后期走势，投资者可多加关注。

（4）火箭式拉升。顾名思义，此类拉升方式犹如火箭发射，升势一旦启动，行情锐不可当。此类飙升行情可谓惊天动地。纵观此类个股，在行情飙升之前，往往要经过一年甚至更漫长的吸货过程。在这整个过程中，股价犹如一潭死水，波澜不惊，然而，主力已经悄悄掌握了流通盘50%~60%的流通筹码。行情一旦启动，往往升势如虹，气冲霄汉。

这种主力实力绝非一般，运作个股一般后市有强大的题材配合，准备工作异常充分。主力选择的运作个股的流通盘大小多为中等偏下。

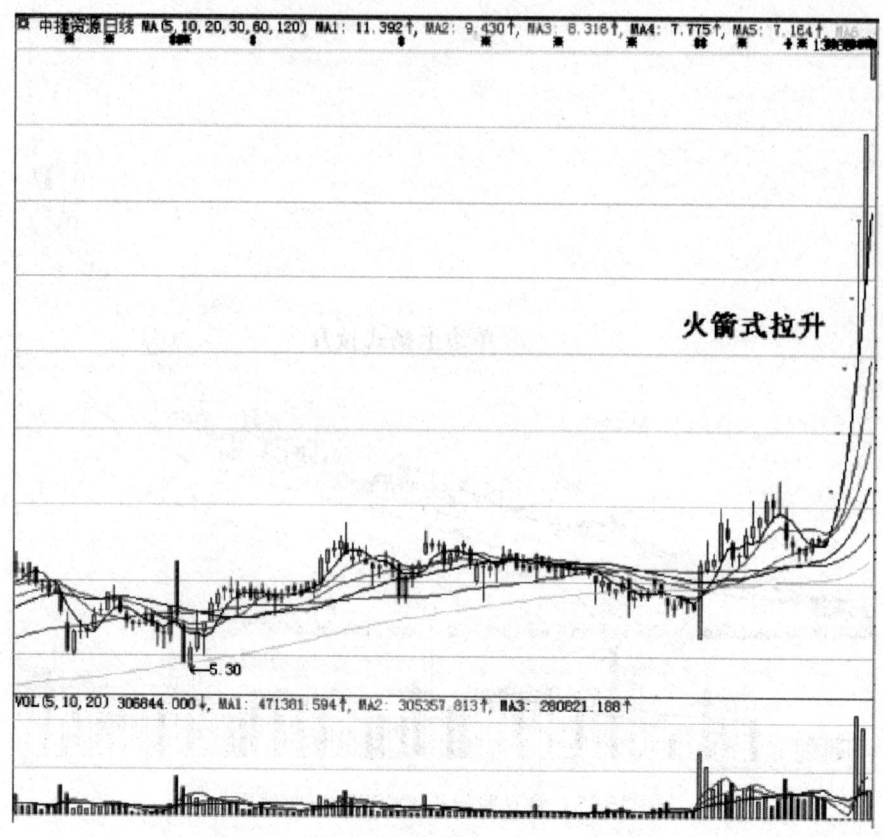

图15-4　中捷资源（002021）日K线图

图15-4是中捷资源（002021）在一段时间的K线走势。个股在盘整行情的后期出现火箭式拉升方式，升势启动后行情犹如火箭发射，一发不可收拾。若我们查看个股在行情飙升之前的走势就会发现，在爆发之前个股是经过接近一年时间的漫长吸货期。就因为这漫长的吸货期让主力资金掌握了大量的流通筹码，股价得到量能的支撑后才能势如破竹、青云直上。

三、判断主力强弱的技巧

在股市上操作，主力即是中小投资者的对手、敌人，又是中小投资者所依赖的对象、朋友。只有跟着主力的节奏，跟着主力所操作的个股走，才能够有机会获利。尤其是要跟着较强的主力，获利的机会才会较多。反之，如果没有跟着主

力,或者跟着较弱的主力,则获利的机会将大打折扣,甚至亏损。一般来说,判断主力的强弱,有如下几点标准:

(1)在突发性利空出来时,股价走势坚挺。突发性利空包括大盘和上市公司的两方面。这种"突发性"往往是许多机构没有思想和资金等方面的准备,常常是以股价的下跌来回应,而实力强大的主力则有能力应付和化解各种不利因素,不会轻易随波逐流,它在利空的情况下,可能会以横盘,甚至逆市上扬的走势来表现。

(2)与同类板块中的其他个股比较。在目前的市场中,板块联动是较为明显的一个规律,常常表现为齐涨齐跌。而较强主力介入的个股,在大部分基本条件相差不大的条件下,则会在走势上强于同类板块中的个股。

(3)在各种基本条件接近的情况下,特别是走势形态差不多的时候,一般流通盘较大个股的可信度要高于流通盘较小的个股。因为流通盘的偏大,则意味着主力需要更强的实力、更多的资金去操作和控制它。

(4)从时间角度来说,能够更长时间保持独立于大盘走势的个股,其控盘的主力实力相对就比较强,表现在股价形态上,中、短期均线呈多头排列,形态上升趋势明显,涨跌有序,起伏有章,这也是强庄的特征之一。

(5)单纯从K线判断,一般强庄股多表现为红多绿少,这表明涨的时间多于跌的时间,阳K线的实体大于阴K线的实体,主力做多的欲望较强,市场的跟风人气也比较旺盛。

(6)可以经常性的观察到个股在上涨的时候力度比较大,在涨幅的前列常常看到它的影子;而下跌的时候幅度却远远小于其他的个股,并且成交量高于盘中个股的一般水平。

以上所列只是强庄的一部分特征,每个投资者还可以根据自己的经验去寻找其他的一些判断方法。但在跟主力的同时不要忘记,选择适当的大势背景及时间,是操作中较为关键的要点。

四、拉升量价关系

在主力拉升股价这段时期内,股价上涨自然会带动投资者的积极进入,成交量整体上会保持活跃状态,相对于前期未涨的量能会出现放大。

具体的放量效果需要结合市场环境、筹码稳定性、主力目标位以及操作手法等诸多因素综合考虑,投资者切莫以偏概全。

1.价升量涨

这多是正常的市场交投带来上涨,主力一般没有实现完全控盘,只是在中间起推波助澜的作用。

在主力的引导下,市场上的买盘积极,特别是在股市升势初期及中间阶段,反映出市场投资者情绪高涨,预示后市继续上升机会较大。

2.价涨量平

价涨量平多反映主力前期吸筹力度大、拉抬中筹码锁定好、上档压力轻,若此股刚脱离底部,则往往预示着后期还会有很大的涨幅。

3.价涨量缩

价涨量缩是典型的量价背离情况,一般来说,就算主力已经完全控盘,在拉升初期即使市场浮筹极少,主力也会在拉升时适当地通过对倒制造一些成交量,以免引起市场对于此股不健康上涨的过度关注,所以,价涨量缩的现象极少出现在股价刚启动的初期。

价涨量缩更多的是出现在升势末期,主力由于担心对倒时会增加成本,或者有其他大资金趁主力对倒时抛售等原因不再行动。此时若主力仍持仓极重,完全有可能出现价涨量缩的情况。

附录：已经出版上市的"擒住大牛"系列书目

1. 一本书看透股市庄家
2. 一根K线决定成败
3. 一本书搞懂龙头股战法
4. 一本书看透买点与卖点
5. 一本书读懂涨停板战法
6. 一本书读懂T+0短线战法
7. 一本书看透财报中的买点与卖点
8. 一本书搞懂分时图战法：狙杀黑马
9. 一本书搞懂波段中线战法：翻倍牛股擒杀术
10. 炒股指标三剑客KDJ、RSI、WR入门与技巧
11. 波浪理论与波段炒股入门技巧
12. MACD震荡指标入门与技巧
13. 筹码分布图入门与技巧
14. 趋势交易入门与技巧
15. 均线战法入门与技巧
16. K线图入门与技巧
17. 读懂涨停炒短线
18. 新编股票操作学
19. 新股民炒股指南
20. T+0战法从入门到精通

21. 90个交易公式让你轻松成为聪明投资人

22. 88条股市老经验让你快速从股盲到股精

23. 82个K线战法让你轻松成为股市高手

24. 81句炒股口诀让你轻松学会股票实战技巧

25. 28个技术指标速查速用炒股不求人

26. 12套交易理论让你在家学完大师投资课

27. 股票交易者的100堂心理训练课

28. 看不懂财报,就炒不好股票

29. 炒股的纪律

30. 看盘宝典

31. 选股大法

32. 量价真经

33. 短线掘金